Mondher Sfar
Wie authentisch ist der Koran?

Mondher Sfar

Wie authentisch ist der Koran?

Eine historisch-theologische Studie

Aus dem Französischen von
Alfred Laßotta

Verlag Hans Schiler

Bibliografische Information der Deutschen Nationalbibliothek
Die Deutsche Nationalbibliothek verzeichnet diese Publikation in der Deutschen Nationalbibliografie; detaillierte bibliografische Daten sind im Internet über http://dnb.dnb.de abrufbar.

Originalversion: *Le Coran est-il authentique?*

Umschlagmotiv: Seite einer kufischen Handschrift, Sure 36 Vers 49-51 (Antoine-Isaac Silvestre de Sacy, *Grammaire Arabe* I, Paris 1831, Pl. III)

Deutsche Erstausgabe
Lektorat: Gerd-R. Puin
Redaktion: Tim Mücke

ISBN 978-3-89930-177-9

Inhalt

Einführung der französischen Originalausgabe 7
Vorwort zur deutschen Ausgabe 11
Anmerkungen des Übersetzers 17

Teil 1: Der Koran entspricht nicht dem Original 21
Die Übermittlung des Sinnes 25
Die Theorie der Varianten 27
Die Textvarianten des Korans 29
Von der Variation zur Manipulation 34
Die satanischen Offenbarungen 36
Aus der Sicht des Propheten 40
Andere Zweideutigkeiten der Offenbarungsart 41
Die vollständige Offenbarung? 45
Die verlorenen oder nicht beibehaltenen Texte 47
Zwei aus dem Koran entfernte Stoßgebete 51
Interpolationen 53

Teil 2: Die Bestandteile des Korans 64
Die Verse – eine spätere Erfindung 64
Die Suren 68
Die Einleitungen 71
Die „geheimnisvollen Buchstaben" 75
Die Einteilung der Suren 88
Die *Basmala* und *al-Raḥmān* 92
Die Namen der Suren 98

Teil 3: Die Verschriftlichung des Korans 101
Probleme der Schrift und der Lesung 113
Der Mythos „ʿUṯmān" 120
Das Manuskript von Samarkand 122
Der Mythos von der Echtheit 126
Die Rolle der Schreiber 127
Typische Redewendungen und Ausdrucksweisen 129
Die Praxis der Neuformulierung 130
al-qurʾān, ein Werk der Schreiber 131

Teil 4: Mythen und Vorurteile 133
Der Mythos von der Originalität 133
Vom *kitāb* zum *qur'ān* 137
Der Mythos von der Sammlung der Korantexte 141
Der Mythos von der vollkommenen Weitergabe 142
Der Mythos von der Unnachahmlichkeit 144
Die Authentizität der Inspiration *(waḥy)* 146

Ergebnis 149

Anhang 153
Die Sonnenfinsternis vom 27. Januar 632 n. Chr. 153
Ein großes Rätsel 157
Ein eheliches Psychodrama 161
Sonnenfinsternis und Abschiedswallfahrt 164

Bibliographie 168
Veröffentlichte frühe Koran-Fragmente 180
Eine Auswahl von weiterführender Literatur 182
Eher populäre Darstellungen 183

Sprich die Wahrheit, auch wenn sie dir schadet.
قل الحقيقه ولو تضرك
(Ibn al-Aʿrābī, *Muʿǧam*)

Einführung der französischen Originalausgabe

Sich Fragen zur Authentizität des Korans zu stellen, zählt heute als Gotteslästerung; es ist ein besonders schlimmes Sakrileg gegenüber einem der Hauptdogmen des Islams, ja sogar gegenüber den beiden wichtigsten, dem Glauben an Gott und an seinen Propheten.

Dieses Tabu, das die Geschichte des Korans umgibt, hat indes gar keine *theologische* Rechtfertigung, die aus dem geoffenbarten Text hervorginge, ja nicht einmal einen *historischen* Grund, gibt uns doch die islamische Tradition selbst eine beeindruckende Menge Informationen über die sehr ernsten Probleme, die mit der Übermittlung des Korantextes bis heute zu tun haben.

Das Erstaunlichste an dieser verkrampften Haltung der islamischen Orthodoxie ist aber, dass sie selbst der Lehrmeinung widerspricht, die der Koran über seine eigene Authentizität formuliert hat. Weit davon entfernt, irgendeine Textauthentizität zu fordern, stellt uns der Koran nämlich eine Offenbarungstheorie vor, die einen solchen Anspruch entschieden zurückweist.

Diese koranische Lehre erklärt uns, dass der offenbarte Text nur ein Nebenprodukt ist, das aus einem ursprünglichen und authentischen Text hervorgegangen ist. Dieser ist wohlverwahrt bei Gott, erhalten auf einer „himmlischen Tafel", für gemeine Sterbliche unzugänglich. Der wahre Koran sei nicht der, welcher offenbart wurde. Es sei vielmehr derjenige, der im Himmel geblieben ist, in den Händen Gottes, dem alleinigen und wahren Zeugen des offenbarten Textes. Kurz und gut, der Koran erkennt die Authentizität nicht dem durch Mohammed geoffenbarten Text zu, sondern nur dem Original, das bei Gott verwahrt wird.

Das bedeutet, dass durch die Übertragung vom himmlischen Original die Kopie nicht mehr buchstabengetreu ist. Mohammed hat die Offenbarung nicht als „Diktat“ sondern in Form einer „Inspiration“ *(waḥy)* erhalten.

Der offenbarte Text ist darüber hinaus auch dem Gesetz der Abrogation und der göttlichen Umformung unterworfen worden, so dass der Koran weder ewig noch absolut ist. Er ist historisch, von Umständen abhängig und relativ. Auch andere Faktoren entfernen ihn vom authentischen, himmlischen Text: Gott befiehlt dem Teufel, Mohammed falsche Offenbarungen einzuflüstern, die dann durch den Propheten verkündet werden, darauf aber wieder von Gott für ungültig erklärt werden. Der Prophet ist ferner auch gewissen menschlichen Schwächen unterworfen, wie das ebenfalls der Koran berichtet.

Es ist also wichtig, die im Koran selbst enthaltenen Indizien für die Nichtauthentizität des offenbarten Textes klar aufzuzeigen.

Beim Tod des Propheten war nämlich der offenbarte Text auf verschiedenen Materialien aufgezeichnet: auf Pergamenten, auf Schulterblattknochen, auf Scherben und anderen zufälligen Unterlagen. Ganz offensichtlich war die Idee, diese zerstreuten Texte in einer Sammlung zu vereinen, eine spätere Neuerung; für Mohammed etwas Unbekanntes und für den Geist des Korans etwas Fremdes. Nur die Gestaltung einiger Einheiten des offenbarten Textes war noch zu Lebzeiten Mohammeds erfolgt. Diese Offenbarungseinheiten haben die jetzigen Suren nach einem Verfahren, das noch nicht aufgeklärt ist, hervorgebracht. Teilweise sichtbar wird das durch die Einfügung der „geheimnisvollen Buchstaben“ am Beginn bestimmter Korankapitel.

Die islamische Tradition behauptet, dass eine erste Sammlung der Korantexte von Abū Bakr, dem ersten Kalifen, vorgenommen wurde. Eine weitere Sammlung soll dann unter dem dritten Kalifen, ʿUṯmān hergestellt worden sein. Worin bestand eine solche Sammlung? Die Meinungen darüber gehen auseinander, und es ist uns nichts Sicheres davon überliefert. Die Lage ist umso unklarer, als da noch eine dritte Sammlung unter der Herrschaft des omayyadischen Gouverneurs al-Ḥaǧǧāǧ (st. 95 AH / 714 AD) stattgefunden haben soll.

Wie es sich auch immer mit den Inkohärenzen in der islamischen Lehrmeinung über die Geschichte des Korantextes verhalten mag, so ist es doch klar, dass die Erstellung eines offiziellen Textes das Endergebnis eines langen Weges war. Seine Einzelheiten können nur annähernd – und mit viel Behutsamkeit – aus den überkommenen Berichten der islamischen Tradition abgeleitet werden.

Die Muslime der ersten Generationen besaßen also keinen koranischen Referenztext, da es diesen noch nicht gab. Zum Trost hat die Tradition ganz einfach den Mythos des Erzengels Gabriel erfunden, der sich jedes Jahr einmal mit Mohammed zu einer Endfassung der im Laufe des Vorjahres geoffenbarten Texte traf. Demgemäß war also bis zum Tod des Propheten der Korantext nach göttlichem Willen umfassend kodifiziert, geordnet und vollständig. Die späteren Sammlungen hätten – nach verschiedenen Berichten – nichts Neues beigetragen; sie hätten lediglich Veränderungen berichtigt, die in den ersten Jahrzehnten des Islams geschehen waren. So lautet die „mythische" orthodoxe Lehrmeinung über die Zuverlässigkeit bei der Weitergabe des offenbarten Textes.

Parallel zu dieser idealisierenden Rechtfertigung hat die islamische Tradition uns Angaben hinterlassen, die für einen Historiker der Korantexte sehr nützlich sind, natürlich unter der Bedingung, dass er sie entschlüsseln kann. Auf der Grundlage dieser Materialien begann im Westen die kritische Untersuchung des Korantextes mit einem Meisterwerk, auf das noch heute Bezug genommen wird, nämlich das Werk von Theodor Nöldeke: *Geschichte des Qorans*, 1860 zum ersten Mal veröffentlicht; 1909 und 1919 wurde es von F. Schwally neu bearbeitet und 1938 durch einen weiteren Band von G. Bergsträßer und O. Pretzl ergänzt. Dieses Werk hat 1958 die ausgezeichnete *Introduction au Coran* von Régis Blachère angeregt.

Neben dieser Strömung der historisch-kritischen Koranuntersuchung entstand Mitte des 20. Jahrhunderts eine neue Richtung, die sich dem Studium der literarischen Gattungen im heiligen Text des Islams widmete. Wieder ist es die deutsche Schule, die den Weg dieser neuen und wesentlichen Ausrichtung vorgegeben hat; angeregt von einer Disziplin, in der sie sich auszeichnete, nämlich der „Formgeschichte". In ihr war der [evangelische Theologe] Rudolf Bultmann (1884-1976) eine der dominierenden Persönlichkeiten. Wir wollen hier nur die Serie der Veröffentlichungen von 1950 in der Zeitschrift *The Muslim World* unter dem Titel „The Qur'ân as Scripure" anführen, die schon den wichtigen Beitrag von J. Wansbrough in seinen *Quranic Studies* andeutet. Wansbrough hat die Grundmuster der koranischen Ausdrucksweise untersucht und sie mit der jüdischen Tradition verglichen. Die Aufdeckung einer feststehenden Gliederung der Sprache legt in der Tat nahe, dass es sich um die Fortsetzung einer alten Schrifttradition handelt. So erscheint der Korantext immer weniger als ein improvisiertes Werk aus der Wüste, sondern vielmehr als Fortsetzung einer hochstehenden Tradition.

Wir wollen uns auf die Analyse dieser Schreibtechniken stützen, um besser zu verstehen, wie die Komposition der Korantexte verlaufen ist, die ja von wahren Meistern „inspirierten" Schreibens verwirklicht wurde. Wir werden die Studie damit beenden, dass wir die Mythen hervorheben, welche die islamische Tradition erfand, um die Offenbarung und deren Textergebnis so darzustellen, wie es ganz und gar nicht seinem Geist und Inhalt entspricht – so wie der Text bis heute überliefert ist.

Schließlich möchte ich mich bei allen bedanken, die mich ermutigt haben meine Forschungen fortzusetzen und die mich freundlich unterstützt haben. Besonders bedanken möchte ich mich bei François Poirier, der beim Korrekturlesen geholfen hat.

Mondher Sfar

Vorwort zur deutschen Ausgabe

Die jetzt als deutsche Ausgabe vorliegende Studie untersucht den Korantext auf seine Authentizität hin. Aber um welche Authentizität handelt es sich? Diese Frage kann auf verschiedene Art, beziehungsweise auf verschiedenen Ebenen gestellt werden.

Die unmittelbar erste Ebene beträfe sicherlich die Frage nach der göttlichen Authentizität der koranischen Botschaft. Da es sich im Grunde dabei aber um eine rein metaphysische, nur den Glauben betreffende Frage handelt, werden wir uns dieser Ebene nicht nähern, ist sie doch weit mehr dem Glauben als feststellbaren Tatsachen zuzuordnen. Der Koran hat dennoch dieses Thema in detaillierter Form angesprochen und Argumente für die göttliche Authentizität der prophetischen Botschaft vorgebracht.

Bevor wir weitergehen, müssen wir eine überraschende Eigenart des Korans aufzeigen, die ihn von anderen religionsstiftenden Texten unterscheidet: Er entwickelt einen beständigen und intensiven Diskurs, in dem er der sich mit sich selbst beschäftigt. Ja, man kann sagen: Der Koran ist ein Diskurs über den Koran. Er bestätigt seine eigene Echtheit, er erklärt die Wechselfälle seiner Weitergabe und die Veränderungen, die er selbst im Zeitverlauf der Offenbarung erfuhr, wie wir das in der vorliegenden Studie sehen werden.

Des Weiteren geht er auch vorrangig auf die Frage des Prophetentums ein und auf die Tatsache, dass er speziell von Mohammed übermittelt wurde. So ist das Thema der Echtheit des Korantextes weithin im Koran selbst behandelt, eng mit der Frage nach der Echtheit der prophetischen Sendung Mohammeds verbunden, die auch häufig wiederholt wird.

Was uns die fast organische Verbindung des Prophetenamtes Mohammeds mit dem Korantext zeigt, ist die Art der göttlichen Anrede. Gott gebraucht nämlich die zweite Person Einzahl. Wann immer er sich speziell an Mohammed wendet, so verwendet er häufig die Aufforderung „sprich! / qul!“ – In der Tat formuliert der Koran in einer aktiven Sprechweise – nicht in einem neutralen Diskurs: Es ist ein Monolog, in dem Gott sich ausschließlich an Mohammed wendet, der dann gehalten ist, die göttliche Mitteilung seiner mekkanischen und später auch seiner medinensischen Umgebung zu verkünden.

Diese Art der koranischen Rede zeigt wiederum einen anderen Gesichtspunkt auf, die Frage nach der Echtheit: Wenn die göttliche Rede so eng mit der Person Mohammeds verbunden ist, wie soll man sie dann als „göttlich" betrachten, also als ewig, universal und zeitlos? Was soll man dann zum Inhalt der Rede sagen, die an Mohammed gerichtet ist und mit ihm speziell an seine Umgebung? Was soll man sagen, wenn diese Rede Fragen des Alltagslebens, familiäre, gesellschaftliche, politische oder diplomatische Ereignisse zum Inhalt hat, und in der man vergeblich wirklich ewige und zeitlose Worte suchen würde? Die islamischen Theologen haben sehr schnell diese Schwierigkeit erkannt und dafür eine Antwort gefunden: die berühmte Lehre von den „Anlässen der Offenbarung / asbāb al-nuzūl". Es ist die theologische Lehre, die versucht, der von den jeweiligen Umständen abhängigen Rede des Korans einen göttlichen Status zu verleihen. Es geht darum, den nur zeitlichen Wert der göttlichen Rede um jeden Preis zu leugnen. Es ist diese Lehre, die es islamischen Theologen (im Gegensatz zur Philosophenschule der Muʿtaziliten) erlaubt, das Wesen des Korans für unerschaffen zu erklären, um daraus ein ewiges Werk zu machen, und das trotz seines offensichtlich auf damalige Zeitumstände bezogenen Inhalts.

Halten wir also dieses Paradox des Korantextes fest: Er versteht sich als ewiges Wort Gottes, aber dieses Wort bewegt sich in personenbezogener und zutiefst profaner Vergänglichkeit, bis hinab zu Reglungen familiärer oder ehelicher Auseinandersetzungen, die den Propheten und seine Umgebung betreffen. Man würde hier vergeblich eine geistliche Lehre suchen.

Doch zurück zu unserem eigentlichen Thema. Man kann sich der Frage nach der Authentizität auch aus archäologischer Sichtweise nähern, um zu prüfen, ob die Weitergabe des Korantextes seit seiner Offenbarung – vor fast vierzehn Jahrhunderten – ihn nicht verändert hat, sei es zufällig bei den nacheinander folgenden Abschriften von Kopien, oder gar absichtlich. Wir vernachlässigen diesen Gesichtspunkt, der mehr die Philologen interessiert, geben aber dennoch Varianten, Interpolationen und Textzusammenstellungen an, die davon zeugen, dass der Text im Sinne einer Verbesserung oder Revision bearbeitet wurde. Unserer Überzeugung nach hat sich der Korantext dennoch, so wie wir ihn heute kennen, und so wie ihn die Muslime vortragen, seit den Lebzeiten Mohammeds nicht viel verändert. Wir können von daher gesehen sagen, dass der Koran (als historischer Text) alles in allem authentisch ist.

Damit haben wir aber bei Weitem noch nicht die Frage nach der Authentizität des Korantextes erschöpft. Denn – und das paradoxerweise – selbst wenn der Korantext die Jahrhunderte ohne große Schäden durchlaufen hat, so steht doch seine Authentizität nicht weniger in Frage – nicht etwa wegen der möglichen menschlichen Boshaftigkeit, sondern eher noch wegen Gottes selbst!

Denn schließlich stellt sich die Frage nach der Authentizität des Textes nicht wirklich und ernsthaft auf der historischen, sondern eher auf der theologischen Ebene: Einerseits wollte Gott bewusst einen Text mitteilen, der nicht original und infolgedessen nicht authentisch ist, andererseits hat Gott (und das ist noch erstaunlicher) bei diesem Text, den er nicht authentisch haben wollte, eine gewisse Anzahl von Verfahren der Manipulation und Verfälschung angewandt. Er tat das aus ganz bestimmten und von ihm angegebenen Gründen, die wir erklären werden. Betrachten wir dies etwas genauer.

Die islamische Lehre hat in der Tat die koranische Aussage, der Koran sei nur ein Nebenprodukt aus einem Originaltext, der auf einer himmlischen Tafel wohlverwahrt *(al-lawḥ al-maḥfūḏ)* wird, vernachlässigt und verfälscht. Sie hat vorgegeben, dass Gott sich verpflichtet habe, die Echtheit des Korans *(al-qur'ān)* zu garantieren, während doch diese Garantie ausschließlich das himmlische Original, das Buch *(al-kitāb)* betrifft. Also hat Gott zwei Dokumente unterschieden: Ein himmlisches Original und eine Kopie aus dem Original, die für den liturgischen Gebrauch bestimmt ist.

Es ist dieses zweite, nicht originale Dokument, das Gott für vielerlei Manipulationen benutzt hat. – Die erste Art von Manipulation besteht darin, dass Gott Sich das Recht gegeben hat, während der Offenbarung Ausdrücke durch andere auszutauschen, ohne dadurch den Gesamtsinn zu ändern. Dieses Prinzip wird von der islamischen Lehre anerkannt und man spricht von „abrogierend und abrogiert / al-nāsiḫ wa-l-mansūḫ". Nur, man hat auch da nicht viel Aufhebens um diese gewollte und von Gott zugegebene Manipulation gemacht. Man hat vielmehr gedacht: was zählt, ist die endgültige Version. Sie könnte dann etwa dem himmlischen Original am nächsten kommen. Es bleibt nichtsdestoweniger festzuhalten, dass es sich um eine echte Manipulation handelt, die den nicht-authentischen Status des Korantextes zeigt. Er war also Manipulationen und Veränderungen unterworfen.

Die zweite Art von Manipulation betrifft diesmal nicht den Buchstaben des offenbarten Textes, sondern den Geist des geheiligten Textes, da falsche Offenbarungen eingeschoben wurden. So hat Gott selbst dem Satan befohlen, Mohammed satanische Offenbarungen einzugeben. Wie Gott auch im Koran bestätigt, dass Mohammed nicht das einzige Opfer solcher Manipulationen sei, sondern dass kein Prophet solchem Fluch entgehen konnte. Nachdem aber Gott diese Art Fälschung angeordnet hatte, verpflichtete er sich, die satanischen Aussagen wieder verschwinden zu lassen und nur noch den wahren Text zu belassen.

Die dritte Art von Manipulation, die vorzunehmen Gott zugibt, ist noch schwerwiegender: Gott erklärt, dass der nicht-satanische Korantext selbst Aussagen enthält, die zweifelhaft sind oder zu Verwirrung führen. Im Koran (Sure 3:7) werden diese als *mutašābih* bezeichnet, währen der sichere Teil *muḥkam* genannt wird. Und Gott erklärt – wie wir später noch im Einzelnen sehen werden – warum er in den Korantext zweifelhafte Textpassagen [in der deutschsprachigen Literatur meist „dunkle Verse" genannt] eingefügt hat: Es ist, spricht Er, um diejenigen Muslime in Versuchung zu führen und denen eine Falle zu stellen, die nicht zögern in religiösen Dingen zu polemisieren. Dabei nutzen sie diese zweifelhaften und mehrdeutigen Koranpassagen, um böswillige Einflüsterungen über die Authentizität des Korans und des Propheten zu machen. So dienen die mehrdeutigen Passagen als List, um Muslime, die als Heuchler *(munāfiqūn)* eingestuft werden, in die Hölle zu schicken. Der gleichen List bedient sich Gott im Falle der satanischen Eingebung. Wir werden sehen, dass Gott seinen Propheten Worte in den Mund legt, die von Satan eingegeben sind; Gott hat zugegeben, dass er das mit Mohammed getan hat. Warum? Nun, aus dem schon angegebenen Grund: Es geschieht – so spricht Gott – um mit den satanischen Behauptungen diejenigen Gläubigen zu versuchen, deren Glaube noch ungefestigt ist. Das heißt also: Er stellt ihnen eine Falle, um sicher zu sein, dass sie in die Hölle gehen.

Welche Folgerungen können wir unter diesen Bedingungen bei der Frage nach der Authentizität des Korantextes ziehen, so wie er Mohammed während einer Zeitspanne von über zwanzig Jahren eingegeben wurde? Wir haben gesehen wie vielschichtig und paradox diese Fragestellung ist. Wenn der gegenwärtige Text großenteils den Korantext wiedergibt, wie er zu Lebzeiten Mohammeds vorhanden war, so bleibt er (im Gegensatz zum „himmlischen" Text) nichtsdestoweniger ein grundsätzlich nicht originaler Text, voller von Gott veränderter Passagen, vom Satan eingegebenen und mit absichtlich mehrdeutigen Passagen; sie wurden von Gott erdacht und verfasst, um solche Muslime zu täuschen, die zu sehr zu Kritik und Diskussion *(yuǧādilūnaka …*, Sure 6:25) neigen, und die Gott der Heuchelei verdächtigt.

Damit aber haben wir die theologische Vielschichtigkeit der Frage nach der Echtheit des Korans noch nicht erschöpfend beantwortet. Es kommt noch das Problem der Prädestination hinzu, ist es doch Gott selbst, der den Glauben oder Unglauben der Menschen vorherbestimmt. Warum versucht dann Gott sie in eine Falle zu locken? Warum versucht er dann sie zu überzeugen? Warum schickt er ihnen einen Propheten? Warum schreibt er ihnen dann einen Koran, der dazu auch noch eine Fälschung ist?

Wir sehen deutlich, dass die große Herausforderung, der sich heute der Islam stellen muss, und vor der die Muslime nicht die Augen verschließen dürfen, die Frage nach den theologischen Fundamenten des islamischen Glaubens ist. Das muslimische Gewissen hat seinen religiösen Gesichtskreis auf Religionsvorschriften eingeengt: Was muss der Muslim tun oder meiden, um ins Paradies zu gelangen – oder genauer gesagt – um der Hölle zu entgehen? Welcher Natur ist Gott? Welcher Natur ist die Beziehung Gottes zu den Menschen? Diese Fragen aber interessieren nun nicht mehr. Und doch waren diese grundsätzlichen Fragen Gegenstand heftiger Auseinandersetzungen im Laufe der ersten Jahrhunderte des Islams, in denen mehrere theologische Schulen entstanden.

Heute ist diese Tradition der theologischen Auseinandersetzungen nur noch eine schwache Reminiszenz, die nur auf einige Abschnitte in Lehrbüchern zur Islamgeschichte oder auf Hochschulschriften beschränkt ist. Der Muslim kann und muss wieder lernen, seinem eigenen Urteil zu vertrauen. Er muss jedoch wieder an die theologische Diskussion anknüpfen, ohne Komplexe und ohne Angst, handelt es sich hierbei doch um die Würde des Menschen (des Mannes wie der Frau), und diese Würde ist das Heiligste, was der Mensch besitzt.[1]

---

1 Den Leser möchte ich darauf hinweisen, dass ich mich mit der Frage nach der Authentizität des Korans erneut in meinem eben erschienenen Buch *L'autre Coran* (Paris 2016), §§ 160-165 befasst habe. Besonders im § 164 zeige ich, dass Grund besteht, selbst die Existenz des Korans in Frage zu stellen, spricht doch dieser Koran über den Koran, also über sich selbst! Ein Koran, der im Diskurs über sich selbst verharrt, gleicht einem Circulus vitiosus. Er ähnelt damit einer Kunstform, die man „narrative Selbstbespiegelung" (Metalepse) [oder „Selbstreferenz"] nennt. Bei dieser Darstellungsart ist der dargestellte Gegenstand nichts anderes als das Mittel seiner Darstellung. Kurz gesagt ist der Koran – über den der Koran selbst spricht – nur eine optische Illusion, ein virtueller Gegenstand. Er lässt uns an die Existenz einer Sache glauben, die nichts anderes ist als dieser Diskurs über sich selbst. Wir hoffen, dass wir durch diese vielfältigen Beobachtungen und Fragestellungen einen Beitrag leisten zur Darstellung der Komplexität und der Schwierigkeit, diesen Text zu lesen und zu entschlüsseln. Es ist ein Text, der auf den ersten Blick unbedeutend, ja sogar

Ich möchte mich bei Alfred Laßotta für die gewissenhafte Sorgfalt bei seiner Übersetzung bedanken, sowie bei Gerd-R. Puin, der die deutsche Ausgabe mit Abbildungen versehen hat, die den Text für jene illustrieren, die sich für den arabischen Hintergrund meiner Argumentation interessieren.

Mondher Sfar

Anmerkungen des Übersetzers

Für die Wiedergabe der Koranzitate wurde die Übersetzung von Rudi Paret verwendet: *Der Koran*, 5. Auflage, Stuttgart: Kohlhammer 1989. Die von ihm reichlich benutzten Ergänzungen in runden Klammern wurden nur mitzitiert, wenn es dem Übersetzer geboten erschien.

Für die Bibelzitate wurde die „Einheitsübersetzung" verwendet: *Die Bibel*, 4. Auflage, Stuttgart 2007.

Bei der Umschrift arabischer Wörter und Sätze wurde nicht dem französischen Original gefolgt, sondern die in der deutschsprachigen Wissenschaft übliche Transliteration angewandt, in der einem arabischen Buchstaben ein Zeichen des lateinischen Alphabets entspricht. Gleiches gilt auch für arabische Namen, bis auf einige sehr gängige, die in der gebräuchlichen Umschrift der deutschsprachigen Literatur geschrieben werden (Mekka, Medina, Kaaba, Sure). Mit *Mohammed* ist stets der Prophet der Muslime gemeint. An Abkürzungen werden verwendet:

AH = „Anno Hegirae", d. h. Jahresangabe nach dem muslimischen Mondkalender, der mit der „Hiğra", der Übersiedlung Mohammeds von Mekka nach Medina beginnt, am 16.07.622 AD.

AD = „Anno Domini", d. h. Jahresagabe nach dem Gregorianischen Sonnenkalender, „nach Christi Geburt".

---

naiv erscheinen mag, doch hört er nicht auf, uns zu ermahnen und uns seine innersten und unerwarteten Geheimnisse zu enthüllen. Das Abenteuer [dieser Erforschung] ist noch lange nicht beendet …

ebd. = ebenda
reg. = regierte
st. = starb
w. = wörtlich

Tabelle der verwendeten Umschrift

Umschrift	Arabisch	API*	Aussprache
ʾ	ء	ʔ	Stimmabsatz; wie dt. in „ein|engen“
ʿ	ع ععع	ʕ	Kehllaut, im Deutschen nicht vorhanden; empfohlene Aussprache wie oben „Stimmabsatz“
ā	اَ	aː	langer Vokal a
à	ىَ	aː	langer Vokal a („Alif Maqṣūra“)
b	ب ببب	b	wie dt. b
d	د د	d	wie dt. d
ḏ	ذ ذ	ð	wie engl. stimmhaftes th in „that“
f	ف ففف	f	wie dt. f
ǧ	ج ججج	ʤ	wie engl. g in „George“
ġ	غ غغغ	ʁ	geriebenes Zäpfchen-r, wie in frz. „Paris“
h	ه ههه	h	wie dt. h in „behalten“
ḥ	ح ححح	ħ	pharingaler stimmloser Reibelaut, nicht im Dt., ersatzweise wie in „Dach“ zu sprechen
ḫ	خ خخخ	x	velarer stimmloser Reibelaut, wie dt. „Dach“
ī	ىِ	iː	langer Vokal i
k	ك ككك	k	wie dt. k
l	ل للل	l	wie dt. l in „Meile“
m	م ممم	m	wie dt. m
n	ن ننن	n	wie dt. n

Umschrift	Arabisch	API*	Aussprache
q	ق ققق	q	uvularer Plosivlaut, nicht im Dt., ersatzweise wie k zu sprechen
r	ر ـر	r	gerolltes Zungen-r
s	س سسس	s	stimmloses s, wie dt. „Bus“
š	ش ششش	ʃ	wie frz. „Charles“, ähnlich wie dt. „schon“
ṣ	ص صصص	sˤ	velarisiertes stimmloses s: umgebende Vokale sind dumpf zu artikulieren
t	ت تتت	t	wie dt. t
ṯ	ث ثثث	θ	stimmloses th, wie engl. „think“
ṭ	ط ططط	ƫ	velarisiertes t: umgebende Vokale sind dumpf zu artikulieren
ū	وُ	u:	langer Vokal u
w	و ـو	w	Halbvokal, wie engl. „wine“
y	ى ييي	j	Halbvokal, wie dt. „Junge“
z	ز ـز	z	stimmhaftes s, wie hochdt. in „Sohn“
ẓ	ظ ظظظ	ƶ	velarisiertes stimmhaftes th: umgebende Vokale sind dumpf zu artikulieren

* API = Lautschrift der *Association Phonétique Internationale*

Mit Einverständnis des Autors wurden an wenigen Stellen Hinweise des Übersetzers eingefügt, die mit eckigen Klammern gekennzeichnet sind.

Alfred Laßotta

Teil 1: Der Koran entspricht nicht dem Original

Die Übergabe der göttlichen Botschaft an Mohammed fand auf eine besondere Art statt. Diese ist komplexer als man es sich vorstellt, wenn man sich nur auf die orthodox-islamische Lehrmeinung bezieht. Nach ihr nämlich hat Gott seine Botschaft wortwörtlich diktiert. So habe dann Mohammed im Koran die von Gott seit ewig erschaffenen Worte wiedergegeben.

In Wirklichkeit stammt der Text, der dem Propheten offenbart wurde, von einem bei Gott verwahrten anderen Text. Es handelt sich um die berühmte Tafel, arabisch *lawḥ*, sie ist im ausschließlichen Besitz Gottes. Nur er hat Zutritt dazu, mit seinen Engeln als Schreibern oder mit Engeln als Boten, wie Gabriel. Nur von diesem Original aus wurde Mohammed und dann den Menschen der Korantext mitgeteilt. Von Anfang an nimmt also der Koran eine strikte Unterscheidung vor, die das Offenbarungsgeschehen betrifft.

Dies ist tatsächlich ein ganz zentrales Problem in unserer Untersuchung zur Authentizität des offenbarten Textes. Die koranische Lehre ist also klar: Der offenbarte Korantext stellt nur eine Kopie dar, von der anzunehmen ist, dass sie nicht mit dem himmlischen Original zu verwechseln ist. In diesem Sinn kann der Korantext auch nicht den Anspruch auf Authentizität erheben. Hierin ist der Korantext unzweideutig: Das himmlische Original wird mit dem Begriff *kitāb* bezeichnet, was „Schrift" bedeutet:

<table>
<tr><td>ALM. Dies [wörtlich jedoch: Jene] ist die Schrift, in der kein Zweifel ist – sie ist Geleit für Gottesfürchtige …</td><td>الٓمٓ ذَٰلِكَ ٱلۡكِتَٰبُ لَا رَيۡبَۛ فِيهِۛ هُدٗى لِّلۡمُتَّقِينَ</td></tr>
<tr><td colspan="2">Anfang der zweiten Sure (al-Baqara)</td></tr>
</table>

Der Text aber, der vom Original mittels Offenbarung abgeleitet ist, heißt *qur'ān*, etwas, was im Wesentlichen liturgisch ist und die Rezitation bezeichnet:

<table>
<tr><td>ṬS. Dies sind die Zeichen der Lesung [qurʾān] und der klaren Schrift [kitāb] …</td><td>طسٓ تِلْكَ ءَايَٰتُ ٱلْقُرْءَانِ وَكِتَابٍ مُّبِينٍ</td></tr>
<tr><td colspan="2">Anfang der Sure 27 (al-Naml)</td></tr>
</table>

Zwischen Kopie und Original liegt eine ganze Geschichte, die uns deutlich auf die Art der Offenbarung und auf die Art der Weitergabe hinweist, auf der sie anscheinend erfolgt sein soll. Es ist also verständlich, dass die entscheidende Frage, die wir zuerst stellen wollen, mehr theologischer als historischer Natur ist. Wir werden hierbei sehen, dass die koranische Lehre von der Art und Weise der Offenbarung die Geschichte der Weitergabe des Korans bis heute auf eine unbezweifelbare und eigene Art erhellt.

Berichtigen wir zuerst einmal ein Missverständnis, das seit langer Zeit von der islamischen Orthodoxie gepflegt wird. Um zu beweisen, dass der Korantext vollkommen authentisch sei, hat man vorgegeben, Gott habe sich selbst verpflichtet, den Text vor jeglichen Veränderungen zu bewahren, die auf Grund von Wechselfällen während der Weitergabe durch Zeiten und Generationen geschehen können. Diese Doktrin ist im Wesentlichen auf den Koranvers 15:9 gegründet: „Wir haben die Mahnung *(ḏikr)* hinabgesandt. Und wir geben auf sie acht *(innā lahu laḥāfiẓūn)*." Diesen Vers findet man oft als Vermerk in Koranabschriften, um deren Authentizität zu unterstreichen. Bezeichnet nun das Wort *ḏikr* hier den Korantext? In Wirklichkeit zeigt die Untersuchung des koranischen Gebrauchs dieses Wortes, dass *ḏikr* für jene Art des Berichts benutzt wird, den man aus pädagogischen Gründen zitiert *(ḏakara)*, um daraus eine Lehre zu ziehen. Der Koran gebraucht das Wort, um besonders die Erzählungen über alte Völker (z. B. der *ʿĀd, Ṯamūd* u. a.) zu kennzeichnen, welche die Gläubigen als Mahnung im Gedächtnis bewahren sollen. Gott besitzt also über diese Völker genaue Berichte, die er bei sich aufbewahrt. Dies wird auch an anderen Stellen wiederholt: Die Erinnerung *(taḏkira)* „(… befindet sich in der Urschrift bei Gott) auf Blättern, die in Ehren gehalten werden, emporgehoben und rein sind, in den Händen von Schreibern, vornehm(en) und fromm(en) (Engeln)" (80:13-16).

Es ist also klar, dass *ḏikr* nicht den Korantext, sondern die Gesamtheit der aus den himmlischen Blättern entnommenen Erzählungen betrifft, denen die größte göttliche Fürsorge zukommt. Ebenso verhält es sich mit dem *qur'ān*, der ja aus einem himmlischen Original entnommen ist: „Es ist ein preiswürdiger Koran, auf einer wohlverwahrten *(maḥfūẓ)* Tafel" (85:21-22). Auch wenn der arabische Text uns hier nicht klar sagt, ob die Tafel (das Original) oder die Rezitation das Objekt der Bewahrung ist, jedenfalls ist diese Rezitation mit Hilfe der himmlischen Tafel, die als Original existiert, bestätigt. Wie jedes Original genießt es alle Fürsorge: „... in den Händen von Schreibern, vornehm(en) und fromm(en) (Engeln)." Es genoss auch jegliche Überwachung: „Es ist ein vortrefflicher Koran, in einer wohlverwahrten Schrift, die nur von Gereinigten berührt wird" (56:77-79). Zu keiner Zeit waren dagegen diese himmlischen Wächter mit dem Schutz oder der Bewahrung der rezitierten Kopie *(qur'ān)* vor jeglicher Veränderung im Verlauf ihrer Tradierung über die Generationen hinweg beschäftigt.

Der Mohammed geoffenbarte Text stellt im Übrigen nur einen Auszug aus dem großen Buch *(kitāb)* dar. Dieses ist im Besitz Gottes und enthält unter anderem auch die Weltchronik. Als der Pharao den Mose herausforderte und ihm die folgende Frage stellte: „Wie steht es denn mit den früheren Generationen?" So antwortete er ihm: „Über sie weiß mein Herr Bescheid. (All das ist) in einer Schrift *(kitāb)*. Mein Herr irrt nicht und vergisst nichts" (20:51-52). Es handelt sich also um eine wahre himmlische Bibliothek, die alles Wissen der Welt umfasst. Aus ihr gehen die koranische Offenbarung und auch die anderen abrahamitischen Offenbarungen hervor.[2]

Die Auffassung von diesem himmlischen Buch, das auf einer Tafel verwahrt wird, ist schon alt, und die Ersten, die es erwähnten waren die Sumerer.[3] Sie waren es auch, die uns die Idee vom

2 Jeffery, "The Qur'ān as scripture" 202, 205

3 Ebd. 47-48

„Schicksal" hinterlassen haben, das in einem Schriftstück *(maktūb)* festgelegt ist – ein wichtiger Begriff in der orientalischen und arabisch-muslimischen Mentalität. Diese Denkweise findet man auch im Koran, ausgedrückt mit *kutiba ʿalayhi / über ihn war geschrieben,* d. h. ihm war (dies so) vorherbestimmt.

Das Gleiche gilt für das Original der Schrift, die Gott selbst bewahren will – und nicht für seine Kopie –, wenn er zum Beispiel Mohammed befiehlt: „Und lies, was dir von der Schrift *(kitāb)* deines Herrn eingegeben worden ist! Es gibt niemand, der seine Worte *(kalimāt)* abändern könnte. Und du wirst außer ihm keine Zuflucht finden" (18:27). Da der Originaltext nicht dem Prinzip der Veränderung unterworfen ist, könnte der Prophet es nicht wagen, den rezitierten Text der Kopie zu verändern. Wir sehen deutlich, dass das Original zur Begründung für die Echtheit dient, und zugleich ein abschreckendes Argument gegen jeden Fälschungsversuch ist, auch von Seiten des Propheten selbst.

Dieses Original ist an anderer Stelle auch als „Mutter der Schrift" *(ummu 'l-kitāb)* bezeichnet: „Bei der deutlichen Schrift! ... Sie gilt in der Urschrift bei uns als erhaben und weise" (43:2 und 4). Dieser Begriff „Mutter" *(umm)* steht im Arabischen auch für die Bedeutungen „Ursprung" oder „Zentrum", wie etwa im koranischen Ausdruck *ummu 'l-qurà / Mutter der Städte,* womit Mekka als Hauptstadt Arabiens gemeint ist. Es ist die eigentliche Aufgabe des Originals, als Matrize oder Vorlage zu dienen, von der die Kopie genommen wird. So erkennen wir hier, dass zwischen dem unveränderlichen Original und der allen Risiken ausgesetzten Kopie eine Art genetischer oder auch hierarchischer Beziehung aufscheint.

Im Koran wird aber noch ein anderer Ausdruck benutzt, um diese unklare Beziehung zwischen Original und Kopie zu bezeichnen, nämlich das Verb *ṣaddaqa,* zum Beispiel in folgender Koranstelle: „Und was wir dir von der Schrift *(kitāb)* eingegeben haben, ist die Wahrheit zur Bestätigung *(muṣaddiqan)* dessen, was vor ihr da war *(mā bayna yadayhi)*" (35:31). Die Offenbarung wird hier durch das Verb *ṣaddaqa* als getreu und mit dem himmlischen Original übereinstimmend bezeichnet.

Die Übermittlung des Sinnes

Soll das Gesagte nun heißen, dass zwischen der Kopie und ihrem Original eine wortwörtliche Übereinstimmung herrscht? Die Antwort kann nur verneinend sein, da diese Vorstellung von Übereinstimmung im Koran lediglich verwandt wird, um die Art und Weise der Beziehung zwischen zuvor geoffenbarten Texten zu kennzeichnen. Diese Texte unterscheiden sich notwendigerweise von einander nach dem Buchstaben, sind aber nach ihrem Sinn identisch: „Und als nun von Gott eine Schrift *(kitāb)* zu ihnen kam, die das bestätigte *(muṣaddiq)*, was ihnen vorlag ..." (2:89). Ebenso wie auch das zu Jesus gekommene Evangelium mit der Thora „übereinstimmt" (5:46), so „entspricht" auch die zu Mohammed gekommene Schrift *(kitāb)* dem Evangelium (5:48).

Diese Beispiele zeigen, dass die Art der Übereinstimmung der Kopie mit ihrem Original gleicher Art ist, wie sie unter den verschiedenen geoffenbarten Texten besteht. Die Kopie, die Mohammed offenbart wurde, ist also weit davon entfernt, wortwörtlich den himmlischen Text *(kitāb)* – wie er auf der wohlverwahrten Tafel steht, die von reinen Engeln bewacht wird – wiederzugeben. Nach dem Koran hat die Kopie nur die Aufgabe, den allgemeinen Sinn des Originals zu bewahren.

Die traditionalistischen Muslime zögerten ihrerseits nicht, offen die Hypothese der nicht wörtlichen Übereinstimmung zwischen dem himmlischen Original und der von Mohammed übermittelten Kopie zu formulieren. So hat al-Suyūṭī (st. 911 AH / 1505 AD), Verfasser der in seiner Art vorbildlichen Koran-Enzyklopädie *al-Itqān*, drei Hypothesen zur Übertragungsart des Originaltextes aufgeführt: Die erste Hypothese ist natürlich die der wortgetreuen Übertragung vom Original zur Kopie. Die zweite geht dahin, dass der „Erzengel Gabriel vor allem (sic!) mit der *Bedeutung* [des Originaltextes] herabgestiegen sei. Mohammed habe diese Bedeutung erfasst und sie dann in der Sprache der Araber ausgedrückt." Schließlich die dritte Hypothese: „Gabriel habe den Sinn (des Originaltextes) empfangen und ihn in arabischer Sprache ausgedrückt (die Himmelsbewohner lesen den Koran in arabischer Sprache). Dann habe Gabriel den Text [auf Mohammed] herabgebracht."[4] Wir erkennen hier, dass die beiden letzten Hypothesen ganz klar die Idee der nicht wörtlichen Authentizität des Korantextes in Bezug auf das himmlische Original hervorheben.

Ein Koranvers stimmt sogar mit dem zweiten Szenario der Übergabeart des himmlischen Textes überein: „Wir haben sie (die Schrift) zu einem arabischen Koran gemacht ..." (43:3). So wären es also Gott und seine Schreiberengel, Gabriel an der Spitze, die den von Mohammed empfangenen arabischen Text ausgearbeitet hätten, obwohl man in dieser arabischen Version nicht unbedingt eine wörtliche Übersetzung des Originals sehen muss. Die Tradition behauptet sogar, dass Gabriel die himmlische Tafel selbst nicht gelesen habe, sondern dass Gott ihn inspiriert habe, seine offenbarten Worte zu übermitteln *(takallama bi-'l-waḥy)*. Diese göttliche Inspiration – mit lauter Stimme gesprochen – habe „den Himmel vor Gottesfurcht erbeben lassen. Sobald die Bewohner des Himmels (diese Worte) hörten, waren sie wie vom Blitz getroffen und fielen nieder. Der Erste, der den Kopf erhob, war Gabriel. In diesem Moment teilte Gott ihm mündlich das mit, was er von seiner Offenbarung mitteilen wollte. Gabriel diktiert dann seinerseits diese Worte den (anderen Engeln). Und in jedem einzelnen Himmel fragten die Bewohner ihn: ‚Was hat unser Herr gesagt?' Gabriel antwortete: ‚Die Wahrheit'." Und so hat Gabriel die Offenbarung von Himmel zu Himmel überbracht bis hin zu Mohammed, ihrem endgültigen Adressaten.[5]

Der Exeget al-Ǧuwaynī (st. 478 AH / 1085 AD) hat diesen Vorgang in zwei Teile aufgeteilt. Für ihn enthält der Koran nebeneinander zwei Arten von Texten gemäß den beiden Übermittlungsarten, wie sie beim Austausch von Sendschreiben zwischen Herrschern üblich sind. So sei ein Teil des Korans dem Sinn nach übermittelt worden, ohne den Buchstaben des göttlichen Originaltextes zu folgen; der andere Teil sei jedoch eine

4 al-Suyūṭī, *al-Itqān*, I, 125, 537

5 Ebd. I, 126, §540

wörtliche Kopie, in Übereinstimmung mit der von Gott diktierten Botschaft.[6]

Die Theorie der Varianten

Mit dieser Lehre einer sinngemäß und nicht buchstabengetreu übermittelten Offenbarung haben wir ein neues Stadium erreicht, das uns erlaubt, die Einheitlichkeit der Koranoffenbarung zu verwerfen. Nachdem wir also zunächst die Zweiteilung der Offenbarung in Original und Kopie gesehen haben, und dann die Differenzierung im Wortlaut zwischen beiden, kommen wir jetzt zu einer Aufsplitterung der Kopie in eine Vielzahl von sprachlichen Ausdrucksmöglichkeiten. Diese Theorie gründet in der Tradition der „Sieben Buchstaben" (wörtl. von *sabʿat aḥruf*) oder der „Sieben Lesarten" *(sabʿ qirāʾāt)*. Man rechtfertigt diese Theorie mit Hilfe eines von ʿUṯmān, dem dritten Kalifen, überlieferten Ḥadīṯs, in dem Mohammed sagt: „Der Koran wurde gemäß den ‚Sieben Buchstaben' herabgesandt."[7]

Al-Suyūṭī behauptet, man habe dieses Ḥadīṯ auf vierzig Arten interpretiert. Unter diesen Interpretationen ist auch diejenige von Ibn Qutayba (828-889 AD), der erklärt, dass es sich um sieben „Variationsarten" des Korantextes handele, nämlich

1. die der Deklination, ohne dass aber dadurch der Sinn betroffen sei;
2. die der Tempora der Verben;
3. die der Buchstaben gleicher Schreibweise, aber mit unterschiedlichen diakritischen Zeichen;
4. die der – in der Graphie – nur ähnlichen Buchstaben;
5. die der Wortfolge innerhalb des Satzes;
6. die der Textveränderung durch Hinzufügung oder Weglassung von Worten; und
7. die der Wortersetzung durch Synonyme.[8]

---

6 Ebd. I, 126, §543

7 Ebd. I, 130, §555

8 Ebd. I, 131, §562

Seinerseits fügt der Koranexeget al-Rāzī (st. 606 AH / 1210 AD) die Veränderung des Korantextes durch Genuswechsel, Numeruswechsel oder Ausspracheunterschied hinzu.[9] Der gleiche al-Suyūṭī erwähnt eine von dem Ḥadīṯgelehrten Ibn Ḥanbal (164-241 AH / 780-855 AD) überlieferte These, die den Begriff der „Sieben Buchstaben“ durch die Möglichkeit erklärt, dass jedes Koranwort durch sieben Synonyme ersetzt werden könnte.[10] Ubayy, einer der Sekretäre Mohammeds, der mit der Redaktion des Korans beauftragt war, habe sogar folgende Regel genannt, die er in seiner Koranversion angewandt habe: „Ich habe (im Koran) geschrieben: ‚[Allah ist] Hörend und Wissend‘ (an Stelle von) ‚Mächtig und Weise‘, aber ohne soweit zu gehen, den Sinn zu verfälschen, wie man es tut, wenn man den Ausdruck für Bestrafung durch den Ausdruck für Vergebung ersetzt, oder umgekehrt.[11] So ist Ubayy, einer der wichtigsten Sekretäre des Propheten, dessen Name mit der Koranschreibung verbunden ist, weit über die einfache Synonymie hinausgegangen, indem er die schrankenlose Freiheit der Varianten erlaubt – freilich unter der einzigen Bedingung, dass dies nicht zu einem falschen Sinn führt. ʿUmar, der zweite Kalif, dem die erste Sammlung der Korantexte zugeschrieben wird, soll sogar versichert haben: „Alles, was im Koran gesagt wird, ist richtig *(ṣawāb)*, solange man nicht ‚Strafe‘ durch ‚Vergebung‘ ersetzt“, d.h. man dürfe keinen falschen Sinn hineinbringen.

Al-Suyūṭī berichtet hier von Varianten, die von Ubayy im Vers 2:20 gebraucht wurden, um das Verb „marschieren / mašaw“ durch „vorbeigehen / marrū“ und „gehen / saʿaw“ zu ersetzen. Al-Suyūṭī zitiert auch die Varianten von Ibn Masʿūd, einem anderen Schreiber Mohammeds, der in Vers 57:13 die Verbkombination „geduldet lassen / unẓurūnā“ durch „warten lassen / amhilūnā“ und „hinauszögern / aḫḫirūnā“ ersetzt habe.[12]

9 Ebd. I, 131, §563
10 Ebd. I, 132, §566
11 Ebd. I, 133, §566
12 Ebd. I, 133, §568

Dann erzählt al-Suyūṭī folgende Anekdote: „Ibn Masʿūd ließ einen Koranleser den Satz lesen: ‚Der Saqqūm-Baum (in der Hölle) ist die Speise des Sünders'" (44:43). Aber dieser Leser konnte nur „Speise eines Waisen" aussprechen. Ibn Masʿūd wiederholte nochmals, doch ohne Erfolg. Schließlich fragte er ihn: „Kannst du ‚Speise eines Verbrechers' aussprechen? Der Mann antwortete mit ja. Ibn Masʿūd sagte zu ihm: ‚Dann belasse es bei diesem Ausdruck!'"[13]

Die Textvarianten des Korans

In seinem Buch über die „Sieben Lesarten" *(Kitāb al-Sabʿa fī 'l-qirā'āt)* erklärt Ibn Muǧāhid (st. 324 AH / 936 AD), dass „die Leute in Sachen Lesart (des Korans) uneinig geworden sind, desgleichen auch in Rechtsangelegenheiten. Die Details *(āṯār)* im Koran, die sie nach den Aussprüchen der Gefährten des Propheten und ihrer Nachfolger erzählen, beinhalten Meinungsverschiedenheiten, die aber für die Muslime Großzügigkeit und Gnade bedeuten."[14] Trotz der Veränderlichkeit des Korantextes und in Anbetracht der Gefahr, die dies für das Problem seiner Authentizität bedeutet, ließen sich die orthodoxen Autoren nicht entmutigen. Sie haben diese Misslichkeit einfach in einen Vorteil umgemünzt. Die Variabilität, erst eine Quelle des Verdachts, wird zu göttlichem Segen für eine sprachlich vielfältige Menschheit, die sich nur schwerlich mit strenger Buchstabentreue abfindet. Nur mit dieser faulen Rechtfertigung der Varianten im Korantext hat man offiziell gestattet, sie zu übernehmen und teilweise bis heute zu bewahren.

Gemäß dem Chronisten al-Ṭabarī (st. 923 AD) hat der alte Prophetengenosse Anas ibn Mālik (st. 709 AD) sich nicht gescheut, in Vers 73:6 das Wort *aṣwabu / gerechter* anstatt des Wortes *aqwamu / richtiger* der offiziellen Koranversion einzusetzen.[15]

13 Ebd. I, 133, §569

14 Ibn Muǧāhid, *Kitāb al-Sabʿa* 45

15 Blachère, *Introduction* 69, Fn. 89

Ein anderer Typ von Varianten ist die Umstellung von Ausdrücken, wovon wir ein Beispiel im Text des Ibn Masʿūd im Vers 112:3 finden: „Er wurde nicht gezeugt, noch hat Er gezeugt" anstatt: „Er hat weder gezeugt, noch wurde Er gezeugt."[16] Auch die wichtigste Sure des Korans, *al-Fātiḥa / die Eröffnende* entging dieser Ungewissheit nicht. So gibt es unterschiedliche Schreibweisen des Wortes *ṣirāṭ / Weg* und dann wieder *zirāṭ*, und Ibn Muǧāhid schließt mit der resignierenden Bemerkung: „Und das *kitāb* gibt die Schreibweise nicht an.[17] Mit *kitāb* meint der Verfasser natürlich den Koran, wie er wohl in den verschiedenen Handschriften der Zeit überliefert war. Diese Bemerkung eines hochwichtigen Autors ist von größter Bedeutung, zeigt sie doch, dass es im ersten Jahrhundert des Islams noch keine einheitliche Schreibweise des Textes gab. Sie zeigt weiter, dass auch die größten Gelehrten mit ihrer ausgezeichneten Kenntnis des Korantextes nicht in der Lage waren, unter den verfügbaren Varianten eine Wahl zu treffen. So zeigt auch die mündliche Überlieferung ihre eigenen, bescheidenen Grenzen.

In der eben erwähnten ersten Sure *al-Fātiḥa* gibt es noch eine andere bemerkenswerte Variante. Während die offizielle Ausgabe den sechsten Vers mit „Führe uns!" beginnen lässt, ersetzt dies Ibn Masʿūd mit „Leite uns!" Im Text des Ubayy und ʿAlī heißt es: „Führe uns! Festige uns!" Und eine anonyme Variante behauptet: „Dass Deine Hand uns lenke! Führe uns!"[18]

Des weiteren finden wir in der berühmten 103. Sure *al-ʿAṣr* bedeutende Unterschiede zwischen der offiziellen Koranausgabe und den Ibn Masʿūd und ʿAlī zugeschriebenen Versionen. Während wir in der offiziellen Ausgabe lesen: „Beim Nachmittag *(wa-'l-ʿaṣri)*! Der Mensch kommt bestimmt zu Schaden, ausgenommen diejenigen, die glauben ..." (103:1-3), so heißt es in der Version des Ibn Masʿūd: „Beim Nachmittag! Sicher, Wir haben den Menschen zu seinem Untergang erschaffen, außer denen, die glauben ...", und in der Version von ʿAlī: „Beim Nachmittag!

---

16 Ebd. 202

17 Ibn Muǧāhid, *Kitāb al-Sabʿa* 106

18 Blachère, *Introduction* 203

Bei den Wechselfällen des Schicksals! Der Mensch ist verdammt, und das bis zum Zeitenende."[19]

Sollte letztere, grausame und pessimistische Version, etwa die ursprüngliche sein, oder genauer gesagt, ein Nachhall eines ersten Entwurfs, den es galt, in Form und Inhalt noch zu verbessern? Angesichts der Dürftigkeit alter Quellen, worunter der Historiker leidet, fällt es sicher schwer darauf zu antworten. Das Phänomen sollte man jedoch im Gedächtnis behalten, denn die Offenbarung hat sich – wie wir schon gesehen haben – sehr großzügig an die Varianten ihres sprachlichen Ausdrucks angepasst. Die Textgestaltung gehorchte einer ständigen Arbeit an der Form, was allgemein als normale Tätigkeit galt. Nach einem Abendessen, das Abū Bakr gegeben hatte, machte Mohammed einen Spaziergang mit ʿUmar, da hörte er einen Mann, der im Gebet den Koran auf eine ganz eigene Weise rezitierte. Der Prophet wandte sich an ʿUmar: „Wer hat empfohlen, den Koran in seiner ersten Form (*raṭb*) zu lesen? Er soll ihn in der Lesart von Ibn Umm ʿAbd lesen [= Ibn Masʿūd]!"[20]

Diese Anekdote ist höchst interessant, weil sie klar zeigt, dass zu Lebzeiten Mohammeds zwei Entwicklungsstadien des offenbarten Textes vorhanden waren: Ein Text im Urzustand, und ein Text der schon bearbeitet, umgeformt und verbessert war. Die Rohform des geoffenbarten Textes wird hier mit *raṭb* benannt, was im Allgemeinen *frisch geerntete* oder *weiche* (Datteln) bezeichnet. So ist also der göttliche Text schon bei seiner Offenbarung einer Gestaltung unterworfen, die sowohl den Stil als auch den Inhalt betrifft, wie schon im Fall der erwähnten Varianten der kurzen Sure 103 *(al-ʿAṣr)*. Es ist sehr wahrscheinlich, dass die zuletzt angeführte „pessimistische" Form dieser Sure die *raṭb*-Form darstellt, also ihren Erstzustand, den es noch zu modifizieren galt.

Wir können noch eine weitere Darstellung dieses Prozesses der Textbearbeitung anführen: Während ihrer Inventarisierungsarbeit an den in Istanbul in Rollen aufbewahrten Korantexten,

---

19 Ebd. 49-50

20 Ibn Abī Dāwūd, *Kitāb al-Maṣāḥif* 137

hat Solange Ory im zweiten Fragment der Rolle Nr. 8 (Istanbul, Nr. 3-4) folgende Variante des Verses 10:82 entdeckt: *fa-ġalabū hunā 'l-ḥaqqa / sie haben also hier die Wahrheit besiegt*, während der offizielle Korantext sagt: *wa-yuḥiqqu 'llahu 'l-ḥaqqa / und Gott wird die Wahrheit wieder herstellen.*[21] Das Thema dieses Verses verweist auf die Geschichte von Mose und dem Pharao. Als die Zauberer ihre Fähigkeiten Mose demonstriert hatten, forderte er sie heraus, indem er ihren Zauber zunichte machte. Es ist klar, dass die angeführte Textvariante sich auf den Beginn der Erzählung bezieht, wo gesagt wird, dass die Zauberer am Anfang noch gegenüber Mose – und damit auch gegenüber Gott – überlegen waren. Diese Feststellung schien mit der Zeit doch ziemlich schockierend, und so musste die Textstelle umgeformt werden, um eine passendere Version zu erhalten, nämlich die unserer offiziellen Koranausgabe.

Die Überarbeitung des *raṭb*-Textes finden wir auch in den Varianten des Verses 2:237, wo der Geschlechtsakt mit dem Verb „berühren / tamassūhunna" angegeben ist, während in der Version von Ibn Masʿūd „kopulieren / tuǧāmiʿūhunna" steht.[22] Aus Sorge um die Schicklichkeit werden eher literarische Ausdrücke verwandt, wie etwa auch *ʿihn* (101:5) statt *ṣūf* für gefärbte Wolle (so bei Ibn Masʿūd) oder *mu'ṣada* (104:8) statt *muṭbaqa* (so Ubayy).[23]

In Vers 33:20 heißt es: „Sie meinen, die Gruppen (von Verbündeten der Mekkaner) seien nicht weggegangen. Aber wenn die Gruppen kommen, wünschten sie wohl, sie wären unter den Beduinen in der Steppe ..." Hierzu die Variante von Ibn Masʿūd: „Sie meinen, dass die Gruppen weggegangen sind, und wenn sie entdecken, dass die Gruppen nicht weggegangen sind, wünschten sie wohl, sich in die Steppe zurückzuziehen unter die Beduinen." Ein anderer Vers (58:4): „... Dies (ist euch verordnet), damit ihr an Gott und seinen Gesandten glaubt. Das sind die Gebote *(ḥudūd)* Gottes ..." Hierzu eine klar unterscheidbare Variante, die Ibn Masʿūd und Ubayy zugeschrieben wird: „Dies ist euch aufer-

---

21 Ory, « Un nouveau type de muṣḥaf » 107

22 Blachère, *Introduction* 202

23 Ebd. 202

legt, damit ihr wisst, dass Allah euch nahe ist, wenn ihr zu ihm betet, bereit euch zu erhören, wenn ihr ihn anfleht. Den Ungläubigen eine schreckliche Qual."

Noch schwerwiegender ist die folgende Variante, die Ubayy zugeschrieben wird: „Und als Jesus, der Sohn der Maria, sagte: ‚Oh, ihr Söhne Israels, ich bin der zu euch gesandte Apostel Gottes, und ich kündige euch einen Propheten an, dessen Gemeinde die letzte Gemeinde sein wird. Durch ihn wird Gott das Siegel auf Propheten und Apostel setzen.' (Als Jesus das sagte), sprachen die Söhne Israels: ‚Das ist offensichtliche Zauberei'." Die offizielle Koranversion hingegen lautet: „Als Jesus, der Sohn der Maria, sagte: ‚Ihr Kinder Israels! Ich bin von Gott zu euch gesandt, um zu bestätigen, was von der Thora vor mir da war, und einen Gesandten mit einem hochlöblichem Namen *(aḥmad)* [nach Blachère heißt es hier jedoch „... dessen Name Aḥmad sein wird ..."] zu verkünden, der nach mir kommen wird. Als er dann mit den klaren Beweisen zu ihnen kam, sagten sie: ‚Das ist offensichtliche Zauberei'" (61:6). Es ist eigenartig, dass die offizielle Version den Namen Aḥmad, der auch als ein Name für Mohammed gilt, erwähnt, ohne aber das Prophetensiegel zu erwähnen, während die Version von Ubayy das Gegenteil tut. Die letzte Version könnte später sein als die offizielle. Wir erkennen Folgendes: Hier wird den Söhnen Israels in den Mund gelegt, dass sie die „Beweise", die Jesus angeführt hat, als Zauberei bezeichnen. In der Version von Ubayy hingegen bezieht sich der Vorwurf auf die Ankündigung des baldigen Kommens des „Siegels" der Propheten, was eher unverständlich ist. Die Version Ubayys ist darüber hinaus in ihrer Art schärfer und besteht stärker auf dem Vorrang der neuen Religion. Man kann aus diesen Gründen dennoch nicht darauf schließen, dass es sich bei der Version Ubayys um eine Fälschung handelt. Es könnte sich um eine weitere Textaktualisierung handeln, die zu einer Zeit gemacht wurde, als der Bruch mit den „Leuten des Buches" vollzogen war.

Erwähnen wir noch eine letzte Variante, die Ibn Masʿūd zugeschrieben wird: „(Es ist) ein Prophet, der euch die Schrift mitteilt, die Ich auf ihn herabgesandt habe mit den Berichten über die Propheten, die Ich vor ihm zu jedem Volk gesandt habe.“ Die offizielle Version unterscheidet sich davon sehr: „..., einen Gesandten, der euch die Verse *(āyāt)* Gottes verliest, die deutlich machen, um diejenigen, die glauben und tun, was recht ist, aus der Finsternis heraus ins Licht zu bringen ...“ (65:11).

Von der Variation zur Manipulation

Wenn der Koran nach dem Sinn und in Übereinstimmung mit der himmlischen Tafel dem Propheten Mohammed eingegeben wurde, so ist es verständlich, dass die ersten muslimischen Generationen, beginnend mit dem Propheten selbst, sich wenig um den Buchstaben der göttlichen Botschaft kümmerten, wie wir das eben gesehen haben. Eine anschließende Verwendung von Synonymen und Verbesserungen des offenbarten Textes waren Teil der prophetischen Funktion und der Arbeit der damit betrauten Schreiber.

Das ist aber nicht mehr der Fall, wenn es darum geht, den Inhalt der Botschaft zu verändern, nicht von Gott inspirierte Gedanken einzufügen oder Gedankengänge zu beschneiden, die im Einklang mit dem himmlischen Original stehen. Nun gibt es aber hier auch den Fall, dass Gott sich selbst die Veränderung seines eigenen Wortes gestattet. Er stößt damit die Regel der Übereinstimmung und der Fortdauer der Weitergabe seiner eigenen Botschaft um: „... Und kein Gesandter darf ein Zeichen *(āya)* bringen, außer mit Gottes Erlaubnis. Jede Frist hat eine Bestimmung (w.: „Schrift“). Und Gott löscht aus *(yamḥū)*, was er will, oder lässt es bestehen. Bei ihm ist die Urschrift *(umm al-kitāb)*“ (13:38-39).

Wie wir sehen, kündet sich in dieser wichtigen Aussage der Widerspruch an, der die Einheit, die Identität und Echtheit der göttlichen Botschaft untergräbt. Wie wir gesehen haben, ist die Gewähr für den Korantext einerseits begründet auf der Existenz eines Urtextes, eines Originals, das eifersüchtig vom göttlichen

Souverän gehütet wird, andererseits folgt das politische und gesellschaftliche Leben einer Gemeinschaft dem Gesetz der Entwicklung und des Wandels der Kräfteverhältnisse. Jede Epoche und jede Schwierigkeit fordern eine entsprechende Entscheidung. Dies ist der genaue sozialtheologische Sinn des Satzes, den wir gerade gelesen haben: „... jede Frist hat eine Bestimmung (w.: „Schrift", ... *li-kulli ağalin kitāb*)" (13:38).

Wie soll dieses Problem gelöst werden? Einerseits haben wir einen göttlichen Text, der auf einer Tafel festgehalten ist, die streng bewacht und von jeglicher Veränderung bewahrt wird, andererseits ergibt sich die Notwendigkeit, sich an wechselnde Situationen, die dem Gesetz der Fälligkeiten *(ağal)* unterworfen sind, anzupassen. Resultiert nun daraus die Aufgabe, die offenbarten Texte gemäß den Wechselfällen des Augenblicks zu verändern? Der Koran scheint zu diesem Dilemma keine befriedigende Lösung zu bringen. Er begnügt sich damit, die Böswilligkeit der Leute zu bedauern, die in den Veränderungen den greifbaren Beweis eines prophetischen Betrugs sehen: „Und wenn wir einen Vers *(āya)* ändern – und Gott weiß am besten, was er herabsendet – sagen sie: ‚Es ist ja eine Erfindung von dir.' Aber die meisten von ihnen wissen nicht Bescheid. Sag: ‚Der heilige Geist hat ihn (den Koran) von deinem Herrn mit der Wahrheit herabgesandt, um diejenigen, die glauben, zu festigen, und als Rechtleitung und Frohbotschaft für die, die sich (Gott) ergeben haben" (16:101-102). Hier können wir die Reichweite der Herausforderung und ihre Schwere ermessen: Die Textstelle ist eine eindeutige Reaktion auf den Abfall einiger Gefährten des Propheten nach Veränderungen des geoffenbarten Textes. Nochmals wendet sich der Koran an die Abgefallenen in einer letztendlichen Erklärung zu den wenig überzeugenden Textänderungen: „Wenn Wir einen Vers tilgen *(nansuḫu)* oder in Vergessenheit geraten lassen, bringen Wir einen besseren oder einen, der ihm gleich ist. Weißt du denn nicht, dass Gott zu allem die Macht hat?" (2:106) Und der Koran greift diejenigen an, die daran zweifeln: „Oder wollt ihr eurem Gesandten ein ähnliches Ansinnen stellen, wie es früher dem Mose gestellt worden ist?

Wer den Glauben gegen den Unglauben eintauscht, ist vom rechten Weg abgeirrt“ (2:108).

Wir erkennen, dass die Antwort des Korans auf die Einwürfe der zweifelnden Umgebung des Propheten sich in dem Hinweis auf die Allmacht Gottes erschöpft. Auf jeden Fall sei es das Endziel dieser Änderungen des offenbarten Textes, den Glauben der Getreuen auf die Probe zu stellen. Seltsamer Weise wurde der eigentliche Grund für die Veränderungen an der Offenbarung schon im oben genannten Vers 13:38 formuliert, und das auf verstohlene Art, weder erneut aufgegriffen noch weiter ausgeführt. Die Argumentation der notwendigen Anpassung an sich ändernde Situationen birgt auch Probleme, die im Zeitverlauf ihre Kehrseite zeigen: Gültigkeit und Identität der Offenbarung werden gefährdet, selbst wenn ihre göttliche Authentizität außer Frage bleibt. Dieses Dilemma lag mit seiner ganzen Last auf der Ausbreitung des islamischen Glaubens, auf der Bildung der orthodoxen Theologie, aber auch auf der Ausarbeitung des Kanons der islamischen Offenbarung. Wir werden noch darauf zurückkommen.

Die satanischen Offenbarungen

Wenn schon die Veränderungen des Korans im Verlauf der Offenbarung, die im Namen der Entwicklung der Verhältnisse oder im Namen der göttlichen Allmacht geschehen waren, eine heftige Reaktion in der unmittelbaren Umgebung des Propheten hervorriefen, was soll man dann erst sagen, wenn man ihnen die Offenbarungen hinzufügt, die vom Teufel hervorgerufen wurden, und das sogar auf Befehl Gottes selbst? Diese zusätzliche Schwierigkeit für die Identität des Korans hat sich aber ergeben und wurde offen zugegeben: „So haben Wir für jeden Propheten Feinde bestimmt: die Satane der Menschen und der Dschinnen, von denen die einen den anderen, um zu betören, prunkendes Gerede eingeben. Wenn dein Herr wollte, würden sie es nicht tun“ (6:112). Diese Satane *(šayāṭīn)* von menschlicher oder höllischer Natur haben die Aufgabe, den Propheten in die Irre zu führen. Sie gehen sogar so weit, dass sie ihm falsche Offenbarungen eingeben: „Und Wir haben vor dir keinen Gesandten oder Propheten geschickt, ohne dass ihm, wenn er etwas wünschte, der Satan (etwas) in seinen Wunsch unterschoben hätte" (22:52).

Geht der Koran hier mit der Bibel konform, wo die Rede von „törichten Propheten ist, die nur ihrem eigenen Geist folgen und nichts geschaut haben? ... Sie haben nichtige Visionen, verkünden falsche Orakel und sagen: ‚Spruch des Herrn' – obwohl der Herr sie nicht gesagt hat" (Ezechiel, 13,3 und 6) – vielleicht. Aber es handelt sich in dem Fall eher um falsche Propheten, die nicht von Gott beauftragt wurden. Im Gegensatz dazu gibt aber die Bibel auch das Beispiel von Propheten, denen Gott den Auftrag gab, falsche Weissagungen zu verkünden. In einer Vision des Propheten Mischa bittet Gott seine Engel, ihm bei der Verführung des Königs von Israel, Ahab, zu helfen. Einer von ihnen hat sich dann vor dem Herrn gemeldet und gesagt: „Ich werde ihn betören. Der Herr fragte ihn: Auf welche Weise? Er gab zur Antwort: Ich werde mich aufmachen und zu einem Lügengeist im Mund all seiner Propheten werden. Da sagte der Herr: Du wirst ihn betören; du vermagst es. Geh und tu es!" (1 Könige, 22,21-22). Wenn also der Koran die Regel formuliert, dass Gott alle seine Propheten durch falsche Eingebungen prüft, so steht er in einer Tradition, welche die Bibel uns auf bemerkenswerte Art dargestellt hat.

Fassen wir jetzt die Folgen eines solchen Verfahrens für die offenbarten Texte ins Auge! Wie kann man dann, unter diesen Bedingungen einer Offenbarung mit Fallstricken, Wahres von Falschem unterscheiden? Die Antwort des Korans ist eher beruhigend: „Und wir haben vor dir keinen Gesandten oder Propheten geschickt, ohne dass ihm, wenn er etwas wünschte, der Satan (etwas) in seinen Wunsch unterschoben hätte. Aber Gott tilgt *(yansuḫu)* dann, was der Satan unterschiebt. Hierauf legt Gott Seine Verse fest *(yuḥkimu)* ..., um das, was der Satan unterschiebt, zu einer Versuchung für diejenigen zu machen, die eine innere Krankheit und ein verhärtetes Herz haben ..." (22:52-53).

Besondere Prominenz erlangten die „Satanischen Verse“ durch den gleichnamigen Roman von Salman Rushdie von 1988. In diesem greift er auf eine Szene in der Mohammed-Biographie zurück, die in einigen alten Überlieferungen zu finden ist wie in den *Annalen* von al-Ṭabarī (I, 1192-1196), in dessen Koran-kommentar zu Sure 22:5 sowie in den *Ṭabaqāt* von Ibn Saʿd (I/1, 137), auf die hier Bezug genommen wird: In einer Zeit der Auseinandersetzung mit seinen heidnischen Zeitgenossen in Mekka habe Mohammed die Sure *al-Naǧm* (Nr. 53) rezitiert,

„bis er an die Stelle kam:
(52:19) أَفَرَءَيْتُمُ ٱللَّٰتَ وَٱلْعُزَّىٰ / *Was haltet ihr denn von al-Lat und von al-ʿUzza*
(52:20) وَمَنَوٰةَ ٱلثَّالِثَةَ ٱلْأُخْرَىٰٓ / *und von Manah, der dritten dazu?*
Da warf der Satan die(se) beiden Aussagen auf seine Zunge:
تلك الغرانيق العلى وإنّ شفاعتهنّ لَترجى / *Diese sind die erhabenen Kraniche (?). Auf ihre Fürbitte darf man hoffen*
und der Gesandte Allahs rezitierte diese (Worte) ...“

Die heidnischen Mekkaner hätten dies erfreut als Anerkennung ihrer Götzen verstanden, denen die neue Religion Mohammeds damit eine Vermittler-Rolle zugestand. Im Nachhinein habe Mohammed, nach einer Ermahnung von Gabriel jedoch erkannt, dass eine solche Anerkennung mit seiner Verkündigung des absoluten Monotheismus unvereinbar ist und ihm gegenüber eingestanden:

„Ich habe etwas gegen Allah rezitiert, was er nicht gesagt hat!“

Daraufhin habe ihm Allah offenbart: *Fast hätten sie verführerisch dich von dem abgebracht, was wir dir offenbarten, dass du dir etwas anderes als ihn ausdenkst gegen uns, und hätten dich als Freund dann angenommen usw.* (Sure 17:73).

Auf diese Szene geht die Bestimmung zurück, dass jede Rezitation eines Korantextes mit der Formel einzuleiten ist: „Ich nehme bei Allah Zuflucht vor dem zu steinigenden Satan.“

Wir erkennen klar, dass die satanischen Offenbarungen unter den Gläubigen so verbreitet werden wie die übrige göttliche Botschaft. Die Schlechten stürzen dann in die für sie aufgestellte Falle, und ihre Sünden werden dadurch umso schwerwiegender. Ist aber das Ziel einmal erreicht, so bewirkt Gott die Löschung der dämonischen Worte, die er eingegeben hat. Aber wie? Gott gibt es nicht genau an.

Wir verstehen also, dass es zweierlei Arten von göttlichen Offenbarungen gibt: Die einen sind wahr und sicher, die anderen falsch und zweifelhaft. „Er ist es, der die Schrift *(kitāb)* auf dich herabgesandt hat. Darin gibt es bestimmte Verse – sie sind die Urschrift *(hunna ummu 'l-kitāb)* – und andere, mehrdeutige *(mutašābihāt)*. Diejenigen nun, die in ihrem Herzen abschweifen, folgen dem, was darin mehrdeutig ist, wobei sie darauf aus sind, (die Leute) unsicher zu machen *(fitna)* und es zu deuten. Aber niemand weiß es zu deuten außer Gott ..." (3:7).

Deutlich ist hier die Ähnlichkeit der Einteilung des offenbarten Textes in die drei Arten zu erkennen, die wir gerade vorgeführt haben:

1. Die veränderten Texte;
2. die satanischen Offenbarungen;
3. die teils mehrdeutigen Texte.

Bei der ersten Art haben wir es mit beseitigten Offenbarungen zu tun, im Gegensatz zu denjenigen, die „festgehalten" sind *(ṯabbata)*, und die mit der himmlischen Tafel *(ummu 'l-kitāb)* übereinstimmen (13:39). Nun ist der nicht mehrdeutige Text als feststehend *(muḥkam)* beschrieben und „sie [die Verse] sind die Urschrift, *ummu 'l-kitāb*" (3:7). Dieser Ausdruck wurde bei Textveränderungen gebraucht, auch wenn er hier nicht ganz die gleiche Bedeutung hat. So wie auch in Bezug auf die satanischen Offenbarungen, der wahre [w.: „gesunde"] Teil der Offenbarung als „bestätigt" *(muḥkama)* oder wörtlich als „festgelegt" bezeichnet wird, ein Ausdruck der – wie wir gerade gesehen haben – für den eindeutigen Text verwandt wird.

Wir können aus diesen Vergleichen schließen, dass Gott sich das Recht gibt, einen Teil der offenbarten Worte zu löschen, um den Text zu verbessern, oder weil die Worte vom Teufel diktiert sind. Der mehrdeutige Teil *(mutašābihāt)* aber wird seltsam behandelt; nämlich in gleicher Weise wie der gelöschte Teil, als sei er eine Offenbarung von geringerem Wert, der dazu bestimmt ist, nur einen Randplatz einzunehmen. Wenn Gott im angeführten Vers 13:39 seine Aussage über seine Fähigkeit, dasjenige aus der Offenbarung zu löschen, was er will, mit folgenden Worten schließt: „Bei Ihm ist die Urschrift *(ummu 'l-kitāb)*", so klingt diese Wiederholung wie ein Wink: Was nicht diesem harten Kern der Offenbarung entspricht, soll man als dem Verschwinden geweiht betrachten. Also haben die als *mutašābihāt* bezeichneten Offenbarungen die gleiche Stellung wie jener Teil, der zu löschen ist. Übrigens haben die islamischen Rechtsgelehrten sich nicht getäuscht, die diese mehrdeutigen Offenbarungen den abrogierten Versen gleichgesetzt haben. Aber das ist wieder ein anderes Thema.

Aus der Sicht des Propheten

Mehrfach zeichnet uns der Koran das Bild eines Propheten, der dem harten Druck seiner heidnischen, jüdischen oder christlichen Umgebung unterworfen ist, was ihn dazu bringt, sogar falsche Offenbarungen zu machen: „Und sie (die Ungläubigen) hätten dich beinahe in Versuchung gebracht, von dem, was Wir dir eingegeben haben, abzuweichen, damit du gegen Uns etwas anderes als den Koran aushecken würdest. Dann hätten sie dich zum Freund genommen. Wenn Wir dich nicht gefestigt hätten, hättest du bei ihnen fast ein wenig Anlehnung gesucht. Dann hätten Wir dich sowohl im Leben als auch im Tod das Doppelte spüren lassen. Und dereinst fändest du keinen, der dir gegen Uns helfen würde" (17:73-75).

An anderer Stelle zögert Mohammed, einen Teil der Offenbarung mitzuteilen: „Vielleicht möchtest du etwas von dem, was dir eingegeben wird, weglassen und fühlst dich dadurch bedrückt ..." (11:12). Da gibt Gott ihm den Befehl, auch die zurückgehaltenen Offenbarungen kund zu tun: „O du Gesandter! Richte aus, was von deinem Herrn zu dir herabgesandt worden ist! Wenn du es nicht tust, richtest du Seine Botschaft nicht aus ...“ (5:67). – In der Tat versuchen die Feinde mit allen Mitteln, den Propheten dazu zu bringen, die Offenbarung zu manipulieren: „... Bring uns einen Koran, der anders ist als dieser, oder ändere ihn ab! ...“ Aber Gott regt den Propheten an, ihnen zu antworten: „... Ich darf ihn nicht von mir aus abändern. Ich folge nur dem, was mir eingegeben wird ...“ (10:15). – Die gleichen Feinde gehen soweit, von eigenen Prophezeiungen zu reden: „Und wer ist frevelhafter, als wer gegen Gott eine Lüge ausheckt oder sagt: ‚Mir ist (etwas als Offenbarung) eingegeben worden,‘ während ihm nichts eingegeben worden ist, und wer sagt: ‚Ich werde etwas herabsenden, das dem, was Gott herabgesandt hat, gleich ist‘? ...“ (6:93).

Bei all diesem Druck und aller Herausforderung versucht der Prophet mit Gottes Hilfe zu widerstehen. Gelingt es ihm? Leider nicht immer. Die satanischen Offenbarungen, die von Gott eingegeben wurden, zeigen uns die Schwierigkeiten seiner Aufgabe.

Andere Zweideutigkeiten der Offenbarungsart

Wir berühren hier eine andere Art von Schwachstelle, die imstande ist, den offenbarten Text zu beeinflussen, wieder gemäß der göttlichen Lehre des Korans. Zunächst einmal Mohammeds technisches Versagen bei der Übermittlung der Offenbarung. Gott erklärt ihm die rechte Art der Mitteilung:

„Bewege deine Zunge nicht damit (d. h. mit dem Koran), so dass du dich damit übereilst! Es ist Unsere Aufgabe, ihn zusammenzubringen und zu rezitieren. Und wenn Wir ihn rezitiert haben, dann folge seiner Rezitierung! Hierauf ist es Unsere Aufgabe, ihn darzulegen.“	لَا تُحَرِّكْ بِهِۦ لِسَانَكَ لِتَعْجَلَ بِهِۦٓ / إِنَّ عَلَيْنَا جَمْعَهُۥ وَقُرْءَانَهُۥ / فَإِذَا قَرَأْنَٰهُ فَٱتَّبِعْ قُرْءَانَهُۥ / ثُمَّ إِنَّ عَلَيْنَا بَيَانَهُۥ
Sure 75 Verse 16-19	

Ein anderes Hindernis kommt diesmal vom Propheten selbst, das Vergessen. Die Überlieferung erzählt uns einen berühmten Bericht seiner Frau ʿĀʾiša: „Als der Prophet den Koranvortrag von jemandem in der Moschee gehört hatte, sagte er: ‚Gott möge sich dieses Mannes erbarmen, denn er hat mich an diese und jene Verse erinnert, die mir in dieser und jener Sure entfallen waren."[24] Eine andere Version hierzu lautet: „Er hat mich an einen Vers erinnert, den ich vergessen habe."[25] Der Koran bestätigt die Möglichkeit der Vergesslichkeit des Propheten: „Wenn Wir einen Vers tilgen oder in Vergessenheit geraten lassen ..." (2:106). Dieses Vergessen wird als von Gott kommend und als vom ihm gewollt interpretiert.

Ein anderes Merkmal der Offenbarung, das aus ihr eine improvisierte Erscheinung macht und sich folglich kaum mit einem zuvor ausgearbeiteten Text verträgt, ist ihre kausale Verbindung mit den alltäglichen Ereignissen der neuen Gemeinde, die im Begriff ist, sich um ihren Propheten zu formieren. Es ist das, was die Tradition *asbāb al-nuzūl / die Anlässe der Offenbarungen* nennt.

Weitaus überraschender noch ist, dass die Überlieferung soweit ging, aus bestimmten Gefährten des Propheten tatsächliche „Inspiratoren" für offenbarte Texte zu machen. Das finden wir bei einem Autor wie etwa al-Suyūṭī. Er hat in seiner Koran-Enzyklopädie *al-Itqān* das zehnte Kapitel diesem Phänomen gewidmet. Die Überschrift lautet: „Über das, was im Koran in Übereinstimmung mit den Aussagen bestimmter Gefährten geoffenbart wurde." Al-Suyūṭī berichtet, dass sich in dieser Hinsicht der nachmalige Kalif ʿUmar am stärksten hervorgetan habe. Sein Sohn soll gesagt haben: „Der Koran hat nichts von dem, was die Leute sagen, wörtlich aufgenommen außer von ʿUmar. Der Koran ist mit bestimmten Worten von ihm – d.h. in der Formulierung ʿUmars – herabgekommen."[26] Muǧāhid, der führende Korangelehrte seiner Zeit (st. 324 AH / 936 AD) soll so-

24 Houdas/Marçais, *El-Bokhârî, Les Traditions*, III, 538

25 Nöldeke, *Geschichte des Qorāns* I, 47

26 al-Suyūṭī, *al-Itqān* I, 101, §401

gar versichert haben, dass manchmal „ʿUmar eine Vision hatte, und der Koran sei dann entsprechend dieser Vision herabgekommen."[27] Mehrere Ḥadīṯsammler erwähnen folgenden, von Anas ibn Mālik (st. 93 AH / 711 AD) überlieferten Ausspruch:

> „ʿUmar hat gesagt: ‚Ich war bei dreierlei Gelegenheiten in Übereinstimmung mit meinem Herrn:
> 1. Ich habe gesagt: ‚O Gesandter Gottes, wenn wir doch aus dem Aufenthaltsort Abrahams eine Gebetsstätte machten!' Und darauf kam der Vers herab : „... macht euch aus dem Platz Abrahams eine Gebetsstätte!" (2:125).
> 2. Ich habe auch gesagt: ‚O Gesandter Gottes, ordentliche Leute und weniger ordentliche Leute besuchen deine Ehefrauen. Wie, wenn du ihnen befehlen würdest sich zu verschleiern?' Daraufhin kam der Verschleierungsvers (33:53) herab.
> 3. Als die Frauen des Propheten sich aus Eifersucht gegen ihn zusammentaten, habe ich zu ihnen gesagt: ‚Wenn nun etwa der Prophet euch verstößt, wird sein Herr ihm andere Frauen geben, die besser sind als ihr.' Daraufhin kam der Vers 66:5 mit gleichem Wortlaut herab."[28]

Ein anderer Bericht, auch nach Anas, erzählt, dass beim Vers „Wir haben doch den Menschen aus einer Portion Lehm geschaffen" (23:12) ʿUmar gesagt habe: „Gelobt sei Gott, der beste der Schöpfer!" – daraufhin kam der Vers 23:14 mit dem gleichen Wortlaut herab.[29] Auch andere Worte ʿUmars seien wortwörtlich in den Koran aufgenommen worden, so: „Wenn einer Gott und seinen Engeln und Gesandten und dem Gabriel und Michael feind ist, so ist (umgekehrt auch) Gott den Ungläubigen feind" (2:98).[30]

27 Ebd. §402
28 Ebd. §403
29 Ebd. I, 102, §405
30 Ebd. §46

Auch andere Gefährten hatten das Privileg, ihre eigenen Worte in wörtlicher Wiedergabe im Koran zu sehen. So etwa Saʿd ibn Muʿāḏ, als er – aus Anlass der Gerüchte über ʿĀʾiša, die Frau des Propheten – ausrief: „Gepriesen seist Du! Das ist eine gewaltige Verleumdung!" Der Vers 24:16 hat dann wörtlich diesen Ausruf übernommen.[31] Der gleiche Ausspruch wurde auch anderen zugesprochen, wie etwa Zayd ibn Ḥāriṯa und Abū Ayyūb.[32]

Es wird auch berichtet, dass im Verlauf der Schlacht von Uḥud der verwundete Musʿab ibn ʿUmayr nicht aufgehört habe zu rufen: „Mohammed ist nur ein Prophet, der nach anderen Propheten gekommen ist. Kehrt um, wenn er stirbt oder getötet wird!" Dann starb er. Darauf übernahm der Vers 3:144 die gleichen Worte dieses Ausrufs.

Im gleichen Gedankengang stellte sich al-Suyūṭī die weitergehende Frage nach der historischen Richtigkeit der Worte, die den Engeln oder gar der anonymen Umgebung des Propheten Gottes zugeschrieben werden, wie etwa im Gebet der ersten Sure *al-Fātiḥa / die Eröffnende*. Sollen diese Worte wirklich von jenen Personen gesagt worden sein, oder hat man das nur vermutet und die Worte erdacht?[33] Das ist aber eine Frage, die mehr von der Bedeutung und den Regeln der Ausdrucksweise abhängt. Sie zeigt uns aber die Triftigkeit und Scharfsinnigkeit der Fragestellungen der islamischen Tradition zum Wesen des offenbarten Textes, was wiederum von einer Offenheit des Geistes und von einer Freiheit der Infragestellung zeugt, wovon man heute nur wenige Spuren findet ...

Die Tradition berichtet uns andererseits, welchen Anteil die Schreiber Mohammeds an der Ausarbeitung bestimmter Verse hatten. Zayd ibn Ṯābit soll Mohammed gebeten haben, die Verse 4:98-99 einzufügen, um für Unfähige und Hilflose die in Vers 4:97 angekündigte Bestrafung auszuschließen. Es war dort die Höllenstrafe für diejenigen vorgesehen, die sich geweigert hat-

31 Ebd. §407
32 Ebd. §408
33 Ebd. §411-415

ten von Mekka nach Medina auszuwandern, um an der Seite des Propheten zu kämpfen.[34]

Unter den Schreibern Mohammeds, die damit beauftragt waren die Offenbarungen aufzuzeichnen, waren aber auch unehrenhafte. Ihnen gelang es – ohne Wissen Mohammeds – den heiligen Text von sich aus zu manipulieren. Einer von ihnen, der anonym blieb, soll „der Erhörende, der klar Sehende" anstelle von „der Erhörende, der Allwissende" geschrieben haben, und umgekehrt. Er soll sogar folgendes gestanden haben: „Bei Mohammed habe ich alles geschrieben, was ich wollte." Die Überlieferung berichtet, dass beim Versuch ihn zu beerdigen, die Erde ihn immer wieder ausgeworfen habe.[35]

Die vollständige Offenbarung?

Eine Hauptfrage zur Geschichte des Korans wurde schon sehr früh aufgeworfen: Beinhaltet der uns überkommene Text die Gesamtheit der göttlichen Offenbarungen, die der Prophet des Islams verkündet hat?

Bevor wir auf eine solche Fragestellung eingehen können, müssen wir zunächst zwei verschiedene Sachverhalte klären. Erstens müssen wir uns Fragen zur „himmlischen Tafel" stellen, von der ja die Offenbarungen stammen. Enthält sie einen Text, der in seinen Konturen festgelegt ist, und in seinem Inhalt genau bestimmt ist? Nichts ist weniger sicher.

Wie steht es im Übrigen mit der Beziehung zwischen Kopie und Original, wieder vom Standpunkt der Vollständigkeit aus? Auch hier scheinen die Dinge nicht sehr klar zu sein. Das, was wir schon vorher gesagt haben, drängt uns zu größter Vorsicht, was die Übereinstimmung mit der geoffenbarten Kopie betrifft. Als Gott ankündigt: „... Heute habe Ich euch eure Religion vervollständigt ..." (5:3), ist damit nicht gemeint, die Offenbarung,

34 Nöldeke, *Geschichte des Qorāns* I, 48

35 Blachère, *Introduction* 13

deren Ende nie angekündigt wurde, mit einem Schlusspunkt enden zu lassen.

Besonders bemerkenswert ist aber auch das klare Bewusstsein der ersten Muslime (und Mohammeds selbst), dass die Offenbarung noch in einem unvollendeten Zustand ist. In der Tat soll Mohammed bei seiner letzten Wallfahrt nach Mekka gesagt haben: „Leute, nehmt (nach meinem Beispiel) eure Gesetzesvorschriften *(ʿilm)* an, ehe diese (vom Todesengel) genommen, und ehe diese in den Himmel steigen."[36] Die Gefährten des Propheten waren über diese Bestätigung der Unvollständigkeit der Offenbarung erstaunt, sollte sie doch die Gesamtheit des *ʿilm* enthalten. Sie fragten also Mohammed: „Prophet Gottes, wie kommt es, dass der *ʿilm* in den Himmel steigen kann, da wir doch die Blätter *(maṣāḥif)* (des Korans) besitzen?" Der Prophet, sichtlich verlegen, wurde rot und antwortete, dass ja Juden und Christen auch Blätter hätten, ihnen aber nicht Folge leisteten. „In Wirklichkeit muss man unter Verlust des *ʿilm* den Verlust seiner Besitzer verstehen," so schlossen die Verfasser des Berichts – mit etwas Zweifel.

Wie es auch immer um den Wahrheitsgehalt dieses Berichts bestellt sein mag, so belegt er nach unserer Meinung doch die Überzeugung der ersten Muslime zu Zeiten Mohammeds, und auch danach, dass die Offenbarung mit dem Schicksal der Prophetenperson verbunden sei. Sie müsste also zwingend nach seinem Tod unterbrochen sein. Anas ibn Mālik soll sogar gesagt haben: „Gott hat die Offenbarungen an seinen Propheten zu dessen Lebzeiten fortgesetzt, bis sein Prophet den größten Teil davon empfangen hatte *(akṯara mā kāna)*. Erst dann ist der Gesandte Gottes gestorben."[37]

Rein theologisch gesehen hat der Koran definitiv das Prinzip geleugnet, dass die Schrift gegenüber der Unerschöpflichkeit der Worte Gottes vollständig wäre. „Sag: Wenn das Meer Tinte wäre für die Worte *(kalimāt)* meines Herrn, würde es noch vor ihnen zu Ende gehen, selbst wenn wir es an Masse verdoppeln wür-

---

36 al-Hayṯamī, *Maǧmaʿ al-zawād,* I, 199 f.

37 Houdas/Marçais, *El-Bokhârî, Les Traditions* III, 520

den“ (18:109). Oder auch: „Und wenn (alles), was es auf der Erde an Bäumen gibt, Schreibrohre wären, und das Meer (Tinte, und), nachdem es erschöpft ist, sieben Meere als Nachschub erhielte, würden die Worte Gottes nicht zu Ende gehen …“ (31:27). Dieses Bild kommt sicher von einer alten Tradition, da wir Ähnliches schon im Johannesevangelium finden: „Es gibt aber noch vieles andere, was Jesus getan hat. Wenn man alles aufschreiben wollte, so könnte, wie ich glaube, die ganze Welt die Bücher nicht fassen, die man schreiben müsste“ (Johannes, 21,25). Sowohl Koran als auch Bibel sind nur wie zwei Wassertropfen im Ozean der göttlichen Worte. Wer kann da noch die Vollständigkeit des Korans behaupten, oder gar, dass er das gesamte Wissen des Universums enthalte?

Die verlorenen oder nicht beibehaltenen Texte

Die Offenbarung wurde als Gnade, nicht aber als Gesamtwerk begriffen. Sie konnte kein Ende haben. In dem Moment aber, da die späte Idee geboren wurde, die „Gesamtheit“ der tatsächlich offenbarten Worte zu sammeln, merkte man sehr schnell, dass es sich um ein vollkommen unmögliches Unterfangen handelte. Sehr viele Texte waren auf immer verloren. Der Sohn des Kalifen ʿUmar konnte dies nur noch beweinen: „Niemand von uns wird sagen können: ‚Ich habe den Koran in seiner Gesamtheit gehabt.‘ Was weiß er auch von dessen Gesamtheit! Viele (Textpassagen) sind aus dem Koran verschwunden *(qad ḏahaba minhu qurʾānun kaṯīrun)*. Er soll aber sagen: ‚Ich habe das gehabt, was wir von ihm kennen.‘“[38]

Es gibt zunächst einmal zwei Arten von Verschwinden eines Textes. Die erste Art entspricht der Theorie der „Abrogation.“ Sie ist relativ spät in der islamischen Dogmatik aufgetaucht. Besonders mit dem Aufkommen der Rechtslehre *(fiqh)* wurden Koranpassagen abrogiert und aus der Rezitation entfernt. Es gibt aber auch eine weitere Art von verlorenen Texten; sie verschwanden

38 al-Suyūṭī, *al-Itqān* III, 66, §4117

im Verlauf des schwierigen Prozesses der Übermittlung des Korans zu Zeiten Mohammeds und später. Auf letztere Art von Texten spielt der Sohn ʿUmars an mit seiner erstaunlichen Zwischenbemerkung, die wir gerade gelesen haben.

Anscheinend spielen die Gelehrten des *fiqh* auf diese Textart an, wenn sie von Fällen sprechen, bei denen Korantexte zwar von der Rezitation, nicht aber von ihrer Rechtswirksamkeit abrogiert sind *(mā nusiḫa tilāwatuhu dūna ḥukmihi)*. Ein erstaunlicher Fall von „Abrogation"! Aus welchem Grund entzieht Gott uns Gesetzestexte, deren Rechtsgültigkeit er beibehalten will? Al-Suyūṭī wagt folgende Rechtfertigung: Es sei dazu da, den Eifer der Menschen im Gehorsam gegenüber den göttlichen Gesetzen zu prüfen, ohne dass diese Gesetze sichtbare Spuren hätten. Dazu führt er das Beispiel Abrahams an, der nicht zögerte, seinen Sohn zu opfern, sobald er in einer einfachen Vision dazu aufgefordert wurde.

Die Tradition hat uns zahlreiche Zeugnisse von Verlusten geoffenbarter Texte hinterlassen. So soll ʿĀʾiša, die Frau des Propheten, angegeben haben: „Die Sure 33, *al-Aḥzāb / Die Gruppen*, wurde zur Zeit des Propheten mit 200 Versen gelesen. Als nun aber ʿUṯmān die *maṣāḥif* schreiben ließ (d. h. den Kanon des Korantextes festlegte), konnte er nur noch das (sammeln), was sie heute enthält (nämlich 73 Verse)."[39] Halten wir an dieser Stelle fest, dass der Kalif ʿUṯmān nicht mehr in der Lage war, zwei Drittel der fraglichen Sure zu finden! Auch von anderen Suren wird berichtet, dass sie einen gewichtigen Teil ihres ursprünglichen Inhalts verloren hätten. Dies ist der Fall bei Sure 24, *al-Nūr / Das Licht* und der Sure 15, *al-Ḥiǧr*. Ursprünglich umfasste erstere 100 Verse, heute nur noch 64. Die zweite hatte 190 Verse, heute nur noch 99.[40]

Gleiches wird von der Sure 9, *al-Tawba / Die Buße* gesagt, die ursprünglich den Namen ihres ersten Wortes trug: *Barāʾa / Unschuld*. Sie soll ebenso lang wie die weite Sure *al-Baqara / Die Kuh* gewesen sein, also 286 Verse. Heute umfasst sie dagegen

39 Ebd. §4118

40 Blachère, *Introduction* 185

nur noch 129 Verse. Diese gewichtige Amputation von mehr als dem halben ursprünglichen Umfang erkläre auch, nach bestimmten Chronisten, dass ihr in der heutigen Form die liturgische Formel *bi-smi 'llah al-raḥmān al-raḥīm* (= die *Basmala*) fehlt. Tatsächlich ist sie die einzige Sure ohne diesen Anfang.[41] Während die handelsüblichen Koraneditionen die neunte Sure einfach ohne die *Basmala*-Formel beginnen, findet die überlieferte Problematik noch ihren Niederschlag im Layout der offiziellen Koranedition[42] Marokkos, wo die erste Zeile frei bleibt in dem Maß der an diesem Surenbeginn entfallenden *Basmala*:

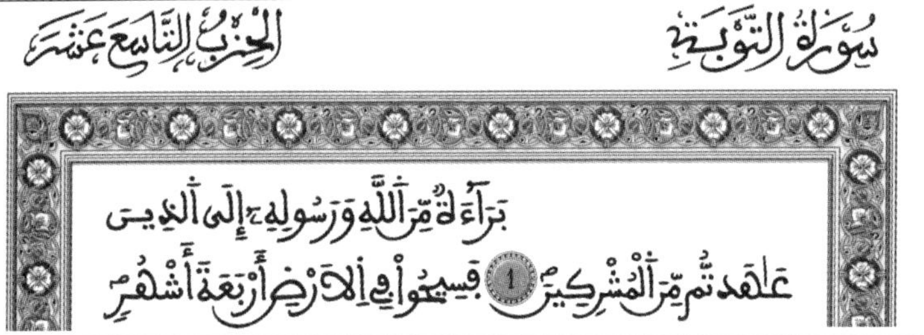

Abb. 1: Anfang der 9. Sure *(al-Tawba)* im offiziellen Koran Marokkos

Von den verlorenen oder weggelassenen Texten, die im heute bekannten Koran fehlen, wollen wir den berühmten Vers über die Steinigung der Ehebrecher zitieren: „Wenn ein erwachsener Mann *(?, al-šayḫu)* und eine erwachsene Frau *(?, al-šayḫa)* Un-

41 al-Qaysī, *Kitāb al-Kašf* 21. [Eine andere Erklärung liefert Ibn Abī Dāwūd al-Siǧistānī (*Kitāb al-Maṣāḥif* 31 f.): Die Sure 8 sei zu Beginn der Zeit Mohammeds in Medina offenbart worden, während Sure 9 eine der letzten Offenbarungen sei. Dass beide Suren wegen ihrer thematischen Ähnlichkeit zusammen gehören, habe (der Kalif) ʿUṯmān entschieden, nachdem Mohammed gestorben war, ohne zu klären, ob sie nicht eine einzige bilden sollten. Zum Zeichen dieser Zusammengehörigkeit verfügte ʿUṯmān, „Darum habe ich nicht zwischen beiden (Suren) die Zeile *bi-smi 'llah al-raḥmān al-raḥīm* (= die *Basmala*) geschrieben." S. unten S. 92 ff.

42 *Qur'ānu*^{n} *karīmu*^{n}. Ṭubiʿa haḏa 'l-muṣḥaf al-šarīf bi-amri mawlānā amīri 'l-mu'minīn ... al-malik Muḥammad al-Sādis ... ʿām 1431 [2013 AD]. al-Dār al-Bayḍā': Mu'assasat Muḥammad al-Sādis li-Našr al-Muṣḥaf al-Šarīf ^{1}2013, ISBN 978-9954-32-257-4

zucht treiben, müsst ihr sie als Strafe Gottes zu Tode steinigen! Und Gott ist mächtig und weise *(iḏā zanayā al-šayḫu wa-'l-šayḫa, fa-rǧumūhumā 'l-batta nakālan min 'llahi, wa-'llahu ʿazīzun ḥakīm).*"[43] Um die Echtheit dieses Verses nachzuweisen, berichtet die Überlieferung folgende Aussage des Kalifen ʿUmar: „Gott hat Mohammed gesandt und ihm das Buch geoffenbart; unter dem, was er ihm offenbart hat, ist auch der Steinigungsvers. Wir haben ihn rezitiert, gekannt und verstanden. Und der Gesandte Gottes hat gesteinigt, wie auch wir nach seinem Tod."[44] Hiernach besteht das Gebot der Steinigung in vielen Gesellschaften der muslimischen Welt bis heute, obwohl dieser die Bestrafung begründende Vers aus dem Korantext entfernt worden ist!

Man hat auch demselben ʿUmar folgenden anderen Vers zugeschrieben, den er zu Lebzeiten Mohammeds zu rezitieren pflegte: „Wendet euch nicht von den Sitten eurer Väter ab, das wäre eurerseits eine Ruchlosigkeit."[45] – Es wird auch folgendes Gespräch ʿUmars mit einem Gefährten berichtet, das sich auf einen verlorenen Vers bezog: „ʿUmar hat zu ʿAbd al-Rahmān ibn ʿAwf gesagt: ‚Hast du unter dem, was uns geoffenbart wurde, nicht folgenden Vers gefunden?: «Kämpft *(ǧāhidū)*, wie ihr beim ersten Mal gekämpft habt!» Ich habe ihn nämlich nicht gefunden.' Er antwortete ihm: ‚Er wurde aus dem Koran entfernt *(usqiṭa)*.'"[46]

Während der Schlacht am Brunnen von Maʿūna *(bi'r Maʿūna)* soll ein Vers geoffenbart worden sein, der den dort Gefallenen die Worte in den Mund legte, die Anas ibn Mālik, ein Gefährte Mohammeds, gewöhnlich als Korantext rezitierte: „Teilt unsern Angehörigen mit, wir seien unserm Herrn begegnet, Der mit uns zufrieden war, und Der auch uns zufrieden gestellt hat." Anas

43 de Prémare, *Prophétisme* 108. – [Die Verwendung der Begriffe *al-šayḫu wa-'l-šayḫa* ist rätselhaft, sie kommen beide im Koran nicht vor und implizieren eigentlich ein höheres Alter; eine genaue Definition ist hier nicht möglich. Anm. d. Übers.]

44 Ebd. 107-108

45 al-Suyūṭī, *al-Itqān* III, 68, §4126

46 Ebd. §4127

folgerte daraus, dieser Vers sei schließlich „in den Himmel zurückgehoben worden *(ḥattà rufiʿa)*."[47]

Ein weiterer Text wird von der Tradition für eine Offenbarung an Mohammed gehalten: „Wir haben den Reichtum *(al-māl)* (zu den Menschen) herabsteigen lassen, damit sie das Gebet verrichten können und die *zakāh* („Armensteuer") leisten. Und wenn der Sohn Adams [d. h. der Mensch] einen Fluss [aus Geld] hätte, so wollte er einen weiteren, und wenn er dann zwei hätte, wollte er einen dritten. Der Bauch des Sohnes Adams wird aber nur mit Erde gesättigt werden; und Gott vergibt nur demjenigen, der sich bessert."[48]

Auch Abū Mūsà al-Ašʿarī wird ein Koranvers zugeschrieben, den er vor dem Vergessen bewahrt haben soll: „Oh ihr Gläubigen! Behauptet nichts, was ihr nicht tut, damit kein Zeugnis gegen euch geschrieben wird, worüber ihr am Tag des Gerichts Rechenschaft ablegen müsstet."[49]

Zwei aus dem Koran entfernte Stoßgebete

Eines der Merkmale der Textsammlung von Ubayy ist die Überlieferung zweier Suren, die im Koran des ʿUṯmān fehlen. Sie sollen auch in der verschwundenen Sammlung des Ibn ʿAbbās enthalten gewesen sein. Die erste dieser Suren trägt den Titel *„al-Ḫalʿ / Die Verleugnung."* Ihr Text lautet:

سورة الخلع

	بسم الله الرحمن الرحيم	Im Namen Gottes, des barmherzigen Erbarmers;
1	اللهم إنا نستعينك ونستغفرك	O Gott, wir bitten Dich um Hilfe und Vergebung;
2	ونثني عليك ولا نكفرك	Wir preisen Dich und wir sind nicht undankbar gegen Dich,

47 Ebd. §4130

48 al-Suyūṭī, *al-Itqān* III, 67, §4122

49 Ebd. 67-68, §4125

3	نخلع ونترك من يفجرك	Und geben preis und verlassen jeden, der wider Dich frevelt.

Die zweite nichtkanonische Sure des Ubayy heißt „*al-Ḥafd / Der Lauf*" und liest sich wie folgt:

سورة الحفد

	بسم الله الرحمن الرحيم	Im Namen Gottes, des barmherzigen Erbarmers;
1	اللهم اياك نعبد	O Gott, Dir dienen wir;
2	ولك نصلي ونسجد	Und zu Dir beten wir und verneigen uns;
3	واليك نسعى ونحفد	Und zu Dir eilen und streben wir hin;
4	نرجو رحمتك	Wir hoffen auf Dein Erbarmen,
5	ونخشى عذابك	Und fürchten Deine Strafe;
6	إن عذابك بالكفار ملحق	Wahrlich Deine Strafe erfasst die Ungläubigen.[50]

Wir schließen uns der Meinung von Blachère an, der feststellt, dass diese apokryphen Suren sich von der ersten Sure *al-Fātiḥa* nur „durch einige sprachliche Nuancen und die etwas weiche Stilart unterscheiden." Er denkt auch, sie seien möglicher Weise durch die ʿuthmānische Rezension entfernt worden, weil sie mit der genannten Sure *al-Fātiḥa* eine Verdoppelung darstellen würden.[51]

50 Blachère, *Introduction* 189. [Der Text, zu dem es einige Varianten gibt, ist *GdQ* II 34 f. entnommen; zur Erörterung der Echtheit beider Suren siehe dort S. 36 f. – Zudem Jeffery, *Materials* 180 f.]

51 Ebd. 190; [Nach der harmonisierenden Meinung von al-Suyūṭī seien diese beiden Suren und viele andere Verse durch die Rezension von ʿUṯmān „abrogiert / mansūḫ" geworden, ohne dass dies Ubayy oder Ibn Masʿūd mitbekommen hätten; dies betreffe auch Passagen, die bei ihnen anders als in der Rezension von ʿUṯmān lauten; al-Suyūṭī, *Tartīb* 36.]

Es ist auch höchst interessant Folgendes festzustellen: Ubayy hat in seinem Koranexemplar jene zwei kurzen Gebete zusätzlich zur *al-Fātiḥa* und die beiden letzten Suren 113 und 114 mit hereingenommen. Ibn Masʿūd hingegen soll in seiner Koranrezension nicht nur die beiden nichtkanonischen Suren, sondern auch die drei kanonischen Gebete der Suren 1, 113 und 114 verworfen haben. Warum so gewichtige Verschiedenheiten? Zweifelsohne sind wir hier Zeugen der Auseinandersetzung zwischen zwei Philosophien zum Inhalt des Korantextes: Die eine rigoristische Sichtweise betrachtet die Gebete als eine Textart, die dem Menschen eigen ist und die daher vom göttlichen Bereich getrennt werden muss. Nach der anderen Sicht, die wir offen oder liberal nennen können, gehören die Gebete zum Bestand der Sakralliteratur, was somit zu ihrer Einfügung in den Textkanon berechtigt. Zwei Lehren sind aus dieser Meinungsverschiedenheit zu ziehen. Einerseits gab es zur Zeit Mohammeds noch keine sehr klare Vorstellung von der Natur des Wortes Gottes. Ist es ein phonetisches und buchstäbliches Phänomen, das streng kodifiziert ist, oder ist es eine authentische Inspiration, deren buchstabengetreues Äußeres aber zweitrangig ist? Andererseits zeigt diese Meinungsverschiedenheit auch, wie ungenau die Konturen des Korans beim Tod des Propheten noch waren, was den Weg für mehrere mögliche Textkanons frei machte.

Interpolationen

Die Überlieferung hat nie verheimlicht, dass der geoffenbarte Text Interpolationen unterworfen war, die sie aber als authentische Koranpassagen ausgegeben hat. Der Engel Gabriel habe Mohammed die Verse diktiert und ihm die Stellen angegeben, wo sie eingesetzt werden sollten „in dieser oder jener Sure." Dieses mythische Szenario wurde erdacht, um im Nachhinein die offenkundig willkürliche Arbeit der Zusammensetzung der Koransuren aus geoffenbarten Textpartien als eine thematische Einheit zu rechtfertigen. Also sind die meisten Suren des gegenwärtigen Korankanons aus Versatzstücken der Offenbarung geformt und machen aus ihnen heterogene Zusammenfügungen.

Diese Erscheinung innerhalb der Suren wird noch verstärkt durch Einschübe, die sogar im Kern aller Bestandteile der Suren vorkommen. Es handelt sich eigentlich um Worte oder Sätze, die innerhalb eines Gedankenganges auftauchen. Sie unterscheiden sich aber von ihm auf der Ebene der Textkomposition oder aber der Bedeutung. Diese Einschübe verraten folglich eine Bemühung zur Wiederzusammenfügung des Textes, ausgehend von einem ersten Entwurf. Sie enthalten so viele Spuren von Eingriffen – göttlichen oder menschlichen –, ohne Rücksicht darauf, ob sie im Einklang mit dem ursprünglichen Text stehen.

Das erste Indiz eines Einschubs ist die ungewöhnliche Länge, die ein Vers gegenüber den anderen Versen der Sure hat. Dies gilt z. B. für Vers 2:102, der Erläuterungen zur Zauberei Salomons enthält und erklärt, dass Salomon nicht dafür verantwortlich sei, vielmehr die Engel Hārūt und Mārūt, welche den Menschen die Zauberei lehrten. Diese Verteidigungsrede zugunsten Salomons in einem einzigen Vers ist außergewöhnlich lang, acht Zeilen, gegenüber einer durchschnittlichen Länge von zwei Zeilen für die normalen Verse. Gleiches gilt für den Vers: „Die Engel und der Geist steigen zu ihm auf in einem Tag, dessen Ausmaß fünfzigtausend Jahre sind“ (70:4). Dieser ist drei Mal länger als die vorausgehenden und die eng nachfolgenden Verse der gleichen Sure und hat nicht den gleichen Reim. Es ist also ein Einschub, der hier wohl als Anmerkung zum vorausgehenden Vers, der ja auch den Aufstieg in den Himmel anspricht, eingefügt wurde.

Der Vers 3:92 verkündet die Notwendigkeit, Almosen zu geben, doch ohne Zusammenhang mit den vorausgehenden Gedankengängen, die den angekündigten Bestrafungen für die verschiedenen Arten von Ungläubigen gewidmet sind.

Der Vers 5:69 stellt eine besondere Art von Einschub dar, nimmt er doch Wort für Wort den Vers 2:62 wieder auf. Wahrscheinlich wurde der Vers 5:69 aus Unachtsamkeit hier eingefügt, auch drückt er eine positive Einschätzung der „Schriftbesitzer“ und anderer Gläubigen aus, obwohl doch der Kontext, in dem er sich befindet, von Vorwürfen gegen sie geprägt ist.

Auch der Vers 5:109 ist ohne Bezug zu seinem Kontext. Er steht zwischen zwei Gedankengängen: Vorher geht es um das Testament von Sterbenden, danach geht es um Jesus. Der Vers 5:109 behandelt jedoch das Prophetenamt und worüber die Propheten am Tag des Jüngsten Gerichts befragt werden.

Wir fragen uns auch, warum der kurze Vers 57:17 über die Allmacht Gottes in einem Kontext steht, der sich den Heuchlern widmet.

Man findet auch Reihungen von Versen, die zusammen einen Einschub in einen thematisch anderen Gedankengang bilden. So unterbrechen die Verse 29:18-23 die Geschichte Abrahams, um diejenigen anzugreifen, die nicht an Mohammed glauben, und um ihnen die Unausweichlichkeit ihrer Bestrafung zu zeigen, die sie erwartet. Oder aber die Verse 36:69-70, welche die Anklage zurückweisen, der Prophet sei ja nur ein Dichter. Sie haben keine inhaltliche Verbindung mit den vorausgehenden und nachfolgenden Versen, die sich mit der Ablehnung des Glaubens der „Beigeseller“ beschäftigen. Auch fügen die Verse 55:7-9 das Thema der „Waage“ und der Notwendigkeit und der Korrektheit von Maßen und Gewichten mitten in den Gedankengang über die Allmacht Gottes ein. Bemerkenswert auch, dass dieser Einschub nicht am Anfang eines neuen Verses steht, sondern an das Ende des Verses 55:7 gehängt ist.

Einen solchen Einschub innerhalb eines Verses finden wir auch im Vers 2:189, der zwei verschiedene Gedankengänge enthält: Der erste widmet sich dem Erscheinen des Mondes, und der zweite dem guten Benehmen, nämlich wie man in ein Haus eintritt. Auch Vers 35:18 beinhaltet zwei verschiedene Themen: Das erste behandelt die individuelle Verantwortlichkeit, das zweite bestimmt die Adressaten der göttlichen Ermahnungen.

Letztere Form des Einschubs findet sich auch im Vers 4:164, wo der Satz „... und mit Mose hat Gott wirklich gesprochen ...“ weder eine Verbindung mit dem Versbeginn, noch mit den folgenden Versen hat. Mitunter befindet sich der eingeschobene

Satz auch in der Mitte eines Verses, wie in 6:25, der mit den Worten beginnt: „Und unter ihnen (den Ungläubigen) gibt es welche, die hören dir zu." Unvermittelt fährt er fort mit: „Aber Wir haben über ihr Herz eine Hülle und in ihre Ohren Schwerhörigkeit gelegt, so dass sie es nicht verstehen. Wenn sie auch jedes Zeichen *(āya)* sehen, glauben sie nicht daran." Nach diesem Einschub nimmt der Text wieder die Gedankenführung des Anfangs mit folgenden Worten auf: „Und nun kamen sie schließlich zu dir, ..." – Ein anderer Fall von fehlerhaftem Einschub innerhalb eines Verses ist: „Wir haben doch dem Mose die Schrift gegeben – du darfst nicht im Zweifel darüber sein, deinem Herrn zu begegnen – und sie zu einer Rechtleitung für die Kinder Israels gemacht" (32:23). Wir sehen klar diesen Texteinschub (hier zwischen zwei Gedankenstrichen), der ja nur Überbleibsel eines unbekannten Gedankenganges sein kann.

Das gilt auch für den Ausruf am Ende des Verses 11:44: „Und es wurde gesagt: ‚Fluch über das Volk der Frevler!'" Er hat weder eine Verbindung mit dem Versanfang noch mit den nachfolgenden Versen. So verhält es sich auch mit den Versen 11:45-47, welche die Intervention Noahs für seinen Sohn erwähnen, während dieser in den vorangehenden Versen schon seinem schlimmen Schicksal überlassen wurde.

Es gibt noch eine weitere besondere Art von Einschub, die von der Verschiebung eines Textes innerhalb des Korans herrührt. So beginnt etwa Vers 24:60-61 mit einer Verhaltensregel unter Gläubigen, die sich auch auf Blinde, Lahme und Kranke bezieht. Diese Anweisung ist ganz offensichtlich die Wiederholung eines anderen Verses, nämlich 48:17, wo sie ihre eigentliche Rechtfertigung darin findet, dass diese Kranken keinen Kriegsdienst leisten müssen. Es handelt sich also bei 24:61 um einen fehlerhaften Einschub. Gleiches gilt für Vers 28:74: „Und am Tag, da Gott sie anruft und sagt: ‚Wo sind meine angeblichen Teilhaber?'" Auch hier besteht keine Verbindung mit den Gedankengängen, in denen der Vers steht. Er findet sich aber schon genauso in einem vorausgehenden Vers der selben Sure (28:62).

Dieser Dublette folgt die Antwort der sogenannten göttlichen „Teilhaber", die ihre eigenen Anbeter beschuldigen.

Ein weiterer Fall einer Dublette ist Vers 35:12, wo nach Blachère[52] das Thema des Verses 25:53 über die beiden Meere – das eine süß, das andere salzig – wieder aufgegriffen wird, und wo im zweiten Teil das Thema des Verses 16:14 über die Nutzung des Meeres (z. B. durch Fischfang u. a.) wieder erscheint. Dieser Vers 16:14 macht immerhin den Eindruck eines Einschubs, der durch die mit den anderen Versen gemeinsame Idee der Schöpfermacht Gottes zu rechtfertigen wäre. Zweifelsohne haben wir hier eine Textkomposition vor uns, die von einer hastigen Arbeit an der „Wiederherstellung" des Textes zeugt.

Im folgenden Vers können wir aber auch von einem Missverständnis sprechen: „Und Wir haben dem Menschen anbefohlen, gegen seine Eltern gut zu sein. Seine Mutter hat ihn mit Widerwillen getragen und mit Widerwillen zur Welt gebracht. Und seit sie ihn getragen hat, bis zu seiner Entwöhnung waren es dreißig Monate. Wenn er dann schließlich mannbar geworden ist und das Alter von vierzig Jahren erreicht hat, sagt er: ‚Herr! Halte mich dazu an, dass ich Dir für Deine Gnade, die Du mir und meinen Eltern erwiesen hast, dankbar bin ..." (46:15). Wir sehen hier wohl, dass es im ersten Teil um das Thema Entwicklungsphasen des Menschen im Allgemeinen geht, während der zweite Teil eine bestimmte, nicht identifizierte Person betrifft. Um welche Person handelt es sich hier? Der Vers 27:19 gestattet es, auf diese Frage fast mit Sicherheit zu antworten.[53] „Da lächelte er (Salomon) über ihre Worte und sagte: ‚Herr! Halte mich dazu an, dass ich Dir für Deine Gnade, die Du mir und meinen Eltern erwiesen hast, dankbar bin ..." Wir erkennen hier, dass der Verfasser des Verses 46:15 die Identität der Person nicht kannte, um die es im zweiten Teil des Verses geht, der mit „... Wenn er dann schließlich erwachsen geworden ist ..." beginnt. Er glaubte sogar, es handelte sich um eine allgemeine Aussage über die Menschen, was es ihm erlaubte, diese Passage direkt an

52 Blachère, *Le Coran* 464, Fn. 13

53 Ebd. 534, Fn. 14

den ersten Teil des Textes anzuschließen, als sei sie eine logische Fortsetzung des Textes. Dieses Missverständnis ist offensichtlich von größter Bedeutung für die Geschichte des Korantextes. Kann man daraus ableiten, dass dieser falsche Texteinschub nicht vom Propheten, sondern von jemand anderem verursacht sei? Mit aller Folgerichtigkeit bejahen wir das. Man kann sich nämlich schwerlich vorstellen, der Prophet hätte ein solches Missverständnis zugelassen. Es konnte nur von jemandem kommen, der sich nicht genügend mit den offenbarten Texten beschäftigt hatte.

Führen wir noch mit Blachère einen weiteren Typ eines fehlerhaften Einschubs an: Mitten in der Rede des Mose gegen die Zauberer des Pharaos taucht ein Vers ohne Verbindung zum Kontext auf. Er folgt einfach auf den Satz im Vers 27:10: „... Bei Mir brauchen die Gesandten keine Angst zu haben," darauf folgt der Einschub: „außer wenn einer gefrevelt hat. Und hierauf, nachdem er etwas Böses begangen hat, etwas Gutes (dafür) eintauscht. Ich bin barmherzig und bereit zu vergeben" (27:11). Für Blachère ist klar, dass der zweite Vers nicht die „Gesandten" betreffen kann, sondern Sünder, von denen an anderer Stelle die Rede ist, und er argumentiert, dass Gesandte Gottes im Koran nicht als Sünder behandelt werden können. Wir denken dennoch, dass dieser eingefügte Spruch theologisch richtig ist, auch wenn er im Kontext etwas überrascht. Die Person Mohammeds erscheint im Koran nämlich manchmal als fehlbar, als zögerlich, und es gelingt ihm dann nicht, seine Widersacher zu besiegen; ganz zu schweigen von seinem Vergessen einiger Koranverse oder von den „satanischen Versen" (s. oben S. 36 ff.). Orthodoxe Exegeten haben dies alles bemerkt und erklärten, dass der fragliche Vers (27:11) sich auf den Gesandten Gottes beziehe. Es ist wirklich paradox: Orthodoxe Exegeten kannten sehr wohl die Wirklichkeit dieser Dinge; moderne hagiographische Dogmatiker hingegen nicht![54]

---

54 Der Autor neigt aber nach längerem Bedenken inzwischen zu folgender Interpretation der Verse 27:10-11: Es handelt sich hier doch nicht um einen späteren Einschub – wie zunächst angenommen – sondern um einen Ver-

Aber wenden wir uns wieder den Interpolationen zu. Es gibt auch Zusätze, die präzisieren, erklären oder Gedankengänge hinzufügen, welche in der ersten Textabfassung nicht vorgesehen waren. So führt der lange Vers 7:157, der in die Ansprache Gottes an Mose eingefügt ist, die Idee des Kommens des Propheten und die Notwendigkeit ein, daran zu glauben. Das ist ein Zusatz, der den Legitimationsprozess mit Hilfe des prophetischen Zyklus aufzeigt.

Ebenso kann man Blachère[55] zustimmen, was den ersten Satz des Verses 40:35 betrifft: „Diejenigen, die über die Zeichen *(āyāt)* Gottes streiten, ohne dass sie Vollmacht erhalten hätten ..." Dies ist ein Einschub, der darauf zielt, den letzten Satz des vorausgehenden Verses zu erklären: „So führt Gott diejenigen irre, die nicht maßhalten und Zweifel hegen *(murtāb)*."

Das gilt auch für Sure 3:18: „Gott bezeugt, dass es keinen Gott gibt außer Ihm; die Engel und diejenigen, die das Wissen besitzen (bezeugen es ebenfalls). Er sorgt für Gerechtigkeit. Es gibt keinen Gott außer Ihm, dem Mächtigen und Weisen." – Wir haben es hier mit dem Einschub zu tun „es gibt keinen Gott außer Ihm," denn die eigentliche Aussage hat drei grammatische Subjekte und besagt, dass sowohl Gott, als auch die Engel sowie die Wissenden bezeugen, dass es keinen Gott außer ihm gibt. Kein Zweifel, der Einschub ist die vorgezogene Dublette innerhalb desselben Verses. Somit ist klar, dass der Redakteur dieser Koranversion einen Übereifer in der Gottesverherrlichung zeigen

weis, der folgenden Bezug hat: Der Vers 27:11 verweist auf den von Mose begangenen Mord, den Gott ihm vergeben hat, nachdem Mose Abbitte geleistet hatte (vgl. 28:15-19). Der Verweis erinnert in diesem Moment Mose, der vor Gott Angst bekam, daran, dass die Gesandten zu Recht Gott fürchten, wenn sie Sünden begangen haben – es sei denn, sie hätten sie bereut, was ja bei Mose der Fall war. Also handelt es sich genau genommen nicht um einen Einschub sondern um einen Verweis, der zum Kontext passt. Wir können sogar sagen, das Gott hierbei Schlagfertigkeit bewiesen hat, erinnert er doch Mose daran, dass der doch wichtigere Gründe hätte, vor Gott Angst zu haben, statt sich über einen Stab zu erschrecken, der „... in Bewegung geriet, wie wenn er ein Dschinn wäre, ..." (27:10) – [vgl. auch Exodus 7,9-13 und Exodus 2,11-14]

55 Blachère, *Le Coran* 500, Fn. 37

wollte, ohne sich um grammatikalische oder stilistische Regeln des Satzbaus zu kümmern. Jedenfalls ist sicher, dass dieser Vers Opfer eines Dubletteneinschubs an falscher Stelle geworden ist.

Im Vers 2:177 wird die wahre Frömmigkeit so bestimmt, dass sie nicht in der förmlichen Kultausübung liegt, sondern im Glauben und in guten Werken, die auf Dauer zählen. Beim näheren Hinsehen auf den Text stellen wir fest, dass dieser Vers mitten im Text ohne jeglichen Grund vom Singular zum Plural wechselt. Warum dieser Wechsel des Numerus? Sehr wahrscheinlich, weil der Wechsel einem Einschub durch einen anderen Schreiber entspricht.

Innerhalb eines Verses finden wir wieder die gleiche Erscheinung der Häufung: Vers 2:187 beginnt damit, Geschlechtsverkehr nach dem Fastenbrechen zu gestatten; dann bestimmt er Anfang und Ende eines Fastentages, dann gibt er das Verbot von Geschlechtsverkehr innerhalb der Heiligen Moschee bekannt. Diese Anordnungen enden mit der Schlussfolgerung: „Das sind die Gebote *(ḥudūd)* Gottes. Verstoßt nicht dagegen. So macht Gott den Menschen seine Verse *(āyāt)* klar. Vielleicht würden sie gottesfürchtig sein." Letztere Anordnung zum Verbot von Geschlechtsverkehr in der Kaaba – was ein alter orientalischer Brauch war – zeigt, dass dieser Vers nach der Einnahme Mekkas im Januar 630 verfasst wurde. Vielleicht wurden die beiden ersten Anordnungen schon zuvor geoffenbart. Aus dieser Textabfassung geht der Eindruck hervor, alle drei rituellen Vorschriften seien gemeinsam auf Fasten oder Sexualität bezogen. Zweifelsohne hat die erste Vorschrift, die beide Themen gemeinsam betrifft, es dem Verfasser dieses Verses gestattet, die beiden anderen Vorschriften, die jeweils nur eins der beiden Themen berühren, anzufügen. Wir erkennen wohl, dass es sich hier um das Bemühen handelt, den Text themenorientiert zu ordnen. Aber diese Ordnung, das sehen wir, hält sich nicht ganz und gar an ihre Logik, ist sie doch durch die Zusammenfassung von zwei unterschiedlichen Themen belastet.

Der nun von uns angeführte Vers zeigt ganz klar einen Fall von Einschub mitten in einen Nebensatz, zwischen einer Frage und einer Antwort: „Und sie (d. h. Die Ungläubigen) haben Gott nicht richtig eingeschätzt. Als sie sagten: ‚Gott hat nichts auf einen Menschen herabgesandt.' Sag: ‚Wer hat die Schrift herabgesandt, die Mose als Licht und Rechtleitung für die Menschen gebracht hat?' Ihr macht sie zu Papyrusblättern, die ihr der Öffentlichkeit zugänglich macht, während ihr vieles geheimhaltet. Ihr wurdet gelehrt, was weder ihr noch eure Väter wussten. Sag: ‚Gott. Lass sie nun in ihrem Geplauder ihr Spiel treiben!'" (6:91) – Bemerkenswerter Weise haben der Sekretär Mohammeds Ubayy sowie die „Leser" Ibn Kaṯīr (st. ca. 120 AH) und Ibn ʿĀmir (st. 118 AH) den Einschubsatz in der dritten Person wiedergegeben: „Sie machen sie zu Papyrusblättern ..." Uns ist klar, dass dieser Einschub sich auf das „Volk der Schriftbesitzer" bezieht, während der Versanfang sich auf die absolut Ungläubigen bezieht, die nicht daran glauben, dass irgendetwas von Gott zu den Menschen gesandt werden kann. Blachère meint, dass diese Interpolation erst nach der Flucht nach Medina eingefügt wurde. Wir sind auch mit ihm der Meinung, dass Ubayys Variante ein Versuch der Harmonisierung mit dem Versbeginn darstellt.[56] Wahrscheinlich ist diese Variante erst nach dem Tod des Propheten entstanden.[57]

Ein weiteres Beispiel einer Hinzufügung, die als ergänzende Angabe dienen mag, findet sich in Vers 52:21. Er verspricht den Gläubigen, mit ihren Kindern gemeinsam dereinst im Paradies zu sein. Dieser Vers ist länger als die andern und bricht ihren Rhythmus. Er scheint also auf eine Besorgnis zu antworten, die nach der Offenbarung der Paradieszusage geäußert wurde.

Es bleibt noch, einen anderen Typ von möglichem Einschub zu erwähnen: Er führt eine Abweichung von einer Regel oder einem Urteil ein. So etwa bei der Verurteilung der Dichter: „Und den Dichtern folgen diejenigen, die abgeirrt sind. Hast du denn nicht gesehen, dass sie in jedem Wadi schwärmen, und dass sie

56 Ebd. 162, Fn. 91

57 [Nach islamischer Tradition stellen sowohl der Vers 6:91 als auch 6:93 (sowie 6:20, 23, 114, 141, 151-153) spätere medinensische Einschübe in die ansonsten als mekkanisch qualifizierte Sure 6 dar.]

sagen, was sie nicht tun? Nicht so diejenigen, die glauben und tun, was recht ist, Gottes ohne Unterlass gedenken und zur Selbsthilfe greifen, nachdem ihnen Unrecht geschehen ist. Diejenigen, die freveln, werden wissen, welche Wendung es mit ihnen nehmen wird" (26:224-228). Zweifelsohne ist die hier eingefügte Ausnahme für fromme Dichter ein späterer Einschub, der ein radikales Urteil gegen die Dichter als solche abändert. Man kann das umso leichter verstehen, als Mohammed gegen Ende seines Wirkens gewisse Dichter an sich gebunden hatte, von denen der berühmteste Ḥassān ibn Ṯābit war.

Gleiches gilt für die Verdammnis zur Hölle für die bekehrten Mekkaner, die sich geweigert hatten, mit dem Propheten nach Medina auszuwandern. Sie wird in den beiden folgenden Versen abgewandelt: „Ausgenommen die unterdrückten Männer, Frauen und Kinder, die über keine Möglichkeit verfügen und auf dem Weg nicht rechtgeleitet sind. Denen wird Gott vielleicht verzeihen. Gott ist bereit, Nachsicht zu üben und zu vergeben" (4:98). Desgleichen, wenn der Koran den neu bekehrten Muslimen Abraham als Vorbild für diejenigen zeigt, die radikal mit der Familie brechen. Derselbe Vers beinhaltet folgenden Einschub: „... Abraham sagte allerdings zu seinem Vater: ‚Ich werde bestimmt für dich um Vergebung bitten. Doch vermag ich gegen Gott nichts für dich auszurichten'" (60:4). Wahrscheinlich ist dies die Antwort auf einen Einwand aus der Umgebung des Propheten bezüglich des Schicksals der Heiden. Es ist wohl auch ein Zusatz, um an die Geschichte Abrahams zu erinnern, die hier als einziges Beispiel erscheint, in dem es um den Versuch geht, einen Heiden zu erretten.

In den Versen 24:27-28 wird den Gläubigen die Vorschrift gegeben, nicht bei Fremden in deren Abwesenheit ohne Erlaubnis einzutreten. Diese Vorschrift wird im anschließenden Vers durch folgende Abänderung nuanciert: „Es ist keine Sünde für euch, Häuser zu betreten, die nicht bewohnt sind, und in denen sich etwas befindet, was ihr benötigt. Gott weiß, was ihr kundgebt, und was ihr verborgen haltet" (24:29).

Der abändernde Einschub geht manchmal so weit, dass er der Vorschrift ihre eigentliche Existenzberechtigung nimmt: „Und zwingt nicht eure Sklavinnen, wenn sie ein ehrbares Leben führen wollen, zur Prostitution, um den Glücksgütern des diesseitigen Lebens nachzugehen! Wenn jedoch jemand sie zwingt, ist Gott, nachdem dies geschehen ist, barmherzig und bereit zu vergeben" (24:33). Wir erkennen, dass der zweite Satz die Verurteilung der Zuhälter abwandelt, die gefühllos Mädchen zur Prostitution gezwungen haben. Alles in allem ist solches Vergehen praktisch verziehen, nach dem es doch zunächst einmal verurteilt worden war.

Ebenso wurde durch folgende Hinzufügung das Verbot, sich Ungläubige als Freunde *(awliyāʾ)* zu nehmen, umgangen: „... Anders ist es, wenn ihr euch vor ihnen wirklich fürchtet ..." (3:28).

Gleiches gilt für solche, die ihren neuen Glauben verleugnen. „Ihr Lohn besteht darin, dass der Fluch Gottes und der Engel und der Menschen insgesamt auf ihnen liegt. (Sie werden zum Höllenfeuer verdammt), um darin zu weilen, ohne dass ihnen Straferleichterung oder Aufschub gewährt wird, ..." (3:87-88). Aber nach dieser strengen und endgültigen Verurteilung führt der Koran plötzlich folgende Abänderung ein: „... ausgenommen diejenigen, die danach umkehren und sich bessern. Gott ist barmherzig und bereit zu vergeben" (2:89). Diese Nuance kann nicht zum Zeitpunkt der Offenbarung der Racheverse gegen die Abtrünnigen formuliert worden sein! Nur Zwänge, die aus einem neuen Kräfteverhältnis entstanden sind, konnten zu einer solchen Berichtigung in „letzter Minute" zwingen.

Teil 2: Die Bestandteile des Korans

Die Verse – eine spätere Erfindung

Das Phänomen der Interpolation, dessen Wirkungsweise wir in den vorausgegangenen Überlegungen erkannt haben, hat uns den Vers als grundlegende Texteinheit des Korans erkennen lassen. Es ist nun an der Zeit, seine Geschichte aufzudecken, denn er hat eine Geschichte, und sie ist zum Verständnis der Entwicklung des Korantextes wissenswert.

Der Begriff „Vers" sollte keine geschichtlichen Schwierigkeiten machen; so ist zumindest die orthodoxe islamische Lehrmeinung. Sie hat sich mit der Frage der Reihenfolge der Verse befasst, ohne sich aber um deren Entstehung zu kümmern. Es ist geradezu Zeichen für einen koranischen Text, wenn sich in den frühesten Handschriften Zeichen befinden, die als Verstrenner dienten – auch wenn die dort beobachteten Einteilungen nicht immer mit den späteren Einteilungen übereinstimmten. Solche „Schulen" unterschiedlicher Verszählung haben sich in den frühislamischen Metropolen ausgebildet. So gibt es die unterschiedlichen Zählungen von Kufa, Basra, Mekka, Medina, und Syrien (Damaskus, Hims), siehe unten zu Abb. 7, 8, 11 und 12. Vor der Herausbildung dieser Systeme bezeugen viele der alten Handschriften, dass die Einteilung in Verse keinen festen Regeln folgte, vgl. Abb. 13 und 14.

Man hat den heiligen Text hauptsächlich aus liturgischen Gründen in Verse eingeteilt und sich vermutlich nach dem Vorbild der Evangelien-Handschriften gerichtet.

Unsere wertvollste Quelle, um mehr darüber zu erfahren, ist wie sooft der Koran selbst. Nun spricht der aber von *„āya"*, einem Wort, das aus dem Hebräischen kommt, aber in einem ganz anderen Sinn als demjenigen der Bezeichnung der Texteinteilungen der Korankapitel. Der Begriff *„āya"*, der 382 Mal im Koran vorkommt, bedeutet im Wesentlichen ein göttliches „Zeichen", das eine Wundererscheinung, ein Erlass oder auch irgendeine andere Äußerung göttlichen Willens und göttlicher Macht sein kann. Zu diesen „Zeichen" gehört ganz besonders der von Gott geoffenbarte Text, der seinem Propheten mitgeteilt wurde. So bezeichnet der Koran die Offenbarung als „*āya*", oft im Plural gebraucht: „Gott hat Sich wirklich um die Gläubigen verdient gemacht, als Er unter ihnen einen Gesandten aus ihren eigenen Reihen auftreten ließ, der ihnen Seine Verse verliest *(yatlū ʿalayhim āyātihi)*, sie läutert ..." (3:164). Dies gilt auch für Mose: „Wir haben doch den Mose mit Unseren Zeichen *(āyātinā)* und mit offenkundiger Vollmacht zu Pharao ... gesandt ..."(40:23-24).

Wie wir sehen, ist dieser Begriff „*āya*" sehr wichtig, um Natur und Wesen des offenbarten Textes zu verstehen. Er ist zunächst und vor allem ein göttliches „Zeichen", und deshalb befiehlt es den Glauben daran und den Gehorsam gegenüber den dort formulierten Geboten.

So ist also der ursprüngliche, koranische Sinn von *āya* zu verstehen, der dann nach Mohammeds Tod bald eine Unterteilung der Koransuren bezeichnet. Von der Bedeutung „geoffenbarter Text" als göttliches Zeichen wurde die Bedeutung von *āya* reduziert auf eine einfache Texteinheit, nämlich einen „Vers".

In der mekkanischen Periode beruht das Kriterium für die Verseinteilung auf dem Stil, den Assonanzen und Reimen. Diesen stilistischen Effekt hat die Tradition als ein spürbares Kennzeichen eines Versendes *(fāṣila*, Plur.: *fawāṣil)* oder eines Texteinschnitts empfunden.[58] Blachère bemerkt hierzu, dass die Muslime sich weigern, die Wörter *qāfiya* (pl. *qawāfī)* oder *qarīna* (pl. *qarāʾin)* als Bezeichnungen für koranische Reime zu gebrauchen, weil diese Ausdrücke für den Reim in der Dichtung und die gereimte Prosa der Wahrsager benutzt werden.[59] Die Kairoer Koranausgabe zählt 6236 Verse, eine Tradition hingegen, die auf Ibn ʿAbbās (st. 68 AH / 687 AD) zurückgehen soll, zählt 6616 Verse.[60] Ibn al-ʿArabī (st. 543 AH / 1148 AD) hat sogar ein-

58 Ebd. 173

59 Ebd. 244

60 al-Suyūṭī, *al-Itqān* I, 182, §870

geräumt, dass die Zählung der Koranverse: „eine der Schwierigkeiten des Korans darstellt, (denn) es gibt lange und kurze, und manche enden mit dem Satzende und andere mittendrin."[61] Auch die erste Sure *al-Fātiḥa* („die Eröffnende") entging nicht endlosen Diskussionen über die Einteilung ihrer (sieben) Verse.

Diese Unsicherheit in der Verseinteilung setzt sich sozusagen hier im Westen fort, wo die erste Referenzausgabe des Korans, nämlich die von Gustav Flügel (1834), manche Verse unserer offiziellen Ausgabe ohne ersichtlichen Grund in zwei oder drei Verse teilt. So ist Vers 11:5 in drei Verse 11:5-7, oder etwas weiter der Vers 11:7 in 11:9-10 aufgeteilt. Desgleichen auch die englische Übersetzung von M. Pickthall, der einer indischen Texttradition folgte. Bei ihm ist Vers 6:73 der Kairoer Ausgabe zweigeteilt, dagegen sind die Verse 63:35 und 63:36 zu einem einzigen verschmolzen.[62]

Eine andere Schwierigkeit bei der Einteilung der Verse besteht darin, dass der Koran seit dem Beginn der Offenbarungen bis zum Ende des Wirkens Mohammeds eine bedeutende stilistische Entwicklung erfahren hat. Zu Beginn seiner prophetischen Verkündigungen „sind die gereimten Einheiten kurz, akzentuiert und zeitlich gedrängt mit langen, stark betonten Silben und mit Versabschlüssen in gleichem Rhythmus."[63] Dann ging die Tendenz hin zum Ausweiten der gereimten Texteinheiten. Der Rhythmus ist dort weniger streng eingehalten. Dies bleibt so bis zum Ende der Verkündigung in Mekka und danach, wo die rhythmische Einheit selten wurde und sich über mehrere Sätze hinzieht.[64] Aus diesem Grund hat der einzelne Vers einen immer größeren Umfang angenommen, ausgehend vom Vers 89:1, der nur aus einem Wort besteht, bis hin zum Vers 2:282, der eine ganze Seite mit 127 Wörtern umfasst und zu den medinensichen Versen gehört.

61 Ebd. 181-2, §868

62 [In den neueren Ausgaben der Pickthall-Übersetzung ist die Verszählung an die der „Kufischen" Zählung im Kairoer Koran angeglichen; Anm. d. Übers.]

63 Blachère, *Introduction* 175

64 Ebd. 176

Wenn schon die Verseinteilung, besonders aber ihre Modalitäten und ihre Geschichte, für immer ein Problem bleiben werden, so wissen wir darüber hinaus auch nichts über den Vorgang, der zur Festlegung der Reihenfolge der Verse geführt hat. In diesem Punkt ist die offizielle Lehrmeinung klar: „Die Reihenfolge der Verse wurde von Mohammed, und auf seine Anordnung festgelegt. Es gibt hierzu keine abweichende Meinung unter den Muslimen“, erklärt uns al-Suyūṭī (st. 911 AH / 1505 AD) in seiner Koran-Enzyklopädie, in Übereinstimmung mit unbestrittenen Autoritäten.[65] Der dritte Kalif und Zeitgenosse Mohammeds, ʿUṯmān, soll folgendes berichtet haben: „... sobald eine Koranpassage auf Mohammed herabgesandt wird, ruft er einen Schreiber herbei und sagt zu ihm: ‚Setz diese Verse in die Sure ein, die von diesem oder jenem handelt!‘“[66] Eine andere Tradition besagt, dass Mohammed die Verse nach ausdrücklichen Anweisungen Gabriels angeordnet habe ...[67] – Manchmal gibt dieser Offenbarungs-Erzengel solche Anweisungen unmittelbar denjenigen, welche die Korantexte sammeln: „Setzt diesen Vers an folgende Stelle!“,[68] was ja der These widerspricht, Mohammed sei derjenige, der die Reihenfolge der Verse gewählt habe. Im Übrigen erklärt al-Suyūṭī, dass die Gefährten beim Gebet des Propheten seiner Rezitation bestimmter Suren zuhörten, um daraus zu schließen, die gleiche Reihenfolge der Verse bei der Ausarbeitung der Textsammlung des Korans als die normale zu beachten.[69] Gleich danach berichtet jedoch al-Suyūṭī, dass es der zweite Kalif ʿUmar gewesen sei, der die Platzierung der beiden letzten Verse der 9. Sure *(Barāʾa,* 9:128-129) entschieden habe. ʿUmar soll sogar soweit gegangen sein zu sagen, er hätte aus ihnen eine eigene Sure gemacht, wenn diese letzten Verse nicht

65 al-Suyūṭī, *al-Itqān* I, 167, §779

66 Ebd. §781

67 Ebd. §168, §78

68 Ebd. §801

69 Ebd. 169, §796 [Dazu passt die Überlieferung, nach der diese beiden Verse mekkanischen Ursprungs seien, jedoch am Ende der 9. (medinensischen) Sure eingefügt wurden.]

zwei sondern drei gewesen wären.[70] In Wirklichkeit wurde die Reihenfolge der Verse erst viel später, sicher erst in der Omayyadenzeit, festgelegt.

Die Suren

Die Sure (*sūra*) ist schon in den ältesten Schriften zur Geschichte des Korans der allgemein akzeptierte Ausdruck für die größeren Unterteilungen des Korantextes, nämlich die Kapitel. Nun findet man diesen Ausdruck im Koran in einer Bedeutung, die kaum die Idee einer allgemeinen Textunterteilung beinhaltet, sondern eher nur speziell für einen geoffenbarten Text. Nehmen wir zwei Fundstellen: „Die Gläubigen sagen: ‚Warum ist keine Sure herabgesandt worden?' Wenn dann aber eine eindeutige *(muḥkama)* Sure herabgesandt wird und darin vom Kampf die Rede ist, ..." (47:20) oder: „Die Heuchler befürchten, dass eine Sure auf sie herabgesandt werde, die ihnen Kunde gibt über das, was sie im Herzen haben ..." (9:64), usw.

Bis auf eine Ausnahme sind die neun Fundstellen des Wortes *sūra* im Koran mit dem Begriff „herabsteigen" *(unzila)* verbunden und meinen „Geschriebenes". Diese Definition ist vollkommen gleich mit dem syrischen Ursprung *sūrtā*, das mit „Schrift, und Lesung der Schrift" übersetzt wird.[71] So bezeichnet die *sūra* im koranischen Gebrauch eine *āya*, aber nur in ihrem textuellen Aspekt. Beide kennzeichnen also eine einzelne Offenbarung, das heißt einen Text, der während einer Offenbarung mitgeteilt wurde. Die ursprüngliche Einteilung der Korantexte ist nämlich aus einer Serie von Texten zusammengesetzt, die während eines orakelähnlichen Erlebens jeweils zu einem Thema und mit einem ganz bestimmten Ziel von Gott mitgeteilt werden. Wir können sagen, dass dies die einzige natürliche und ursprüngliche Texteinheit des Korans als einer Offenbarung ist. Erst in einem zweiten Schritt hat man daran gedacht, die offen-

70 Ebd. 169, §796

71 *GdQ* I, 31

barten Texte zur Vervollständigung vorausgegangener Offenbarungen zu verwenden, oder um sie für eine Gesamtausgabe nach Kapiteln zusammenzuführen.

So umfasst jede Sure gewöhnlich eine Vielzahl von Offenbarungen mit unterschiedlichen Themen. Ursprünglich aber trug jede dieser Offenbarungen die Bezeichnung *„sūra“*, das heißt eine Offenbarungseinheit, die während eines orakelähnlichen Erlebens aufgenommen worden war und welches den Korantext hat entstehen lassen. Erst zu einem späteren Zeitpunkt begann das Wort *sūra* ein Korankapitel zu bezeichnen. Nehmen wir zum Beispiel die Sure 24 *(al-Nūr / Das Licht).* Ihre Einleitung gibt folgende Information: „(Dies ist) eine Sure, die Wir hinabgesandt und für verbindlich erklärt, und in der Wir klare Zeichen *(āya)* hinabgesandt haben. Vielleicht würdet ihr euch mahnen lassen“ (24:1). Wie wir sehen, erweckt die *„sūra“* an dieser Stelle beim heutigen Leser den Eindruck, diese Aussage betreffe die ganze Sure mit ihrer Unterteilung in *āyāt* oder Verse. Das aber ist nur eine Illusion. Die Einleitung teilt uns mit, dass die Sure für uns „verbindlich ist *(faraḍnāhā)*“, was eine ausdrückliche Anspielung auf die Strafbestimmungen in den neun direkt nachfolgenden Versen ist. Und die „deutlichen Verse *(bayyināt)*“, die diese *sūra* enthält, bezeichnen nicht allgemein Verse, sondern genau die in der Einleitung angekündigten „Verordnungen“, was eine der ursprünglichen Bedeutungen von *āya* ist. Wir erkennen hier also klar den Sinn, der dem Begriff *sūra* gegeben ist, nämlich eine orakelartige Offenbarung, und nicht ein Kapitel, also keinen Abschnitt in einer Textausgabe.

Nach der Reihe von Vorschriften, welche die Einleitung der Sure 24 angekündigt hat, kommt der Text zur Darstellung einer Affäre, in der ʿĀʾiša, die Frau des Propheten, des Ehebruchs beschuldigt wurde (24:11-26). Nun beziehen sich aber die Vorschriften, die in der Einleitung (24:2-10) angekündigt sind, gerade auf die Bestrafungen, die sich die falschen Ankläger des Ehebruchs zuziehen. Wir erkennen hierin eine inhaltlich motivierte Hinzufügung, welche den geschichtlichen Kontext der

Vorschriften berücksichtigt. Es folgen dann Anordnungen über gesellschaftliches Wohlverhalten.

Weiter geht es mit einer Präambel, die ein Gleichnis über das göttliche Licht darstellt, gefolgt von einem Lobpreis Gottes. Eine weitere Einleitung beginnt mit einer Polemik gegen die medinensischen Gegner des Propheten. Schließlich kommen wieder neue Anordnungen über anständiges Verhalten hinzu. Es ist somit klar, dass sich der Begriff *sūra* im ersten Einleitungsvers ursprünglich nicht auf die Sure in ihrer gegenwärtigen Zusammensetzung bezieht (d.h. auf eine in einem eigenen Kapitel zusammengefasste Gesamtheit von Offenbarungen), sondern genau auf nur eine Offenbarung, die sich auf die Vorschriften bezieht, die in den Versen 2 bis 10 genannt werden.

Damit sind wir schon bei den einzelnen Bestandteilen der Suren, die uns Auskunft geben über die Entstehung der Suren als Sammlungen jener Einzeloffenbarungen. Dies erlaubt es uns, ihre wirklichen Bestandteile zu erkennen, die uns Auskunft über das Auftauchen der Suren als Sammlungen jener Einzeloffenbarungen geben.

Die von uns im Einzelnen angeführte Zusammensetzung der Sure *al-Nūr* zeigt, dass die jetzige Sure eine Anhäufung von Offenbarungen ist, seien sie mit oder ohne eine Ankündigungsformel in sie eingefügt. Die Frage, die man sich hier stellen könnte, lautet: Gibt es Einleitungsformeln mit dem Ziel, die gesamte jetzige Sure unter ein Dach zu bringen? Das wiederum heißt, sich zu fragen, ob denn nicht manche einleitenden Formulierungen erst nach der Zusammenfügung einer Reihe von Offenbarungen, die eine Sure ausmachen sollten, hier eingefügt wurden?

Die Einleitungen

Versuchen wir zunächst einmal, die Präambeln zur Einleitung gewisser Korankapitel besser kennenzulernen. Wir werden sehen, dass manche dieser Einleitungen mit einer Reihe von Buchstaben des arabischen Alphabets beginnen, was wir etwas später untersuchen werden.

Eine große Zahl dieser Formulierungen kündigt die Art der Offenbarung an, nämlich eines Textes mit Namen *qur'ān* (Predigt / Rezitation), der aus einem *kitāb* (Schrift, d. h. dem himmlischen Original) entnommen ist:

2:1-2	الٓمٓ / ذَٰلِكَ ٱلۡكِتَٰبُ لَا رَيۡبَۛ فِيهِۛ هُدٗى لِّلۡمُتَّقِينَ	ALM. Dies ist die Schrift *(kitāb)*, an der nicht zu zweifeln ist, als Rechtleitung für die Gottesfürchtigen
7:1-2	الٓمٓصٓ / كِتَٰبٌ أُنزِلَ إِلَيۡكَ	ALMṢ. Eine Schrift *(kitāb)*, die zu dir herabgesandt worden ist
10:1	الٓرۚ تِلۡكَ ءَايَٰتُ ٱلۡكِتَٰبِ ٱلۡحَكِيمِ	ALR. Dies sind die Verse *(āyāt)* der weisen Schrift *(kitāb)*
31:1-2	الٓمٓ / تِلۡكَ ءَايَٰتُ ٱلۡكِتَٰبِ ٱلۡحَكِيمِ	ALM. Dies sind die Verse *(āyāt)* der weisen Schrift *(kitāb)*
11:1	الٓرۚ كِتَٰبٌ أُحۡكِمَتۡ ءَايَٰتُهُۥ ثُمَّ فُصِّلَتۡ مِن لَّدُنۡ حَكِيمٍ خَبِيرٍ	ALR. Eine Schrift *(kitāb)*, deren Verse *(āyāt)* bestimmt und dann auseinandergesetzt sind, von einem her, der weise und wohlunterrichtet ist“
12:1-2	الٓرۚ / تِلۡكَ ءَايَٰتُ ٱلۡكِتَٰبِ	ALR. Dies sind die Verse *(āyāt)* der deutlichen Schrift *(kitāb)*. Wir haben sie als

	ٱلْمُبِينِ/إِنَّآ أَنزَلْنَٰهُ قُرْءَٰنًا عَرَبِيًّا لَّعَلَّكُمْ تَعْقِلُونَ	einen arabischen Koran *(qurʾān)* hinabgesandt. Vielleicht würdet ihr verständig sein
41:1-3	حمٓ/تَنزِيلٌ مِّنَ ٱلرَّحْمَٰنِ ٱلرَّحِيمِ/ كِتَٰبٌ فُصِّلَتْ ءَايَٰتُهُۥ قُرْءَانًا عَرَبِيًّا لِّقَوْمٍ يَعْلَمُونَ/	ḤM. (Es ist als Offenbarung) herabgesandt vom barmherzigen und gnädigen (Gott), eine Schrift *(kitāb)*, deren Verse *(āyāt)* auseinandergesetzt sind, als ein arabischer Koran *(qurʾān)* für Leute, die Bescheid wissen
26:1-2, 28:1-2	طسٓمٓ/تِلْكَ ءَايَٰتُ ٱلْكِتَٰبِ ٱلْمُبِينِ	ṬSM. Dies sind die Verse *(āyāt)* der deutlichen Schrift *(kitāb)*
27:1	طسٓۚ تِلْكَ ءَايَٰتُ ٱلْقُرْءَانِ وَكِتَابٍ مُّبِينٍ	ṬS. Dies sind die Verse *(āyāt)* des Korans *(qurʾān)* und einer deutlichen Schrift *(kitāb)*
43:1-4	حمٓ/وَٱلْكِتَٰبِ ٱلْمُبِينِ/إِنَّا جَعَلْنَٰهُ قُرْءَٰنًا عَرَبِيًّا لَّعَلَّكُمْ تَعْقِلُونَ/وَإِنَّهُۥ فِىٓ أُمِّ ٱلْكِتَٰبِ لَدَيْنَا لَعَلِىٌّ حَكِيمٌ	ḤM. Bei der deutlichen Schrift *(kitāb)*! Wir haben sie zu einem arabischen Koran *(qurʾān)* gemacht. Vielleicht würdet ihr verständig sein. Er gilt in der Urschrift bei Uns als erhaben und weise
13:1	الٓمٓرۚ تِلْكَ ءَايَٰتُ ٱلْكِتَٰبِۗ وَٱلَّذِىٓ أُنزِلَ إِلَيْكَ مِن رَّبِّكَ ٱلْحَقُّ وَلَٰكِنَّ أَكْثَرَ ٱلنَّاسِ لَا يُؤْمِنُونَ	ALMR. Dies sind die Verse *(āyāt)* der Schrift *(kitāb)*. Und was von deinem Herrn zu dir herabgesandt ist, ist die Wahrheit. Aber die meisten Menschen glauben nicht
14:1	الٓرۚ كِتَٰبٌ أَنزَلْنَٰهُ إِلَيْكَ لِتُخْرِجَ	ALR. Eine Schrift *(kitāb)*, die

	ٱلنَّاسَ مِنَ ٱلظُّلُمَٰتِ إِلَى ٱلنُّورِ بِإِذۡنِ رَبِّهِمۡ إِلَىٰ صِرَٰطِ ٱلۡعَزِيزِ ٱلۡحَمِيدِ	Wir zu dir hinabgesandt haben, damit du die Menschen mit der Erlaubnis ihres Herrn aus der Finsternis ins Licht hinausbringst, auf den Weg Dessen, Der mächtig und des Lobes würdig ist

Diese Einleitungen, die die himmlische Herkunft der Lesung *(qur'ān)* erklären, stehen als Beleg für die Echtheit der Offenbarungen allgemein, besonders aber für diejenigen, die sie jeweils einleiten.

Eine andere Art Einleitung kündigt das unmittelbar nachfolgende Thema an. Eine Darstellung davon haben wir schon in der Sure 24 *(al-Nūr / Das Licht)*, die wir gerade behandelt haben, gesehen. Andere Einleitungen sind gleicher Art: „… Gedacht sei der Barmherzigkeit, die dein Herr Seinem Diener Zacharias bezeigt hat!“ (19:1-2). Und wirklich erörtert diese Sure 19 – genannt *Maryam / Maria* – die Mitteilung an Zacharias und Maria von der baldigen Ankunft Jesu. Diese Passage mit 40 Versen ist gefolgt von 22 anderen Versen, die Abraham, Mose, Ismael und Idrīs gewidmet sind. Der Rest der Sure besteht aus 34 Versen, die auf die Argumente der Ungläubigen antworten. Auch hier betrifft die Einleitung nur die erste Offenbarung der Sure. Offensichtlich wurde also die ursprüngliche Sure nachträglich um mehrere andere „Suren“ (im ersten Sinn des Wortes *sūra*) erweitert. Wir können aber nicht mehr feststellen, ob diese Hinzufügungen zu Lebzeiten Mohammeds oder später erfolgten.

Wie die Sure 24 *(al-Nūr / Das Licht)*, hat die Sure 19 *(Maryam / Maria)* mitten im Text eine weitere Einleitung. Die letzte Gruppe von 34 Versen wird nämlich durch folgende Worte angefügt: „Wir kommen nur auf Befehl deines Herrn herab. Ihm gehört, was vor uns, was hinter uns, und was dazwischen liegt. Und dein Herr ist nicht vergesslich, der Herr von Himmel und Erde und dem, was dazwischen ist. Diene Ihm ohne Unterlass! Weißt du etwa einen, der Ihm namensgleich wäre?“ (19:64-65).

Zweifelsohne liegt uns hier eine typische Einleitung vor, vergleichbar mit solchen, die am Anfang bestimmter Suren stehen. Dies trifft umso mehr zu, als diese Einleitungsformel einer Offenbarung die beiden typischen Einleitungsthemen enthält: 1. Die Ankündigung eines *qurʾān*, der von einem himmlischen *kitāb* stammt, sodann 2. die Erwähnung der Allmächtigkeit Gottes, vor allem auch seine Fähigkeit, die Welt oder den Menschen zu erschaffen; oder die Erwähnung seiner Eigenschaft als Besitzer der Welt, als Versorger der Lebewesen auf der Erde, seine Fähigkeit zu zerstören, usw.

Diese beiden Themen wiederholen sich in den meisten Einleitungen, wie zum Beispiel:

> „Ṭ̣H. Wir haben den Koran nicht auf dich herabgesandt, um dich unglücklich zu machen. Er ist vielmehr eine Erinnerung für einen, der gottesfürchtig ist, herabgesandt von Dem, Der die Erde und hoch oben die Himmel geschaffen hat" (20:1-4);

> „ALM. Herabgesandt ist die Schrift, an der nicht zu zweifeln ist, vom Herrn der Menschen in aller Welt. Oder sie (die Ungläubigen) sagen: ‚Er (Mohammed) hat sie (die Schrift) ausgeheckt.' Aber nein! Es ist die Wahrheit von deinem Herrn, damit du Leute warnst, zu denen vor dir noch kein Warner gekommen ist. Vielleicht würden sie sich rechtleiten lassen. Gott ist es, Der Himmel und Erde ..." (32:1-4);

> „Ḥ̣M. Bei der deutlichen Schrift! Wir haben sie in einer gesegneten Nacht hinabgesandt. Und wir haben gewarnt. In dieser Nacht wird jede weise Angelegenheit entschieden, ... dem Herrn von Himmel und Erde und was dazwischen ist ..." (44:1-4 und 44:7);

> „Ḥ̣M. ʿSQ. So gibt Gott, der Mächtige und Weise, dir (Offenbarungen) ein, und denen, die vor dir lebten. Ihm gehört, was im Himmel und auf Erden ist. Er ist der Erhabene und Gewaltige" (42:1-4).

Bisweilen ist die Schöpfermacht Gottes ohne den Hinweis auf „Himmel und Erde“ ausgedrückt:

> „Herabgesandt ist die Schrift von Gott, dem Mächtigen und Weisen“ (39:1);

> „ḤM. Herabgesandt ist die Schrift von Gott, dem Mächtigen und Weisen“ (45:1-2 und 46:1-2).

Im Zusammenhang mit den Einleitungen wollen wir noch auf den Fall der Sure 3 *(Āl ʿImrān / Die Sippe ʿImrāns)* hinweisen, die mit folgender Formulierung beginnt:

> „ALM. Gott. Es gibt keinen Gott außer Ihm. Der Lebendige und Beständige. Er hat die Schrift mit der Wahrheit auf dich herabgesandt …“ (3:1-2).

Hier ist die Formulierung umgekehrt, da sie mit der Nennung der göttlichen Attribute beginnt. Genau genommen ist diese Formulierung: „Gott. Es gibt keinen Gott außer Ihm. Der Lebendige und Beständige“ eine Wiederholung der Einleitung im Vers 2:255 – genannt „Thronvers“, einem der von den Muslimen am höchsten verehrten Verse. Ist dies ein Indiz dafür, dass bestimmte Einleitungen nach dem Muster vorhergegangener Offenbarungen verfasst wurden?

Die „geheimnisvollen Buchstaben“

Die eben erwähnten Einleitungen sind nicht die einzig sichtbaren Elemente, um den Beginn einer Sure zu kennzeichnen. Es gibt auch andere, noch bezeichnendere Elemente. Es sind die berühmten „geheimnisvollen Buchstaben“, die wir eben am Anfang von Suren gelesen haben. Traditionell werden diese mit *fawātiḥ* („eröffnende“) oder *awāʾil al-suwar* („Surenanfänge“, *incipit*) oder mit *al-aḥruf al-muqaṭṭaʿa* („die isolierten / alleinstehenden Buchstaben“) bezeichnet. Zahlreiche Hypothesen zu ihrer Erklärung wurden sowohl von der islamischen Tradition, als auch im Westen aufgestellt. Manche haben in ihnen Abkürzungen göttlicher, historischer oder geographischer Namen gesehen, oder sogar von Surentiteln.

Nur die folgenden 29 von insgesamt 114 Suren sind mit einer solchen Buchstabenkombination versehen (in Handschrift s. Abb. 14, im Druck s. Abb. 7, 8):

Anfang von Sure		*Geheimnisvolle Buchstaben*		Anfang von Sure		*Geheimnisv. Buchstaben*	
Nr.	Name			Nr.	Name		
2	al-Baqarah	الم	ALM	30	al-Rūm	الم	ALM
3	Āl ʿImrān	الم	ALM	31	Luqmān	الم	ALM
7	al-Aʿrāf	المص	ALMṢ	32	al-Sağdah	الم	ALM
10	Yūnus	الر	ALR	36	Yā-Sīn	يس	YS
11	Hūd	الر	ALR	38	Ṣād	ص	Ṣ
12	Yūsuf	الر	ALR	40	al-Mu'min	حم	ḤM
13	al-Raʿd	المر	ALMR	41	Fuṣṣilat	حم	ḤM
14	Ibrāhīm	الر	ALR	42	al-Šūrā	حم	ḤM
15	al-Ḥiğr	الر	ALR			عسق	ʿSQ
19	Maryam	كهيعص	KHYʿṢ	43	al-Zuḫruf	حم	ḤM
20	Ṭāhā	طه	ṬH	44	al-Duḫān	حم	ḤM
26	al-Šuʿarāʾ	طسم	ṬSM	45	al-Ğāṯiyah	حم	ḤM
27	al-Naml	طس	ṬS	46	al-Aḥqāf	حم	ḤM
28	al-Qaṣaṣ	طسم	ṬSM	50	Qāf	ق	Q
29	al-ʿAnkabūt	الم	ALM	68	al-Qalam	ن	N

Für unseren Zweck ist es von Bedeutung, die Wiederholung von verschiedenen Buchstabenkombinationen, vor allem der Kombinationen ALM, ALR, ṬSM, und ḤM zu untersuchen. Diese Untersuchung zeigt nämlich einen deutlichen Bezug zur heutigen Reihenfolge der Suren und auch zum Vorhandensein einer sonstigen Einleitung am Anfang gewisser Suren. Solche Bedingungen machen es unmöglich zu leugnen, dass die geheimnisvollen Buchstaben als Unterteilungen des Korans eine Rolle gespielt haben. Diese Buchstaben sind für uns, wie auch für diejenigen, die den endgültigen Korantext erarbeitet haben, Kriterien für die Einordnung der Suren.

Welche Gründe auch immer bei der Wahl dieser Buchstaben vorrangig waren, sie wurden nicht bestimmt durch irgendeine Erwähnung im koranischen Text, wie etwa *āya* und *sūra*, die als Bestandteile des Korantextes vorkommen. Darüber hinaus sind wir nicht der Ansicht, dass der Koran in den Sureneinleitungen auf diese Buchstaben anspielt, im Gegensatz zu A. T. Welch,[72] der in der „Encyclopédie de l'Islam" eine ausgezeichnete Zusammenfassung zu dieser Frage geschrieben hat und zusammen mit Loth, Nöldeke, Schwally, Bell und Alan Jones der Ansicht ist, dass die geheimnisvollen Buchstaben ein integraler Bestandteil der Offenbarung sind.

Wie wir gesehen haben, stehen diese Buchstaben im Zusammenhang mit dem Vorgang der Anordnung der Verse, wie das übrigens A. T. Welch selbst gut dargelegt hat. Nach unserer Meinung waren aber diese Buchstaben ursprünglich nicht dazu bestimmt, die Suren zu kennzeichnen. Man vergleiche auch die Rolle der *Geheimnisvollen Buchstaben* bei der Anordnung der Suren in den Abbildungen 19 und 20!

A. T. Welch hat gezeigt, dass alle „geheimnisvollen Buchstaben" nach einem Kriterium gewählt wurden, das mit der Schreibweise des arabischen Alphabets zur Zeit Mohammeds zu tun hat. So wurden etwa die Buchstaben *b, t, ṯ, n, y* alle gleich, als einfache Häkchen, geschrieben, nichts unterschied sie voneinander. Der Anfang einer auf das Jahr 84 AH / 703 AD datierten Felsinschrift[73] sieht zum Beispiel aus wie in Abb. 2.

In den Felsinschriften aus dem ersten Jahrhundert wie dieser finden wir fast keine diakritischen Zeichen, so dass eine „Lesung" nur möglich ist, wenn der Text „Markierungen" enthält, die einen Kontext herstellen – in diesem Fall den im Korantext häufigen Appell „O ihr Leute / yā ayyuhā 'l-nās."

72 Welch, Art. al-ḲUR'ĀN in *EI*² (frz. Edition) Bd. V/416; dt. auch Schmucker, „Coranica ..." und zuletzt Luxenberg, „Die syrische Liturgie ...".

73 al-Rāšid, *Kitābāt* # 2 (= *Atlal* 16, pl. 96 A); hierzu Puin, *Utopie* 531

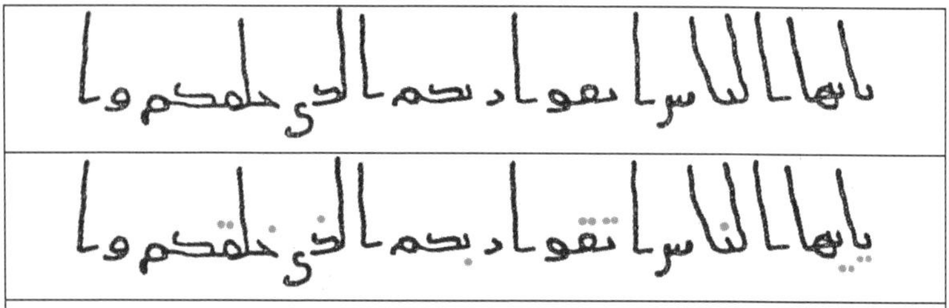

Abb. 2: Die obere Zeile zeigt die originale Inschrift, in der unteren Zeile sind die für die Lesung notwendigen diakritischen Punkte über oder unter den Zeichen ergänzt, die doppelte, dreifache oder fünffache Bedeutung haben.

Zwar kannte das arabische Alphabet damals bereits diakritische Zeichen, die eine Unterscheidung bestimmter graphisch formgleicher Konsonanten gestattet hätten – ihr Vorkommen ist bereits auf einem auf das Jahr 22 AH / 643 AD datierten Papyrus[74] belegt. Doch war es durchaus nicht üblich, sie generell anzuwenden. Wie war es nur möglich, einen derart „defektiv" geschriebenen Text zu lesen, zu verstehen? Wenn in Inschriften auf Münzen, Siegeln, Gebäuden usw. weder diakritische Zeichen noch Vokalzeichen verwendet wurden, ist eine „Lesung" solcher Texte nur möglich, wenn sie der Leser „erkennt" – wozu der Kontext, in dem sie stehen, die wichtigste Hilfe ist. Ein vielleicht 1000 Jahre alter Siegelring etwa, in dessen Stein die Schrift gespiegelt graviert wurde, grenzt die Interpretation der Inschrift auf „Namen" ein und kann dann sehr sicher interpretiert werden, wenn man das Repertoire der möglichen Personennamen überblickt:

Original gespiegelt	Abdruck (positiv)	Lesung des Namens
		*al-Nuʿmān bn Manṣūr*

Abb. 3: Siegelstein, Ø 11 mm

74 Grohmann, *Ar. Papyruskunde* 95 und Abb. auf Tafel I, 1.; Gruendler, *Development* 157

Im Falle von Münzen verlangt die Interpretation die Kenntnis der Text-Konventionen, aber auch historischer und geographischer Gegebenheiten – ein Beispiel:

Münze av.: Nur mit dem Wissen, jemenitischer Herkunft kann der Ortsname korrekt „gelesen" werden.		Zentrum: *lā ilaha illā / Allah waḥdahu / lā šarīka lah / Muḥammad rasūl (A)llah* Rand: *bi-smi 'llah ḍuriba hada 'l-dirham bi-Ḏamār*
Münze rev.: al-Manṣūr bi-'llah, Imam des Jemen 389-393 AH / 999-1003 AD.		Zentrum: *al-Manṣūr / bi-'llah amīr / al-mu'minīn* Rand: *ǧā'a 'l-ḥaqqu wa-zahaqa 'l-bāṭilu inna 'l-bāṭila kāna* (zahūqa^{n}) [Sure 17 Vers 81]
Abb. 4: 1/6 Dirham, Ø 15 mm, 0,42 g.		

Noch lange Jahrhunderte blieben die Inschriften auf Münzen in einem solchen „rudimentären" Zustand. Die Randinschrift zeigt allerdings auch, dass man sie „lesen" kann, wenn man schon weiß, was dort steht. Um dies zu demonstrieren wird zunächst die Randinschrift der Rückseite zu einer Zeile aufgebogen:

Zu den wenigen möglichen und häufigen Inschriften auf Münzen gehört Sure 17 Vers 81:

وَقُلْ جَآءَ ٱلْحَقُّ وَزَهَقَ ٱلْبَٰطِلُ ۚ إِنَّ ٱلْبَٰطِلَ كَانَ زَهُوقًا

Und sprich: „Nun ist das Recht gekommen, verschwunden ist die Nichtigkeit. Wahrlich, das Nichtige ist verschwunden."

Wenn wir den Schriftzug der Münze nun gegen den des Koranverses halten, erkennen wir, dass sich ab dem zweiten Wort (ǧā'a / حا) die Zahl der senkrechten, halbrunden und waagrechten Linien genau entsprechen:

Sure 17 Vers 81	قًا	زَهُو	كَانَ	ٱلْبَـٰطِلَ	إِنَّ	ٱلْبَـٰطِلُ	وَزَهَقَ	ٱلْحَقُّ	جَآءَ	وَقُلْ
	Derselbe Vers ohne diakritische Punkte und Vokalzeichen:									
	وا	رهو	كان	الطل	ان	الطل	ورهو	الحو	حا	ول
	Vergleich mit der Münzinschrift:									

Abb. 5: Vergleich zwischen Münzinschrift und Korantext

Der Vers ist, durch das Fortlassen der Einleitung „Und sprich:" aus dem historischen Zusammenhang genommen – Allah gibt Mohammed den Befehl – und zu einem durchaus politisch zu verstehenden Motto der aktuellen Herrschaft gemacht worden. Das auf der Münze fehlende Ende des Satzes ist eine Folge des Platzmangels.

Wenden wir uns schließlich einer typischen frühen Koranhandschrift zu, die aller Wahrscheinlichkeit noch aus dem 7. Jahrhundert AD stammt. Ein solcher „Text" stellt in seiner Kompliziertheit viel höhere Anforderungen an einen Leser, ja, er ist ohne eine Vorstellung von seinem Inhalt nicht lesbar, er verlangt letztlich eine mündliche Überlieferung.

Freilich, bei allem Respekt vor unzweifelhaften Gedächtnisleistungen der Überlieferer, ist es doch die schiere Existenz von vielen abweichenden Lesarten – nicht „Schreibarten"! –, die im Detail an der Perfektion der mündlichen Überlieferung zweifeln lassen – vgl. unten S. 113 ff.

Das blieb so bis zu dem Zeitpunkt, als durch eine Reform endlich die Zusatzzeichen – die sog. diakritischen Punkte – bei allen Buchstaben eingeführt wurden, die dann eine phonetische Unterscheidung zwischen mehrdeutigen Zeichen gestatteten.

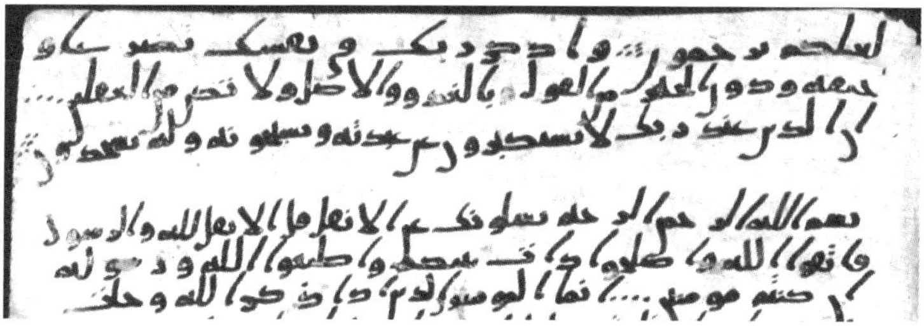

Abb. 6: Ausschnitt einer Koranhandschrift (Ṣanʿāʾ DAM 01-25.1) aus dem 7. Jahrhundert: Ende von Sure 7, Beginn Sure 8; ohne Surentitel, wenige diakritische Punkte, außer Verstrennern keine Vokal- oder sonstige Zeichen.

Bemerkenswert bei den geheimnisvollen Buchstaben ist, dass hier nur graphisch eindeutige Buchstaben verwendet wurden, die also keine unterscheidenden Punkte benötigten – mit einer Ausnahme: Von den Buchstaben, deren mehrdeutige Gestalt diakritische Zusatzzeichen verlangt hätte, wurde nur ein einziger Buchstabe verwendet, nämlich das „*y*“. Diese letztere Wahl ist sicher rein willkürlich. Es ist klar, dass dies nur geht, wenn man Lesen und Gedächtnis verbindet; denn – es sei nochmals gesagt – nichts unterscheidet seine Gestalt von anderen, die genau gleich geschrieben werden.

Damit haben wir den Beweis, dass die Auswahl der geheimnisvollen Buchstaben im Hinblick auf eine Verschriftlichung der Korantexte geschah. Und es ist, aus unserer Sicht, ein hinreichender Beleg für die Behauptung, dass diese Buchstaben in direkter Verbindung mit dem Prozess der Ausformung der Suren stehen.

Hierzu möchten wir kurz eine neue Spur anführen, die auf die Beziehungen zwischen den geheimnisvollen Buchstaben und der Zusammensetzung der Suren hinweisen kann. Man muss dabei die zur Zeit Mohammeds übliche Praxis der Nummerierung von Schriften in Betracht ziehen, bei der die Buchstaben des Alphabets benutzt wurden, um die Einzelhefte der Kodizes zu kennzeichnen. Georges Ifrah, der über die Geschichte der Zahlen gearbeitet hat, sagt über die Verwendung des Zahlenwertes von

Buchstaben im Syrisch-Aramäischen: „Im Serto sowie im Nestorianischen [d. h. in den beiden Duktus der aramäischen Schrift] dienten – und dienen gelegentlich noch heute – die Buchstaben zur Nummerierung, was dadurch bestätigt wird, dass bei allen syrischen Handschriften – zumindest nach dem 9. Jahrhundert – alle Einzelhefte, aus denen ein Kodex zusammengesetzt ist, regelmäßig nummeriert sind, so dass jeglicher Fehler – Weglassung oder Vertauschung – in Bezug auf die Zusammensetzung des entstehenden ‚Buches' vermieden wird. Der Zahlenwert der syrischen Buchstaben entspricht demjenigen bei den Juden: Die neun ersten Buchstaben sind die Einer, die folgenden neun sind die Zehner und die vier letzten Buchstaben stehen für die ersten vier Hunderter."[75]

Wir sind daher der Überzeugung, dass die geheimnisvollen Buchstaben im Gefolge der redaktionellen Sammlung offenbarter Texte entstanden sind. Diese Sammlungen mussten sich an die damals übliche Praxis bei der Organisation von Kodizes anpassen, d. h. der Einfügung einer Art von „Vorspann" mit kurzem Inhaltshinweis. Diese sind die Einleitungen der Suren.

Wichtig ist hier zu vermerken, dass die Hauptperson, die zur Zeit der ersten Kalifen mit der Sammlung der Korantexte betraut war, Zayd ibn Ṯābit war, einer der letzten Sekretäre Mohammeds. Nun heißt es aber, dass Zayd „Syrisch schreiben konnte."[76] Diese Angabe ist, wie man sieht, von großer Bedeutung, weil sie die Ansicht stützt, dass zur Zeit des Propheten – und sogar noch später – die Sammlung der Korantexte dem syrischen Vorbild der Herstellung von Kodizes folgte; siehe unten.

Diese Verwendung von Einleitungen ist sogar schon in den Schriften der Essener vom Toten Meer belegt, die sechs bis sieben Jahrhunderte vor Mohammed entstanden sind. So hat zum Beispiel das „Buch der Segnungen" als Einleitung: „Segensworte

75 Georges Ifrah, *Histoire universelle des chiffres* 215. – [Der Zahlenwert der Buchstaben geht auf das früheste semitische Alphabet zurück, er gilt sowohl für das hebräische, aramäische, aber auch für das davon abgeleitete „Abǧad" des Arabischen. (Anm. d. Übers.)]

76 Blachère, *Introduction* 31 – [hierzu noch Lecker, „Zayd b. Thābit ..." und Gilliot, „Les informateurs ..."]

für verständige Menschen, um diejenigen zu segnen, die Gott fürchten und seinem Willen folgen ...“[77] Man erkennt sofort, diese Formulierung ist derjenigen der Sureneinleitungen erstaunlich ähnlich. Desgleichen findet man den Typus von Surenbeginn, der mit den Worten „Dies ist eine Schrift ...“ beginnt, im Vorwort der „Jubiläen“ wieder: „Dies ist ein Bericht der gesetzlichen und bezeugten Aufteilung der Zeit ...“[78] Fügen wir schließlich noch die Einleitung aus einem Qumrantext an: „Segensworte des Henoch. So segnete er die Auserwählten und die Gerechten, die am Tag der Furcht die Vernichtung aller Feinde und das Heil der Gerechten sehen werden.“[79] Es liegt hier eine eigenartige Übereinstimmung des Textes aus dem Beginn der christlichen Zeitrechnung mit dem Korantext vor. Offensichtlich ist die Art der koranischen Einleitungen mit einer alten, orientalischen Literaturtradition verbunden.

Die Kennzeichnung der einzelnen Lagen eines Buches ist die zweite Technik bei der Herstellung eines Kodexes. Sie besteht darin, ihnen Buchstaben als Nummerierung beizugeben. Diese Buchstaben stehen meist „im oberen, äußeren Winkel, welcher am häufigsten hierfür in den alten Manuskripten bis zur Mitte des 11. Jahrhunderts benutzt wurde.“[80] Die ersten Koranblätter haben sicher Signaturen erhalten, d.h. eine Nummerierung mittels Buchstaben. Während des Kopierens dieser ersten Hefte mussten die Schreiber die Gewohnheit angenommen haben, diese Buchstaben im Manuskriptkopf wiederzugeben; entweder um die Sure zu identifizieren, oder aber in der Annahme, sie seien ein Teil des offenbarten Textes. Die Suren, die eine gleiche Buchstabenkombination tragen, könnten also ursprünglich zur gleichen Lage mit gleicher Buchstabenkombination gehört haben. So könnte die jetzige Surenzusammensetzung teilweise das Resultat der Zerteilung einer Abschrift der ersten langen Sammlungen in kürzere Lagen bedeuten.

---

77 *La Bible, Écrits intertestamentaires* 53

78 Ebd. 636

79 Ebd. 471

80 Mondrain, „Les signatures ...“ 25

Die Zerteilung ist vielleicht so zu verstehen, dass die junge muslimische Gemeinde ständig wuchs und mehr Zugang zu den heiligen Texten forderte. Die geschriebenen Texte dienten ja damals auch als Grundlage für ihr mündliches Erlernen. Der neue Bedarf konnte sicher leichter befriedigt werden, wenn man die ursprünglich langen Sammlungen in kleinere teilte. Sie waren dann für einen schnelleren und breiteren Schriftenumlauf geeigneter. Diese Entwicklung konnte nur dank der immer größeren Zahl der Rezitatoren *(qurrāʾ)* entstehen, die einen immer größer werdenden Bedarf an Textblättern hatten. Erst in einer dritten Phase ging dann die Tendenz hin zur Zusammenfassung jener zerteilten Suren in einem einzigen Band. Diese letzte Phase ist die Phase der Herstellung des Buches, das wir heute unter dem Namen „Koran" *(al-Qurʾān)* kennen, und dessen vermutliche „Sammlung" *(ǧamʿ)*, so die islamische Tradition, erst lange nach dem Tod des Propheten stattfand.

Gewiss, während dieser letzten Phase war der Prophet nicht mehr da, um wichtige strukturelle Umarbeitungen zu gestatten, welche die zu seinen Lebzeiten aufgeschriebenen Texte betrafen. Alles, was man noch tun konnte betraf die Einordnung der Suren (im ursprünglichen koranischen Sinn des Wortes), die in die ersten Sammlungen (der Phasen 1 und 2) noch nicht eingeordnet waren, und solcher Suren, die nicht durch Einleitungsformeln und/oder durch besondere Buchstaben gekennzeichnet waren. Diese „fliegenden" Suren wurden entweder in Textsammlungen der Phase 2 (der Phase der Zerteilung) eingefügt, oder aber man hat sie zu selbständigen Suren gemacht, in Gruppen angeordnet oder isoliert. Sicher haben in dieser dritten Phase der Zusammenstellung unseres heutigen offiziellen Korantextes die geheimnisvollen Buchstaben ihre ursprüngliche Bedeutung verloren, da wir jetzt einer großen Zahl von Suren begegnen, die nicht von besonderen Buchstaben eingeleitet werden.

Wie wir gesehen haben, ist dies zum großen Teil den Zufälligkeiten bei der Vervielfältigungen der ursprünglichen Sammlungen, aber auch dem Unwissen der Kopisten der 2. Phase über die Bedeutung der Buchstabenkombinationen zuzuschreiben.

Ein Beleg dafür ist die Sure 39 *(al-Zumar / Die Scharen)*. Sie steht unmittelbar vor einer Gruppe mit gleichlautenden Buchstaben ḤM und mit gleichlautenden oder inhaltlich ähnlichen Einleitungen, nur dass hier zu Beginn der Sure 39 die Buchstaben ḤM fehlen:

39:1	تَنزِيلُ ٱلۡكِتَٰبِ مِنَ ٱللَّهِ ٱلۡعَزِيزِ ٱلۡحَكِيمِ	Herabsendung der Schrift von Gott, dem Mächtigen, dem Weisen.
40:1-2	حمٓ تَنزِيلُ ٱلۡكِتَٰبِ مِنَ ٱللَّهِ ٱلۡعَزِيزِ ٱلۡعَلِيمِ	ḤM Herabsendung der Schrift von Gott, dem Mächtigen, dem Wissenden.
41:1-2	حمٓ تَنزِيلٞ مِّنَ ٱلرَّحۡمَٰنِ ٱلرَّحِيمِ	ḤM Herabsendung vom barmherzigen Erbarmer.
42:1-3	حمٓ عٓسٓقٓ كَذَٰلِكَ يُوحِيٓ إِلَيۡكَ وَإِلَى ٱلَّذِينَ مِن قَبۡلِكَ ٱللَّهُ ٱلۡعَزِيزُ ٱلۡحَكِيمُ	ḤM ʿSQ So offenbart (es) dir und denen vor dir Gott, der Mächtige, der Weise.
43:1-3	حمٓ وَٱلۡكِتَٰبِ ٱلۡمُبِينِ إِنَّا جَعَلۡنَٰهُ قُرۡءَٰنًا عَرَبِيّٗا لَّعَلَّكُمۡ تَعۡقِلُونَ	ḤM Bei der klaren Schrift! Wir machten sie zu einer Lesung auf Arabisch, vielleicht würdet ihr verständig sein!
44:1-3	حمٓ وَٱلۡكِتَٰبِ ٱلۡمُبِينِ إِنَّآ أَنزَلۡنَٰهُ فِي لَيۡلَةٖ مُّبَٰرَكَةٍۚ إِنَّا كُنَّا مُنذِرِينَ	ḤM Bei der klaren Schrift! Wir sandten sie herab in einer gesegneten Nacht. Wir haben gewarnt.
45:1-2	حمٓ تَنزِيلُ ٱلۡكِتَٰبِ مِنَ ٱللَّهِ ٱلۡعَزِيزِ ٱلۡحَكِيمِ	ḤM Herabsendung der Schrift von Gott, dem Mächtigen, dem Weisen.

46:1-2	حمٓ تَنزِيلُ ٱلۡكِتَٰبِ مِنَ ٱللَّهِ ٱلۡعَزِيزِ ٱلۡحَكِيمِ	ḤM Herabsendung der Schrift von Gott, dem Mächtigen, dem Weisen.

Warum sind diese Buchstaben in Sure 39 der offiziellen Ausgabe(n) verschwunden, während doch andere überlieferte Textfassungen – wie etwa diejenige von Ubayy[81] – die Buchstaben ḤM in Sure 39 beibehalten haben?

Im Übrigen hat A. T. Welch gezeigt, dass „die Mehrzahl der Buchstabenkombinationen, wenn man sie wie beim Buchstabieren liest, den Reim der jeweils nachfolgenden Sure einführt."[82] Diese Übereinstimmung macht jedenfalls die ursprüngliche Verbindung der Einleitungen mit zumindest den ersten Versen der gegenwärtigen Suren deutlich.[83]

Eine Sonderrolle, ähnlich der *Basmala* (s. Abb. 10-14), spielen die *Geheimnisvollen Buchstaben* bei der Frage, ob sie als eigene Verse gezählt werden oder nicht. Wie bei der *Basmala* legt diese Unsicherheit die Vermutung nahe, dass es sich hierbei nicht um den ursprünglichen Textbestand handelt. Am einfachsten lassen sich die unterschiedlichen Traditionen am Beispiel des Beginns der zweiten Sure in aktuellen Koraneditionen verdeutlichen:

„Standardtext" = Kairoer oder „King-Fu'ād-Koran", ab 1924	Lesart Ḥafṣ, Zählung „Kūfa"	بِسۡمِ ٱللَّهِ ٱلرَّحۡمَٰنِ ٱلرَّحِيمِ الٓمٓ ① ذَٰلِكَ ٱلۡكِتَٰبُ لَا رَيۡبَۛ فِيهِۛ هُدٗى لِّلۡمُتَّقِينَ ② ٱلَّذِينَ يُؤۡمِنُونَ بِٱلۡغَيۡبِ
Identischer „Standardtext" = Medina- oder „King-Fahd-Koran"	Lesart Ḥafṣ, Zählung „Kūfa"	بِسۡمِ ٱللَّهِ ٱلرَّحۡمَٰنِ ٱلرَّحِيمِ الٓمٓ ① ذَٰلِكَ ٱلۡكِتَٰبُ لَا رَيۡبَۛ فِيهِۛ هُدٗى لِّلۡمُتَّقِينَ ② ٱلَّذِينَ يُؤۡمِنُونَ بِٱلۡغَيۡبِ وَيُقِيمُونَ ٱلصَّلَوٰةَ

81 [Siehe Jeffery, *Materials* 160]

82 Welch, Art. al-ḲUR'ĀN in EI^2 (frz. Edition) Bd. V, 416

83 [Vgl. dagegen auch Luxenberg, „Die syrische Liturgie ..." 411-456]

„Indischer“ Koran aus Lahore: Tāǧ, ca. 1950	(Lesart Ḥafṣ), Zählung „Kūfa“	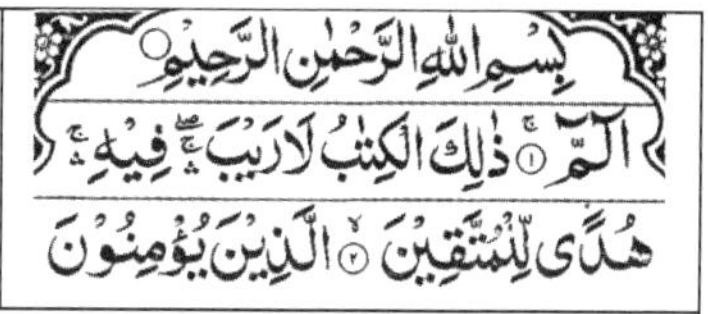 بِسْمِ اللّٰهِ الرَّحْمٰنِ الرَّحِيْمِ الٓمّٓ ۝١ ذٰلِكَ الْكِتٰبُ لَا رَيْبَ فِيْهِ هُدًى لِّلْمُتَّقِيْنَ ۝٢ الَّذِيْنَ يُؤْمِنُوْنَ

Abb. 7: Die *Geheimnisvollen Buchstaben,* als eigene Verse gezählt

Im Gegensatz dazu sind die *Gemeimnisvollen Buchstaben* in den folgenden Versionen desselben Textes nicht eigens gezählt:

Edition aus Medina 2003, Kalligraph ʿUṯmān Ṭāhā	Lesart Qālūn, Zählung „Madina 1“	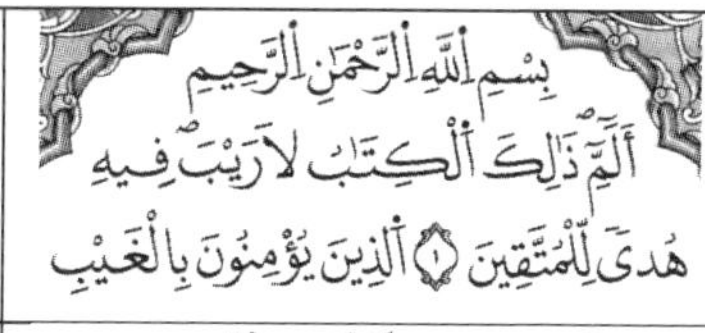 بسم الله الرحمن الرحيم الٓمٓ ذٰلك الكتٰب لا ريب فيه هدى للمتقين ۝١ الذين يؤمنون بالغيب
Edition aus Medina 2006, Kalligraph ʿUṯmān Ṭāhā	Lesart Qālūn, Zählung „Madina 2“	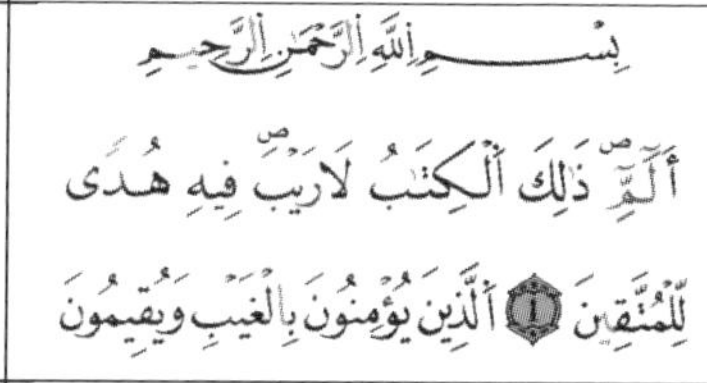 بسم الله الرحمن الرحيم الٓمٓ ذٰلك الكتٰب لا ريب فيه هدى للمتقين ۝١ الذين يؤمنون بالغيب ويقيمون
Edition aus Bayrūt, Dār al-Muṣḥaf 1975 („maġribī muwaḥḥad“)	Lesart Warš, Zählung „Madina 2“	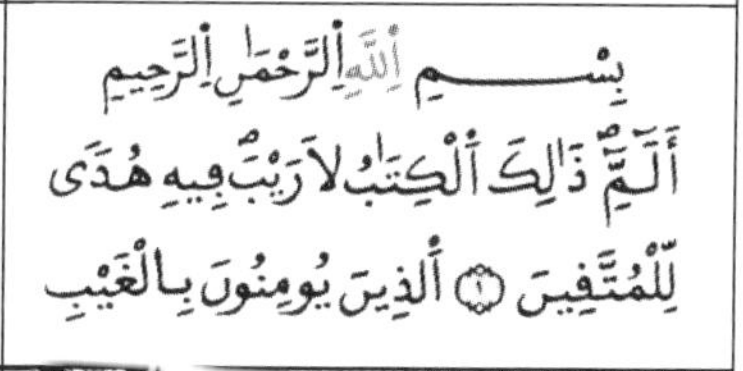 بسم الله الرحمن الرحيم الٓمٓ ذٰلك الكتٰب لا ريب فيه هدى للمتقين ۝ الذين يومنون بالغيب
Edition aus al-Dār al-Bayḍāʾ 2013, Kalligraph Muʿallimī	Lesart Warš, Zählung „Madina 2“	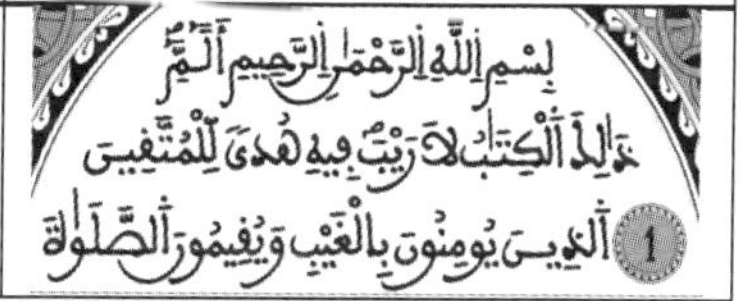 بسم الله الرحمن الرحيم الٓمٓ ذٰلك الكتٰب لا ريب فيه هدى للمتقين ۝1 الذين يومنون بالغيب ويقيمون الصلوٰة
Dasselbe gilt für die Lesarten von Ibn Kaṯīr (al-Bazzī und Qunbul), die sich nach der „Zählung Mekka“ richten; für die Lesart von Ibn ʿĀmir (Hišām und Ibn Ḏakwān) nach der „Zählung Damaskus“, sowie für die Lesart von Abū ʿAmr (al-Dūrī und al-Sūsī).		

Abb. 8: Die *Geheimnisvollen Buchstaben* bilden keine eigenen Verse

Die Einteilung der Suren

Die Geschichte der aktuellen Zusammensetzung der Suren ist offensichtlich vielfältig, da sie zunächst eine Aufteilung der anfänglichen Textsammlungen und später aber eine Wiederzusammenlegung durchlaufen hat. Das trifft auch auf Sure 19 *(Maryam / Maria)* zu, wo wir das Vorkommen einer Einleitung mitten im Text (Verse 64 und 65) gezeigt haben, als Indiz für die Einordnung eines Textes in einen anderen.

Nehmen wir einmal den Fall einer offensichtlichen Unschlüssigkeit bei der Einordnung der Sure 9 *(al-Tawba* oder *Barā'a / Die Reue* oder *Lossagung)* in die vorausgehenden Sure 8 *(al-Anfāl / Die Beute)*. Das greifbarste Zeichen für diese Unschlüssigkeit ist das Fehlen der *Basmala* zu Beginn der Sure 9. Im ganzen Koran ist sie die einzige, die keine *Basmala* hat, vgl. oben, Abb. 1. Hier nun die Erklärung für die Zögerlichkeit, wie sie dem Kalifen ʿUṯmān zugeschrieben wird: „(Die Sure) *al-Anfāl* gehört zu den ersten in Medina geoffenbarten, während *Barā'a* zu den letzten gehörte. Da sich beide Suren inhaltlich ähneln, habe ich angenommen, Sure 9 gehöre zu Sure 8, und der Prophet ist gestorben, ohne uns das zu bestätigen. Aus diesem Grund habe ich die beiden Suren nicht durch die *Basmala*formel getrennt."[84]

Blachère bemerkt dazu, dass die beiden Suren erstmals beim Anordnen der Suren nach abnehmender Länge[85] verbunden wurden. Wie er ausführt, haben wir so folgende Reihenfolge: Sure 7 mit 34 Seiten (in der Kairoer Ausgabe), dann Sure 8 mit 13 Seiten, Sure 9 mit 26 Seiten und Sure 10 mit 18 Seiten. Daraus schließt er, dass die Suren 8 und 9 noch bis zu dieser Neuordnung miteinander verschmolzen waren.[86]

---

84 al-Suyūṭī, *al-Itqān* I, 167, §781

85 [Es ist gängige Meinung, dass die Suren in der Reihenfolge abnehmender Länge angeordnet sind. Ein genaueres Hinsehen zeigt jedoch bemerkenswerte Abweichungen von dieser scheinbaren Regel, siehe unten Abb. 19!]

86 Blachère, *Le Coran* 212

Zwei weitere Fälle von Zweiteilungen einer Gruppe von Offenbarungen werden von der Überlieferung berichtet. Sie betreffen die kurzen Suren am Ende der heute offiziellen Koranversion. Die Textsammlung Ubayys soll die Suren 105 *(al-Fīl / Der Elefant)* und 106 *(Qurayš / Die Quraisch)* in einer einzigen Sure zusammengefasst haben.[87] Es wurde berichtet, der zweite Kalif ʿUmar habe beim Gebet beide Suren vorgetragen, ohne sie durch die *Basmala*formel („Im Namen des barmherzigen und gnädigen Gottes") zu trennen.[88]

Nach al-Rāzī (850-923 AD) sollen auch die Suren 93 *(al-Ḍuḥà / Der Morgen)* und 94 *(al-Šarḥ / Das Weiten)* ursprünglich nur eine einzige gewesen sein.[89]

Erwähnt sei auch die Sure 103 *(al-ʿAṣr / Der Nachmittag)*, die anfänglich nur ein Fragment war, das man nicht anderen Suren zuordnen konnte. Ihr dritter Vers ist übrigens eine sichtlich spätere Hinzufügung, da er sich mit einer viel größeren Länge sehr deutlich von den beiden ersten Versen abhebt.

Auch andere Fälle des Hineinsetzens von Suren in andere können aufgezeigt werden, wie etwa die Entwicklung, die im Vers 6:92 beginnt: „Und dies ist eine von Uns hinabgesandte gesegnete Schrift, die bestätigt, was vor ihr da war ..." Wie in den anderen Einleitungen folgt auf dieses Thema der Schrift die Erklärung der göttlichen Allmacht. So wie man in gewissen kurzen Suren sehr deutlich Versatzstücke vieler ursprünglicher Suren beobachten kann; wie zu Beispiel in Sure 80 *(ʿAbasa / Er zog die Stirne kraus)*. Diese Sure umfasst nur eine Seite, ist aber aus nicht weniger als vier unterschiedlichen Gedankengängen zusammengesetzt: Zuerst geht es um einen Vorfall, bei dem der Prophet einen Blinden missachtet hat, dann um die Koranoffenbarung, anschließend um die Anmaßung der Menschen und zuletzt um eine apokalyptische Schilderung des Tags des letzten Gerichts. Diese vier Gedankengänge hätten jeweils unabhängige Suren bilden können. Ohne Zweifel haben aber die geschichtli-

---

87 al-Suyūṭī, *al-Itqān* I, 179, §852

88 Blachère, *Le Coran* 666

89 al-Suyūṭī, *al-Itqān* I, 179, §854

chen Wechselfälle der Textüberlieferung schließlich diese Zusammensetzung erzwungen, die – wie man sieht – bei weitem kein Sonderfall ist.

Desgleichen können wir in den Versen 75 ff. mitten in der Sure 56 *(al-Wāqiʿa / Die hereinbrechende Katastrophe)* einen ganzen Gedankengang beobachten, der mit einer strengen Predigt beginnt, und der typisch für gewisse Anfänge mekkanischer Suren ist. Hierauf folgt, in einer für die Sureneinleitungen typischen Art, die Bekräftigung der Echtheit der himmlischen Schrift *(kitāb)*. So wird deutlich, dass die ersten Sammlungen von Korantexten noch nicht darauf achteten, zwischen den Einzeloffenbarungen Trennungszeichen einzusetzen. Daraus erklärt sich das häufige Vorkommen von Einleitungen, die ohne Trennungsfunktion mitten in heutigen Surentexten stehen.

Wir haben den ungekehrten Fall schon vorher gesehen, nämlich Sure 9 *(al-Tawba / Die Reue)*, die als einzige in der offiziellen Koranausgabe keine versöhnliche *Basmala*formel hat. Grund soll eine zufällige Trennung sein, die durch die Wechselfälle des Kopierens entstanden sei, wenn nicht gar die Weglassung der *Basmala* selbst ein solcher Zufall war – schließlich waren Fehler der Kopisten nicht selten ...

Wir können letzteres Phänomen an Hand einer kufischen Handschrift verdeutlichen (Abb. 9), die als Samarkander Kodex bekannt ist und die aus dem 2. Jahrhundert der Hiğra stammt.

So beginnt mitten in der Sure 6 *(al-Anʿām / Das Vieh)* mit Vers 92 – ab Zeile 2 – ein für die Art der Einleitungen typischer Gedankengang mit den Worten: „Und dies ist eine von Uns hinabgesandte, gesegnete Schrift ..." In dieser Handschrift ist nun bemerkenswert, dass der Schreiber so vorgegangen ist, als handle es sich um einen Surenanfang: Er hat einerseits diesen Vers am Anfang der Zeile zu schreiben begonnen und dafür in der vorausgehenden Zeile eine Lücke gelassen. Nichts rechtfertigt eine solche Textverteilung an dieser Stelle, nicht einmal irgendeine kanonische Einteilung; außerdem hat er das übliche Bindewort *wa- / und* weggelassen und so den Eindruck verstärkt, es handele sich um einen Surenanfang. Wir erkennen hier klar eine Irritation des Schreibers, die Sureneinteilung umzuformen. Er folgte darin seinem Gefühl.

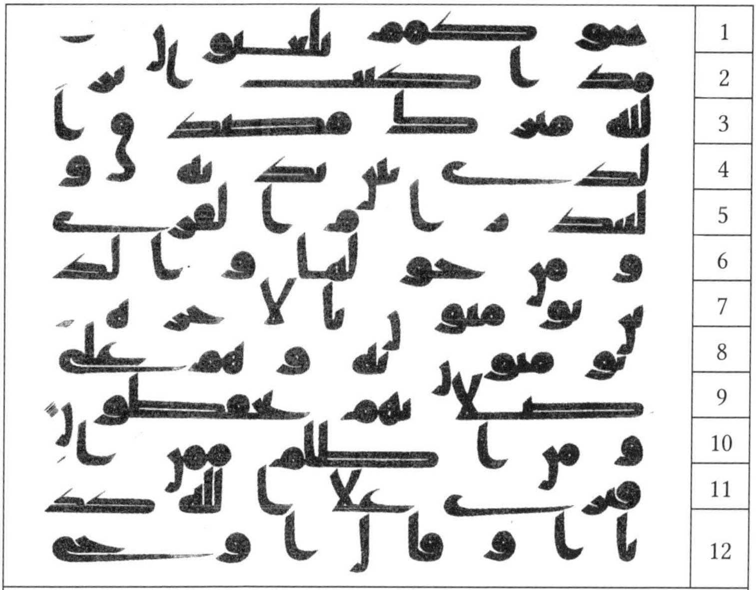

Abb. 9: Samarkander Kodex, Sure 6:91-93[90]

Betrachten wir die oben abgebildete Seite noch einmal (und sehen von den fehlerhaften „Korrekturen" in der ersten Zeile dieser Handschrift einmal ab!):

... mit ihrem Gerede ihr Spiel treiben!	خَوۡضِهِمۡ يَلۡعَبُونَ	1	6:91
Dies ist eine Schrift, die wir herab-	وَهَـٰذَا كِتَـٰبٌ أَنزَ	2	6:92
gesandt haben, sie ist gesegnet und Bestätigung des-	لۡنَـٰهُ مُبَارَكٌ مُّصَدِّقُ ٱ	3	
sen, was vor ihr da war, und	لَّذِى بَيۡنَ يَدَيۡهِ وَ	4	
damit du die Mutter der Städte warnst	لِتُنذِرَ أُمَّ ٱلۡقُرَىٰ	5	

90 Zur Zählung der Manuskriptseiten s. unten Fn. 122.

und alle in ihrer Umgebung. Und	وَمَنْ حَوْلَهَا وَٱلَّذِ	6	
diejenigen, die an das Jenseits glauben,	ينَ يُؤْمِنُونَ بِٱلْآخِرَةِ	7	
glauben an sie. Und sie halten	يُؤْمِنُونَ بِهِۦ وَهُمْ عَلَىٰ	8	
ihr Gebet ein.	صَلَاتِهِمْ يُحَافِظُونَ	9	
Wer ist wohl frevelhafter als einer,	وَمَنْ أَظْلَمُ مِمَّنِ ٱ	10	
der gegen Gott eine Lü-	فْتَرَىٰ عَلَى ٱللَّهِ كَذِ	11	6:93
ge erfindet und sagt: „Eingegeben worden (ist mir) …	بًا أَوْ قَالَ أُوحِيَ	12	

Auch die Weglassung der *Basmala* in Sure 9 (s. oben S. 49) könnte ursprünglich nur ein Missverständnis sein, das vom Fehler eines Kopisten herrührt. Man könnte sie mit dem Irrtum vergleichen, den wir gerade im Samarkander Kodex gesehen haben.

Die *Basmala* und *al-Raḥmān*

Allen in der heutigen Koranausgabe enthaltenen Suren – mit Ausnahme der Sure 9 *(al-Tawba / Die Reue)* – ist die liturgische Formel vorausgeschickt: „*bi-smi llahi al-raḥmāni al-raḥīm.*“ Man könnte sie übersetzen mit: „Im Namen des barmherzigen und gnädigen Gottes“ (R. Paret) oder: „Au nom d'Allah, le Bienfaiteur miséricordieux“ (R. Blachère). Nach dem, was wir über die fortschreitende Gestaltung der Suren gesagt haben, ist es klar, dass diese Formel erst nach Fertigstellung der Suren als Bestandteil von ihnen betrachtet werden konnte.

Das ließe sich durch weitere Betrachtungen belegen. Zunächst, wie A. T. Welch gezeigt hat, haben die ersten Koranoffenbarungen Gott als *Rabb / Herr* bezeichnet. Erst in einer zweiten Epoche erschienen die Bezeichnungen *Allah* und *al-Raḥmān,* sogar mit einer Vorliebe für letztere, wie zum Beispiel in der Sure 19, in der *al-Raḥmān* 16 mal vorkommt. Vers 17:110

gestattet es den Muslimen beide Bezeichnungen für Gott zu benutzen: „Sag: ‚Ihr mögt zu Gott *(Allah)* beten oder zum Barmherzigen *(al-Raḥmān)*. Wie ihr Ihn auch nennt, Ihm stehen die schönen Namen zu." Vielleicht erklärt sich dieser Vers aus der überlieferten Polemik bezüglich der Ablehnung des Namens *al-Raḥmān*. Sicher wurde daher die Bezeichnung *al-Raḥmān* für Gott in den geoffenbarten Texten immer weniger verwandt.[91]

Beachten wir an dieser Stelle, dass *Raḥmān* der Name einer südarabischen Gottheit ist. Im westsemitischen Bereich ist er mit *Hadad* gleich, einem Gott des Blitzes. Musaylima, der zur Zeit Mohammeds ebenfalls vorgab, als Prophet zu wirken, war direkt von eben diesem Gott, *al-Raḥmān*, inspiriert. Die Polemik über den Namen Gottes könnte einen direkten oder indirekten Bezug zur Meinungsverschiedenheit mit Musaylima haben, der durch den berühmten Kriegshelden Ḫālid ibn al-Walīd bei einer Militärexpedition auf Befehl des ersten Kalifen Abū Bakr getötet wurde, gleich nach dem Tod Mohammeds. Es ist bemerkenswert, dass wir in der Überlieferung der Geschichte Musaylimas einen Zusammenhang mit der „Sammlung" des Korans finden. Gewisse Berichte erklären, die Entscheidung zu dieser Sammlung sei nach dem Tod zahlreicher Koranrezitatoren in der Schlacht gegen den „falschen" Propheten getroffen worden. Somit wäre diese Schlacht der Abschluss einer Streitfrage, die zurückginge auf die Polemik um die Gottesbezeichnung „al-Raḥmān." Wegen dieses Streits hätte sich für die neuen Machthaber die Notwendigkeit ergeben, einen offiziellen Text zu formulieren, der ihren Sieg bestätigen konnte, und der verhindern konnte, dass die Offenbarungen Musaylimas kanonisiert wurden. Diese Gefahr war umso realer, als wir ja gesehen haben, dass Mohammed eine Haltung eingenommen hatte, die auf Versöhnung mit al-Raḥmān ausgerichtet war.

Es ist also möglich, dass eine gewisse Beziehung zwischen der Ausschaltung Musaylimas und dem Beginn der Anfertigung eines kanonischen Korans bestand. Al-Kindī, ein christlich-arabischer Autor des 8./9. Jahrhunderts AD antwortete einem ihm

91 Welch, Art. al-ḲUR'ĀN in *EI*[2] (frz. Ausgabe) Bd. V, 413a

widersprechenden Muslim bezüglich der Unnachahmlichkeit des Korans, dass er eine Sammlung von Offenbarungen Musaylimas in Händen hatte: „Du kannst nicht verkennen, dass Menschen wie Musaylima al-Ḥanafī, al-Aswad al-ʿAnsī, Ṭulayḥa al-Asadī und manche andere [die sich als Propheten ausgaben], ähnliche Werke hervorgebracht haben wie dein Meister. Was mich angeht, so bezeuge ich, dass ich eine Sammlung von Musaylima gelesen habe. Wäre sie veröffentlicht worden, hätte sie mehrere deiner Freunde dazu bewegen können, sich vom Islam abzuwenden. Aber jene Leute bekamen nicht die Unterstützung, wie das bei deinem Meister der Fall war."[92]

Sicher, wir wissen nicht, ob die *Basmala* in der Textsammlung Musaylimas vorhanden war. Die islamische Tradition ist sich zwar einig, dass die *Basmala* Teil des Korans ist, sie ist nur uneins in der Frage, ob die Formel in der ersten Sure als eigener Vers zu zählen ist oder nicht. Wichtig ist offenbar nur, dass die Gesamtzahl ihrer Verse jeweils die magische Sieben beträgt: Wenn in der heute (durch die Drucke von Kairo und Medina) verbreiteten „Kufischen" Zählung (aber auch nach der „Mekkanischen") die *Basmala* als eigener Vers zählt, bleibt dafür der letzte Vers ungeteilt. Zunächst die Zählung der *Basmala* als eigener Vers:

Standard-Text Kairo, Lesart Ḥafṣ	بِسْمِ اللَّهِ الرَّحْمَنِ الرَّحِيمِ ۝ الْحَمْدُ لِلَّهِ رَبِّ الْعَالَمِينَ ۝ الرَّحْمَنِ الرَّحِيمِ ۝ مَالِكِ يَوْمِ الدِّينِ ۝ إِيَّاكَ نَعْبُدُ وَإِيَّاكَ
Standard-Text Medina, Lesart Ḥafṣ	بِسْمِ اللَّهِ الرَّحْمَنِ الرَّحِيمِ ۝ الْحَمْدُ لِلَّهِ رَبِّ الْعَالَمِينَ ۝ الرَّحْمَنِ الرَّحِيمِ ۝ مَالِكِ يَوْمِ الدِّينِ ۝

Abb. 10: In der Ersten Sure wird bei „Kufischer Zählung" die *Basmala* als Vers gezählt.

---

92 *Épître de Abd al-Masîh al-Kindî* 196

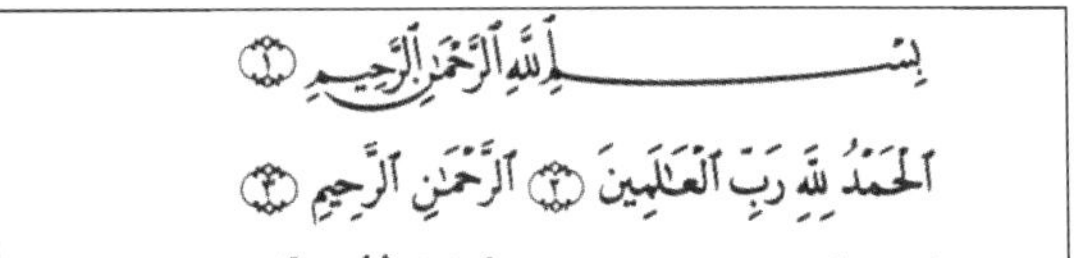

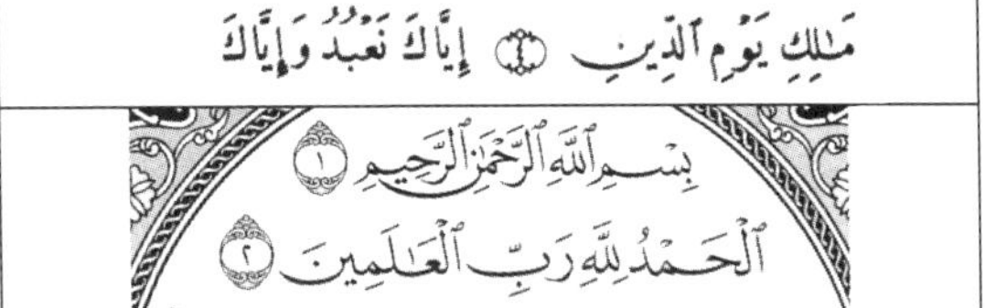

Anders die Zählungen von Baṣra, Damaskus und Medina, nach denen die *Basmala* nicht als eigener Vers gezählt wird; dafür wird jedoch der letzte Vers der Sure bei *ʿalayhim* geteilt, so dass die Sure auch in diesem Fall aus insgesamt sieben Versen besteht.

Medina 2003: KFC, Lesart Qālūn	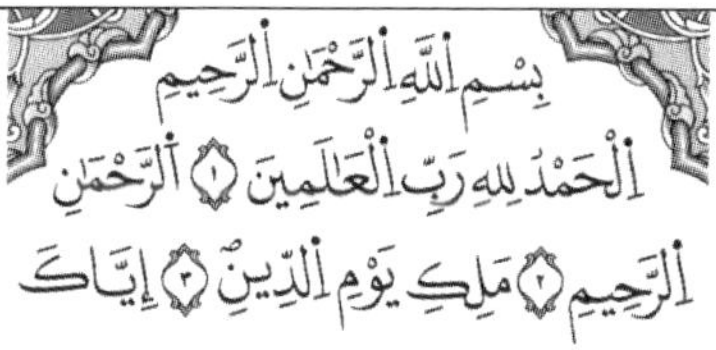 بِسۡمِ ٱللَّهِ ٱلرَّحۡمَٰنِ ٱلرَّحِيمِ ٱلۡحَمۡدُ لِلَّهِ رَبِّ ٱلۡعَٰلَمِينَ ۝١ ٱلرَّحۡمَٰنِ ٱلرَّحِيمِ ۝٢ مَٰلِكِ يَوۡمِ ٱلدِّينِ ۝٣ إِيَّاكَ
Damaskus 2004: Maʿrifa, Lesart Qālūn	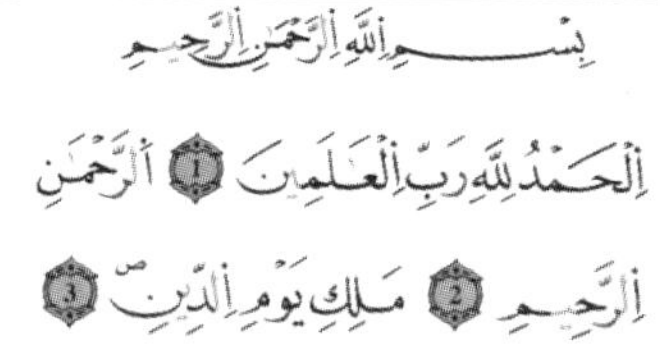 بِسۡمِ ٱللَّهِ ٱلرَّحۡمَٰنِ ٱلرَّحِيمِ ٱلۡحَمۡدُ لِلَّهِ رَبِّ ٱلۡعَٰلَمِينَ 1 ٱلرَّحۡمَٰنِ ٱلرَّحِيمِ 2 مَٰلِكِ يَوۡمِ ٱلدِّينِ 3
Bayrūt 1975: Muṣḥaf, Lesart Warš	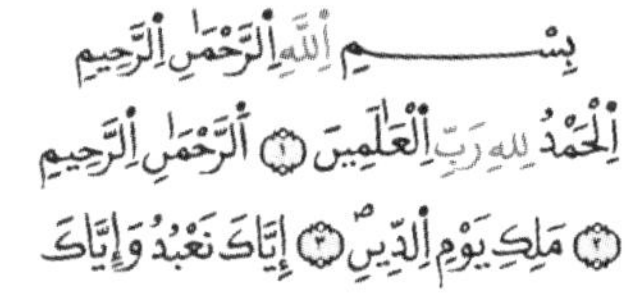 بِسۡمِ ٱللَّهِ ٱلرَّحۡمَٰنِ ٱلرَّحِيمِ ٱلۡحَمۡدُ لِلَّهِ رَبِّ ٱلۡعَٰلَمِينَ ۝١ ٱلرَّحۡمَٰنِ ٱلرَّحِيمِ ۝٢ مَٰلِكِ يَوۡمِ ٱلدِّينِ ۝٣ إِيَّاكَ نَعۡبُدُ وَإِيَّاكَ
al-Dār al-Bayḍāʾ 2013: MMS Lesart Warš	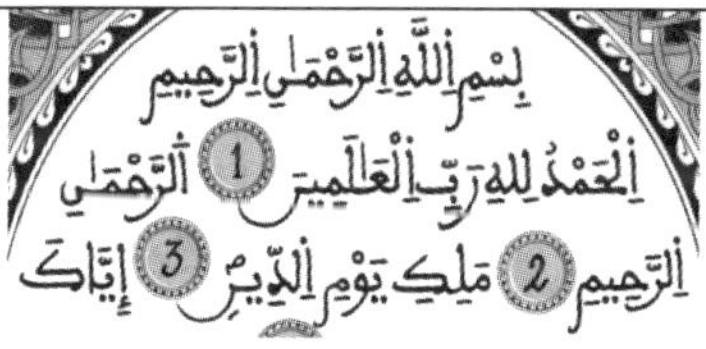 بِسۡمِ ٱللَّهِ ٱلرَّحۡمَٰنِ ٱلرَّحِيمِ ٱلۡحَمۡدُ لِلَّهِ رَبِّ ٱلۡعَٰلَمِينَ 1 ٱلرَّحۡمَٰنِ ٱلرَّحِيمِ 2 مَٰلِكِ يَوۡمِ ٱلدِّينِ 3 إِيَّاكَ

Abb. 11: In der Ersten Sure wird in allen anderen Lesarten und Zählungen die *Basmala* nicht gezählt.

In den übrigen Suren (außer der neunten, in der die Formel überhaupt fehlt, siehe oben Abb. 1) zählt die *Basmala* nach allen Zähltraditionen[93] nicht als eigener Vers – nur die von der Aḥmadiyyah-Bewegung herausgegebenen Editionen tun dies generell. Damit ziehen sie die Konsequenz aus der Tradition der sonstigen „indischen"

93 [S. hierzu allgemein Anton Spitaler: *Die Verszählung des Koran …*]

Koranschreibung, in der zwar grundsätzlich die *Basmala* als eigener Vers gekennzeichnet, nicht aber als solcher gezählt wird:

Lahore ca. 1950: Tāǧ	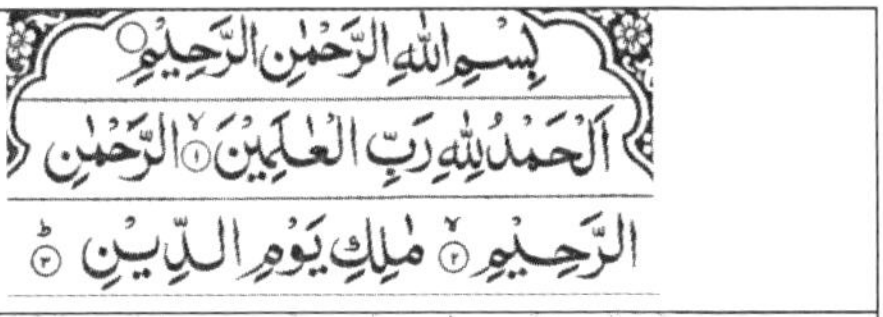 بسم الله الرحمن الرحيم الحمد لله رب العلمين ۝ الرحمن الرحيم ۝ ملك يوم الدين ۝
Lahore 2012: Qudrat 2B	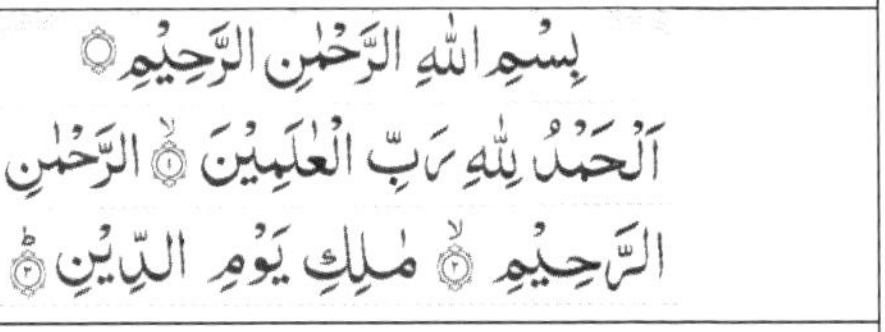 بسم الله الرحمن الرحيم ۝ الحمد لله رب العلمين ۝ الرحمن الرحيم ۝ ملك يوم الدين ۝

Abb. 12: Die *Basmala* ist markiert, nicht gezählt

In den frühen Koranmanuskripten ist die Behandlung der *Basmala* uneinheitlich, mal folgt ihr ein Verstrenner,

Abb. 13: Verstrenner hinter der *Basmala* – was nicht unbedingt heißt, dass sie auch als Vers gezählt wurde ... (Ṣanʿāʾ DAM 01-30.1, Sure 17 Vers 1)

ein andermal nicht:

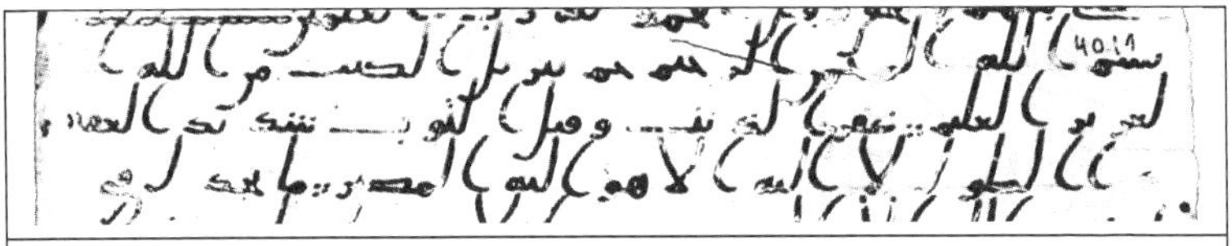

Abb. 14: Kein Verstrenner hinter der *Basmala* und den Siglen *ḤM*, wohl aber nach *al-ʿalīm* und *al-maṣīr* (Ṣanʿāʾ DAM 01-29.1, Sure 40 Vers 1-4)

Nach der Überlieferung hätten bestimmte Koransammlungen diese Formel einem Vers gleichgesetzt, und folglich die Zahl der Koranverse entsprechend um insgesamt 113 erhöht. In seinem *Kitāb al-Kašf* berichtet der Andalusier al-Qaysī (355-437 AH / 966-1045 AD) über dieses Phänomen und verwirft die Praxis als nicht übereinstimmend mit der Meinung der Gefährten des Propheten und deren direkten Nachfolgern.[94]

Tatsächlich gab es zwei bedeutende Lehrmeinungen: Zum einen die der Rechtsgelehrten von Medina, Basra und Syrien, die es ablehnten, der *Basmala* den Status eines Verses zu gewähren. Sie beschränkten ihre Bedeutung auf eine Redaktionstechnik, die in den Koranhandschriften lediglich als Surentrenner zählt, bestenfalls aber als Formel des Lobpreises. Dagegen haben die schāfiitischen Rechtsgelehrten von Mekka und Kufa die *Basmala* als vollgültigen Vers betrachtet und ihn mit lauter Stimme rezitiert.[95]

Nun gibt es noch eine sehr interessante Angabe zur Stellung der *Basmala* in den Anfängen des Islams. Die Überlieferung zur Koranrezitation sagt uns nämlich, Mohammed habe beim fortlaufenden Lesen der Suren die *Basmala* nicht rezitiert.[96] Al-Qaysī, der das berichtet, gibt dazu folgende Erklärung: „Da die *Basmala* nach seiner Meinung – und nach Meinung der Rechtsgelehrten – nicht als eigener Vers anzusehen war, hat er sie beim Übergang von einer Sure zur anderen weggelassen, damit man nicht meint, dass sie einen Vers am Anfang der Sure darstellt. Folglich ist für ihn der Koran in seiner Gesamtheit wie eine einzige Sure ... Ihr Vorhandensein im Korantext ist nur als ein Mittel zu sehen, das anzeigt, dass eine Einzelsure beendet ist und eine neue beginnt."[97]

Wie wir sehen, sind diese Angaben zur liturgischen Funktion der *Basmala* bei ihrer ursprünglichen Verwendung sehr aufschlussreich. Erst später (in der Phase der sogenannten Sammlung der Korantexte) wurde die *Basmala* schließlich mit jeder einzelnen Sure verbunden. Diese Entwicklung ähnelt also dem Schicksal der geheimnisvollen Buchstaben, die an der Spitze der ersten gesammelten Texte standen. Durch das Abschreiben und die erneute Zusammenstellung dieser ersten Sammlungen verlo-

---

94 al-Qaysī, *Kitāb al-Kašf* 16

95 Carra de Vaux, Art. BASMALA in *EI*^{2} (frz. Ausgabe) Bd. I, 1117

96 al-Qaysī, *Kitāb al-Kašf* 16

97 Ebd. 16

ren sie jedoch ihre ursprüngliche Funktion. In beiden Fällen sehen wir eine Tendenz, Elemente in den offenbarten Text einzubringen, die ursprünglich nicht Teil des Textes waren und ganz andere Verwendungen hatten.

Die Namen der Suren

Über die Namen der Suren können wir das Gleiche wie über die „geheimnisvollen Buchstaben" und über die *Basmala* feststellen: Es scheint heute so, dass die Namen der Suren seit den Anfängen des Islams bis heute vollkommen in die Textkopien des Korans integriert seien. Dennoch, in den ersten bekannten Koranmanuskripten fehlen sie meist ganz, wie man am Beispiel der Abbildungen 6, 14-17 und 23 sehen kann.

Ihr Fehlen folgert aus der eigenen Geschichte der Zusammenstellung der Offenbarungen zu Suren. Eine wechselvolle Geschichte, die, wie wir gesehen haben, erst später mit dem heutigen Surenkonzept ihren Abschluss fand. Mehr noch, bis zu einem späteren Datum mussten die geheimnisvollen Buchstabenkombinationen die Aufgabe des Surennamens wahrnehmen. Wir haben aber gesehen, dass sich dieses System nur während der ersten Phase der Sammlung der Offenbarungen zu Texteinheiten gehalten hat. Das Aufteilen jener Einheiten hat dazu geführt, dass mehrere Suren die gleichen geheimnisvollen Buchstabenkombinationen trugen, ohne dass man versucht hätte, sie zu differenzieren. Es scheint allerdings so, dass es einige Versuche in die Richtung gegeben hat. Dies scheinen die Ergänzungen von ALM zu ALMṢ oder zu ALMR zu belegen.

Aber dieses Phänomen ist selten geblieben. Da die „geheimnisvollen Buchstaben" nun nicht mehr als Surennamen dienen konnten, musste man andere Benennungen zu Hilfe nehmen. Diese neuen Benennungen tragen deutlich den Charakter der Improvisation. Viele Suren tragen daher von Anfang an mehrere Namen, wie das al-Suyūṭī im Kapitel „Die Namen der Suren" in seinem Kompendium erklärt.[98] Der Surenname ist oft eine Art Schlüsselwort, das die Sure kennzeichnet, sei es, dass sich das betreffende Wort nur in dieser Sure findet, oder dass ein dieser Sure eigenes Thema angegeben wird. Manchmal werden sogar noch die geheimnisvollen Buchstaben als Bezeichnungen gebraucht, was ja nur eine normale Rückkehr zu den Ursprüngen ist.

Nach al-Suyūṭī wollte die Überlieferung die Surennamen auf den Propheten zurückgehen lassen,[99] der diese festgelegt haben soll. Der gleiche Autor sagt jedoch schon im nachfolgenden Paragraphen, dass eine Überlieferung den berühmten Prophetengefährten Anas ibn Mālik sagen lässt: „Sagt ja nicht: ‚Sure «Die Kuh» oder Sure «Die Sippe ʿImrāns» oder Sure «Die Frauen» usw.' – Sagt vielmehr: ‚Die Sure, in der die Kuh erwähnt wird, oder die Sure, in der die Sippe ʿImrāns erwähnt wird, usw.'" – Al-Suyūṭī beeilt sich aber zu bemerken, dass diese Überlieferung nicht sicher sei.[100] Dieses Zeugnis bestätigt, dass die Übernahme der Surennamen erst nach vielem Zögern erfolgt ist. Diese Namen wurden erst spät in das Korpus der Offenbarungen integriert, später noch als jene geheimnisvollen Buchstaben.

In der Menge der Manuskriptfragmente von Sanaa im Jemen, die 1972 entdeckt wurden, hat die neuere Schriftenforschung festgestellt, dass die Formulierung von Surennamen eine Entwicklung erfahren hat. So bemerkt H.-C. von Bothmer, der diese Manuskripte studiert hat, dass die ersten Kopisten (am Ende des ersten Jahrhunderts der Hiǧra) als Zeichen der Beendigung einer Sure die Formel verwenden: „ḫātimatu sūrat ... / Ende der Sure X", wie das auch entsprechend in den ersten christlichen Bibelmanuskripten der Fall war.[101] Später wurde hieraus: „ḫātimatu sūrat ... wa-fātiḥatu sūrat ... / Ende der Sure X und Beginn der Sure Y:"[102]

98 al-Suyūṭī, *al-Itqān* I, 148, §650-736

99 Ebd. §646/647

100 al-Suyūṭī, *al-Itqān* I, 148, §648

101 v. Bothmer, "Neue Wege ..." 43/44

102 v. Bothmer, „Frühislamische ..." 26 (Abb. in Farbe)

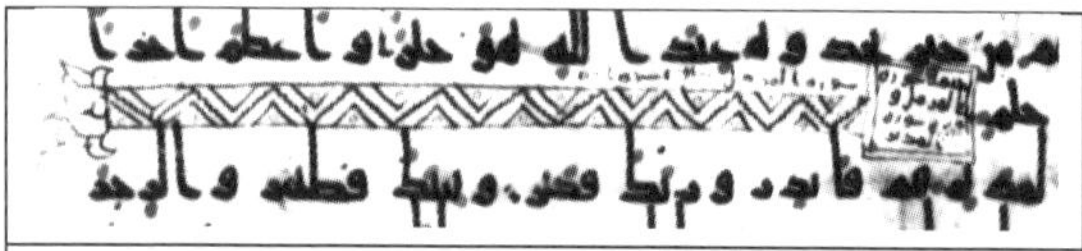	
Ms. Ṣanʿāʾ DAM 01-25.2, Übergang von Sure 73 auf 74	dto., von Sure 26 auf 27
Abb. 15: „Ende / ḫātima“ von Sure X, „Beginn / fātiḥa“ von Sure Y	

Dann wurde die Formulierung auf ihren Anfang verkürzt: „Beginn der Sure X“, um schließlich auf „Sure X“ festgelegt zu werden. So hat dann diese auf die Suren hinweisende Formel die Stelle im Text gewechselt und ist vom Surenende an deren Anfang gewandert.

Sicher ist diese Entwicklung selbst nur die Endphase einer vorausgehenden Entwicklung, die dann die fortschreitende Bildung der Surennamen erlebte.

Teil 3: Die Verschriftlichung des Korans

Diese Festlegung der redaktionellen Elemente des Korans hat also nach und und nach in mehreren Etappen stattgefunden. Die „Sammlung“ *(ǧamʿ)* der Korantexte bleibt noch ein komplexes Phänomen, das in tiefe Dunkelheit gehüllt ist. Schuld an dieser Lage ist nicht nur die extreme Dürftigkeit der paläographischen Dokumentierung, sondern auch die Art der Offenbarung selbst und deren Bezug zum Text.

Wir haben gesehen, wie die Sureneinleitungen und mit ihnen die sie begleitenden geheimnisvollen Buchstabenkombinationen dem Korantext hinzugefügt wurden. Dies geschah nach der damaligen Praxis aus äußeren Notwendigkeiten heraus, die rein redaktioneller Art waren und sich an den Maßstäben orientierte, wie eine heilige Schrift auszusehen hatte.[103]

Gleiches gilt für das Unternehmen der „Sammlung“ des Korans, das man als selbstverständliche Notwendigkeit auffasste. Sie sei Bestandteil der eigenen Logik einer verschriftlichten Offenbarung, obwohl sich die Herstellung eines „Buches“ erst nach Abschluss der Offenbarung aufdrängte.

Nach der Überlieferung wurde allein schon der Gedanke, die zerstreuten Offenbarungstexte in einer Sammlung zu vereinen mit Erstaunen aufgenommen: „Wie könnte ich es wagen etwas zu tun, was der Prophet selbst nicht getan hat!“[104] rief der erste Kalif Abū Bakr aus, als ihm (sein späterer Nachfolger) ʿUmar dieses Vorhaben nahelegte. Er tat dies, wie wir wissen, nach der Schlacht von al-Yamāma, wo die Muslime gegen den „falschen“ Propheten Musaylima kämpften, und wo eine große Zahl von Koranrezitatoren gefallen waren. Nachdem Abū Bakr schließlich

---

103 [Zum “heiligen” Text – nach dem Vorbild des Neuen Testaments – gehörte auch, dass man seine Bestandteile zählte, indem man die Sätze bzw. Verse durch besondere Verstrenner von einander absetzte. Es ist geradezu kennzeichnend für die frühesten Koranmanuskripte, dass sie sich, im Gegensatz zu anderen arabischen Texten, durch solche Verstrenner auszeichneten.]

104 al-Buḫārī, *Ṣaḥīḥ*, Kitāb Faḍāʾil al-Qurʾān, Bāb Ǧamʿ al-Qurʾān

das Vorhaben akzeptiert hatte, bestimmte er dazu Zayd ibn Ṯābit, einen der Sekretäre des Propheten, der dieses kühne Vorhaben zum Gelingen bringen sollte. Aber auch letzterer soll an dem Vorhaben Anstoß genommen haben, und man lässt ihn die gleiche Antwort geben, die zuvor schon ʿUmar von Abū Bakr gehört hatte. Schließlich nimmt aber auch er den Vorschlag an ...

Wie kann man das Erstaunen der ersten Muslime beim Gedanken, die offenbarten Texte in einem einzigen Band zu sammeln, erklären? Es war ja schon ein erstaunliches „Erstaunen", wurde es doch vom bedeutendsten Gefährten des Propheten und ranghöchsten Zeugen der göttlichen Offenbarungen geäußert! Heute ist es für uns so selbstverständlich, den Koran in einem Durchgang lesen zu können, in ihm mit einfacher Handbewegung blättern zu können, so dass wir uns noch nicht einmal vorstellen können, dass ein solch heiliger Text nur in Dutzenden von Blättern zerstreut, ohne inneren Zusammenhang und ohne Aussicht auf eine Einheit existierte. Es ist klar, dass dieses Erstaunen von den ersten Muslimen, den Gefährten des Propheten, als eine Art revolutionäre Wahrnehmung geoffenbarter Texte angesehen wurde, die sie bisher in ihrer Bedeutung als selbstständige Einheiten begriffen hatten, und aus denen jetzt eine neue und unangezweifelte Ganzheit geschaffen werden sollte. Die Offenbarung war vielfältig, und nun will man aus ihren Teilen etwas Unerhörtes schaffen: „einen" Koran!

Tatsächlich erlaubt uns der heutige Koran, eine zerteilte und vielfältige Struktur der Offenbarung wiederherzustellen, die einmal aus einer Vielzahl von Schriftstücken hervorging. Als Gott sich wegen der Offenbarung an Mohammed wandte, hat er über sie gesagt, dass sie sieben Teile umfasse: „Und Wir haben dir doch sieben *maṯānī* („Wiederholungen"?) und den gewaltigen Koran *(qurʾān)* gegeben" (15:87). Es ist schwierig, das Wesen dieser *maṯānī* genannten Einheiten zu bestimmen, sicher ist aber, dass sie eine vielfältige Struktur offenbarter Themen einführen. Wenn der Koran von den vorkoranischen Offenbarungen spricht, so wird jede Offenbarung im Plural genannt. Im Vers 6:91 wird den Juden vorgeworfen, sie würden bestimmte

Pergamente (*qarāṭīṣ*) in der Gesamtzahl der Rollen verbergen, in denen die Mose geoffenbarte „Schrift" *(kitāb)* aufbewahrt sei. Im Zusammenhang mit apokryphen Schriften, die Abraham und Mose zugeschrieben werden, ist auch von „Blättern Abrahams und Moses" *(ṣuḥuf Ibrāhīma wa-Mūsà)* die Rede (53:36; 87:19). Die Vielfalt der Schriftträger (hier *ṣuḥuf* genannt) zeigt sich noch mehr in der Vielfalt der Schriftträger des himmlischen Originals, die auch als *ṣuḥuf* bezeichnet werden. Diese werden genannt „Blätter, die in Ehren gehalten werden, emporgehoben und gereinigt sind, in den Händen von Schreibern, vornehmen und frommen" (80:13-16). Diese gereinigten Blätter *(ṣuḥuf)* sollen unveränderliche Schriften (*kutub qayyima,* 98:3) enthalten.

Wir sehen wohl, dass die Offenbarung sich nicht als einheitliche Komposition darstellt, sondern immer in Form von Sammlungen, jede mit vielfältigen Offenbarungen, aber zweifelsfrei immer in Übereinstimmung mit ihrer Urform im Himmel. Unter diesen Umständen ist es verständlich, dass die Sammlung der geoffenbarten Texte zu einem einzigen Gesamtwerk so manchen schockieren konnte; geschah es doch nach einem bestimmten, jedoch nicht geoffenbarten Verfahren. Es war für sie wie eine wirkliche Entstellung der Offenbarung, kurz gesagt eine *bid'a*, eine „Neuerung", die dem göttlichen Willen fremd ist.

Zu bemerken ist hierzu, dass in den uns überkommenen Berichten zur Geschichte der Sammlung der Korantexte nur rein zufällige Rechtfertigungen erwähnt sind. Als der spätere dritte Kalif 'Umar das Vorhaben dem Kalifen Abū Bakr vorschlug, geschah dies erst nach der Schlacht gegen Musaylima, also nicht im Verlauf der Geschichte der Textoffenbarung zur Zeit des Propheten. Nach dieser Logik könnte man sagen: Wären jene Männer, die Bewahrer des Korantextes, nicht eines gewaltsamen Todes gestorben, so hätte es kein Vorhaben zur Textsammlung gegeben. Alles in allem war es für die sichere Bewahrung der offenbarten Texte noch nicht einmal notwendig, zum Mittel der Sammlung geschriebener Texte zu greifen. Die Bildung einer Gruppe von Koranrezitatorn hätte genügt, die Gefahr eines solchen Ausfalls, ob zufällig oder nicht, zu bannen. Wie es auch immer gewesen sein mag, wenn man die defektive Art der arabischen Schrift jener Zeit betrachtet, so scheint der Rückgriff auf das Geschriebene nicht die bestgeeignete und wirksamste Lösung zu sein. Man brauchte auf jeden Fall auch noch einen „Leser" für das Geschriebene, vgl. oben S. 78 f.

Es ist jedenfalls klar, dass die Logik, die bei der Initiative zur Sammlung aller geoffenbarten Texte herrschte, sich nicht auf eine Kontinuität mit der Vergangenheit (im Sinne einer Vollendung) berufen konnte, einfach weil die Vergangenheit eine solche Vollendung nicht beinhaltete. Die Idee einer allgemeinen und kompletten Zusammenstellung aller Offenbarungen hatte keinen Platz in der Vorstellung, die man zu Mohammeds Lebzeiten über eine Textzusammenstellung der Offenbarung hatte. Damals zeigte sich die Offenbarung in Form einer gewissen Anzahl von Textsammlungen, die jeweils eine unbestimmte Zahl von Offenbarungen enthielten. Alle waren damit zufrieden, und es gab keinen theologischen oder historischen Grund, eine solche Sammlung anzugehen.

Das Vorhaben, solch ein Buch herzustellen, welches – wenn auch in geringem Maße – eine vielfältige Offenbarung harmonisieren sollte, gehörte wohl nicht zu den Schreibgewohnheiten jener Zeit. Man könnte Mohammed nicht vorwerfen, dass er nicht fähig war ein solches Buch vorherzusehen, und dass er nicht die notwendigen Maßnahmen getroffen hat, uns ein vollständiges Exemplar zu hinterlassen, was es seinen Nachfolgern erspart hätte, die Initiative zu einer Sammlung zu ergreifen – eine ebenso schwierige wie auch gefährliche Aufgabe! Sollte man unter diesen Voraussetzungen (wie es Blachère getan hat) an „die Besonderheit des arabischen Charakters glauben, der sich ganz mit dem Gegenwärtigen beschäftigt und niemals mit dem Zukünftigen. Niemand dachte daran das Korankorpus zusammenzustellen, weil ja niemand zu Lebzeiten Mohammeds es für notwendig erachtete."[105] Oder sollte man vielleicht diesen Mangel aus einer damaligen kurzfristigen eschatologischen Sichtweise

105 Blachère, *Introduction* 25

erklären, wie dies P. Casanova vorschlägt?[106] Das hätte ja dann ein solches Unternehmen nutzlos gemacht. Diese Argumentation wäre falsch, da sie vor allem anachronistisch ist. Die Idee eines „Buchs" ist erst spät entstanden, und sie ist aus Gründen entstanden, die keine Verbindung mit der Zeit des Propheten haben.

Blachère hat vollkommen recht, wenn er sagt, dass die Textsammlung durch Abū Bakr nicht viel geholfen hat. Nachdem der Text einmal auf „Blättern" festgehalten war, verspürte niemand die Notwendigkeit diese auch zu Hilfe zu nehmen. Die Überlieferung sagt uns nämlich, dass die Sammlung beim Kalifen gelagert war, und dass sie nach seinem Tod zu seinem Nachfolger ʿUmar gebracht wurde und dann zu dessen Tochter Ḥafṣa, einer Witwe des Propheten.[107] Es scheint also, dass der Text nicht von großem Nutzen für die neu entstehende muslimische Gemeinde war. Auf jeden Fall diente er nicht als große Hilfe für die Überlieferungsprobleme, die man infolge des Todes bestimmter Koranrezitatoren festzustellen geglaubt hatte.

Diese Situation hat nicht lange gedauert, denn die Sammlung der Korantexte wurde zur Zeit des dritten Kalifen ʿUṯmān erneut auf die Tagesordnung gesetzt – gemäß der Überlieferung. Der Grund für das Wiedererwachen des Interesses an einer Festlegung der Form des Korantextes war diesmal technischer Natur. Nach der vorherrschenden Darstellung der Ereignisse bei einer Militärexpedition nach Armenien und Aserbaidschan gab es Streitigkeiten zwischen irakischen und syrischen Soldaten über die Rezitationsweise des Korans, was ihre Heerführer veranlasste, den Kalifen ʿUṯmān zu bitten, die Lesart des Korans zu vereinheitlichen. Dieser veranlasste sofort, das von Abū Bakr erstellte und bei Ḥafṣa aufbewahrte Exemplar bringen zu lassen. Es wurde einer Kommission unterbreitet mit dem Ziel, davon eine bestimmte Anzahl von Abschriften anzufertigen, um diese dann an die verschiedenen Metropolen des islamischen Reiches zu verteilen, nach Kufa, Basra, Damaskus und Mekka. ʿUṯmān befahl auch sogleich die Vernichtung aller noch verbliebenen

106 Ebd. 22-25
107 Ebd. 33-34

sonstigen Exemplare, ausgenommen desjenigen Ḥafṣas, das ihr wieder zurückgegeben wurde.

Wie man bemerkte, war es aber so, dass inzwischen neben dem Koranexemplar Ḥafṣas eine ziemlich große Anzahl von anderen, privaten Korantexten hergestellt worden waren: So vom zukünftigen Kalifen ʿUmar; von Sālim ibn Maʿqil, obwohl dieser den Propheten nur um ein Jahr überlebt hatte; von ʿAbdallah ibn ʿAbbās, einem Cousin des Propheten; von ʿUqba ibn ʿĀmir, einem anderen Gefährten des Propheten (sein Exemplar wurde noch im 4. Jahrhundert der Hiǧra erwähnt); von Miqdād ibn ʿAmr, der im Jahr 33 der Hiǧra (654 AD) starb, und dessen Version besonders in Syrien bekannt war; von Abū Mūsā al-Ašʿarī, der im Jahr 52 der Hiǧra (672 AD) starb und dessen Version in Basra bekannt war; vom (vierten) Kalifen ʿAlī, einem Cousin des Propheten, der im Jahr 40 der Hiǧra (660 AD) starb – unter seinem Namen zirkulierten mehrere Koranexemplare, von denen eines in sieben Gruppen von Suren eingeteilt war. Zur Zeit ʿUṯmāns hatten die Ausgaben von ʿAlī Geltung in Damaskus, und sie scheinen bis zum Ende des 4. Jahrhunderts der Hiǧra erhalten geblieben zu sein; ferner die Exemplare von Ubayy ibn Kaʿb (st. 23 AH / 644 AD), er war wie ʿAlī ein Sekretär des Propheten) und von ʿAbdallah ibn Masʿūd (st. 30 AH / 651 AD), einem ehemaligen Hirten, einem Bekehrten der ersten Stunde und treuem Gefährten des Propheten, der eine vollkommene mündliche Kenntnis des Korans besaß. Sein Korpus enthält weder die Eingangssure *al-Fātiḥa* noch die beiden letzten Suren des heutigen Korans.[108]

Von all diesen in Überlieferungen erwähnten Exemplaren ist kein sicher identifizierbares auf uns gekommen. Nur über die Texte von Abū Bakr, von Ubayy, von ʿAlī und Ibn Masʿūd haben wir Kenntnisse von gewissen Einzelheiten, die uns von Autoren der ersten Jahrhunderte des Islams beschrieben wurden. Diese Beschreibungen betreffen eine Anzahl von Textvarianten, vor allem aber die Reihenfolge der Suren, die sich von Exemplar zu Exemplar stark unterschied, obwohl die Ordnung nach abneh-

108 Blachère, *Introduction* 35-45

mender Länge mehr oder weniger beachtet wurde. Auf Grund der in den islamischen Überlieferungen[109] enthaltenen Angaben hat Blachère eine vergleichende Tabelle mit der Reihenfolge der Suren in den Texten des Ubayy, des Ibn Masʿūd und der heutigen Koranausgabe erstellt. Was die Reihenfolge der Suren angeht, so ist der Unterschied zwischen diesen Ausgaben ziemlich groß.

Ein erster Bericht[110] über tatsächlich in Manuskripten nachweisbare Unterschiede in der Reihenfolge der Suren stammt von Gerd-R. Puin, er nennt sechs „Surensprünge", die er in jemenitischen Koranmanuskripten beobachtet hat. Es handelt sich um Übergänge, die auf derselben Seite erscheinen, nämlich von Sure 67 zu 71, von 72 zu 51 (beide im Folgenden abgebildet), sowie von 19 zu 22, 36 zu 38, 67 zu 83 und von 26 zu 37 (Abb. 18).

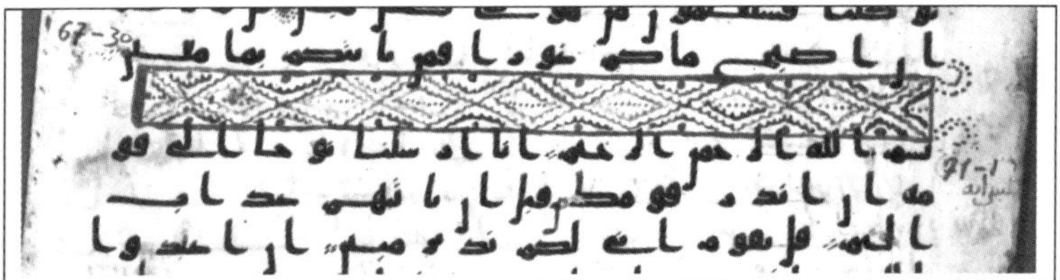

Abb. 16: Sprung von Sure 67 zu 71

109 [Ibn **al-Nadīm** (st. nach 390 AH / 1000 AD) erwähnt die verschiedenen Listen in seinem *Fihrist*, s. die englische Übersetzung: Muḥammad b. Isḥāq al-Nadīm: *The Fihrist of al-Nadīm. A tenth-century survey of Muslim culture.* (Transl. by) Bayard Dodge. I-II. New York, London: Columbia Univ. Pr. 1970, I, 53-61. – Dazu auch Arthur **Jeffery**: *Materials for the History of the Text of the Qur'ān.* Leiden: Brill 1937, 20-24. – Die Listen mit den Reihenfolgen bei Ubayy und Ibn Masʿūd finden sich auch in der Koran-Enzyklopädie von Ǧalāl al-Dīn **al-Suyūṭī** (849-911 AH / 1445-1505 AD): *al-Itqān fī ʿUlūm al-Qur'ān,* I-II, taḥqīq Ḫālid al-ʿAṭṭār, Bayrūt: Dār al-Fikr 1420/1999, Bd. I nawʿ 18, S. 91 f. – Die englische Übersetzung hiervon in: al-Suyūṭī, Jalāl-al-Dīn: *The Perfect Guide to the Sciences of the Qur'ān / Al-Itqān fī ʿUlūm al-Qur'ān.* vol I, translated by Ḥamid Algar, Michael Schub and Ayman Abdel Ḥaleem, reviewed by Osman S. A. Ismaʿīl al-Bīlī. Reading: Garner 2011, ISBN-13: 978-1-85964-242-9, S. 152 f.]

110 Puin, "Observations ..."110 f.

Abb. 17: Sprung von Sure 72 zu 51

Der folgende Surensprung wurde auf einer CD dokumentiert, die von der jemenitischen Antikenbehörde und der UNESCO[111] herausgegeben wurde. Zu seiner Erklärung wird vermutet, dass es sich hierbei nicht um einen „echten" Koran gehandelt hat, sondern um eine Sammlung von Suren zu privatem Gebrauch. Kritisch betrachtet ist dies höchst unwahrscheinlich, schon angesichts des spektakulär großen Hochformats von 44 x 35 cm auf Pergament und vergoldeter Surentitel!

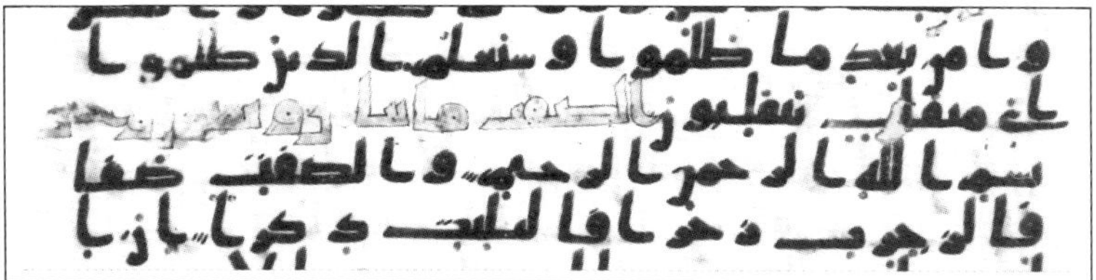

Abb. 18: Sprung von Sure 26 zu 37 (Ṣanʿāʾ DAM 01-32.1)

Die Beobachtungen an einigen Koranfragmenten aus Ṣanʿāʾ ergeben also ein noch viel differenzierteres Bild von der Frühgeschichte des Korans, so dass man davon ausgehen kann, dass der von al-Nadīm überlieferte Zustand bereits eine stark vereinfachte Darstellung der wirklichen Unterschiede in der Suren-Reihenfolge darstellt.

Die Unterschiede in der Reihenfolge der Suren je nach den überlieferten Kodizes von Ibn Masʿūd und Ubayy sowie dem Befund an alten Handschriften zeigen, dass die heutige offizielle

111 MEMORY OF THE WORLD: Ṣanʿāʾ Manuscripts / Les Manuscrits de Ṣanʿāʾ, 1995.

Form des Korans nur eine Version unter anderen ist. Sie konnte sich nur aus äußeren Gründen durchsetzen, und das unter undurchsichtigen Umständen. Dennoch, die Beschreibungen, die wir von den verschiedenen Ausgaben haben, lassen vermuten, dass die erwähnten Surentexte praktisch gleichlautend sind, bis auf wenige Varianten. Das gibt Anlass zur Frage nach der Einheitlichkeit der Texte, und wann diese zustande kam. Denn außer dem von der Überlieferung vorgegebenen ersten Grund für die Reform durch ʿUṯmān, nämlich den Unterschieden in der Rezitation, gibt es noch einen weiteren Grund: ʿUṯmān habe während eines Gebets seine Untertanen gebeten, ihm ihre koranischen Texte abzugeben, um eine offizielle Textausgabe zu erstellen.[112] Das heißt also, nach diesem Bericht, dass die Suren zur Zeit ʿUṯmāns noch nicht endgültig formuliert und in ihrem Inhalt festgelegt waren, außer denjenigen, die schon zu Lebzeiten Mohammeds weithin bekannt waren.

Die Gruppen von Suren mit den gleichen „geheimnisvollen Buchstaben" sind in der heutigen Koranausgabe (Abb. 19) gut aneinander gereiht, bei Ibn Masʿūd (Abb. 20) dagegen nur in geringem Maße und bei Ubayy überhaupt nicht.[113]

Aus dem Vergleich beider Tabellen hat G.-R. Puin[114] vermutet, dass uns bei der heute gebräuchlichen Anordnung nach ʿUṯmān eine relativ ältere Fassung vorliegt, da die beiden Kriterien der Anordnung – Surenlänge versus Attraktion der Suren mit gleichen Siglen – in einer deutlichen Konkurrenz zueinander stehen: Die Anordnung nach absteigender Länge wird immer wieder unterbrochen von Gruppen gleicher Siglen! Die Übersicht macht auch deutlich, dass die weit verbreitete Ansicht, die Suren seien generell nach ihrer Länge angeordnet, eine grobe Vereinfachung darstellt.

---

112 Ebd. 54

113 Blachère, *Introduction* 46-47

114 „Die Utopie ..." 541. – Der Bestimmung der „Länge" der Suren in den folgenden Abbildungen 19 und 20 liegt jeweils die Gesamtlänge ihrer Zeilenzahl im Kairiner Druck zu Grunde.

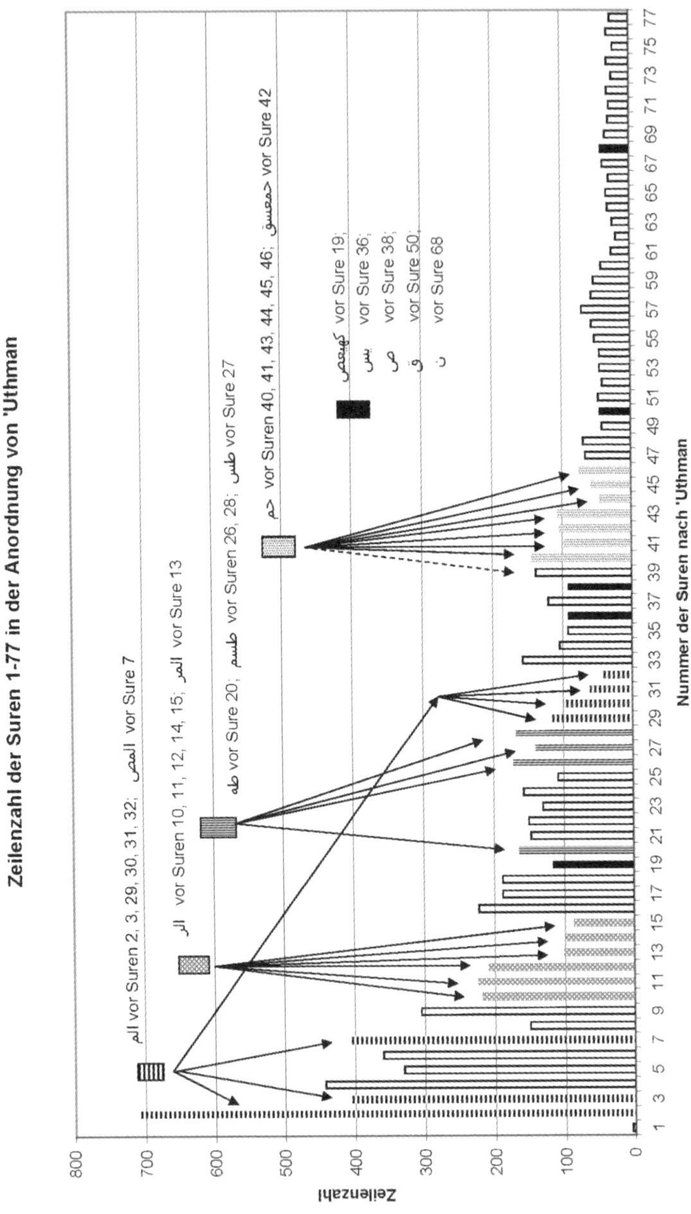

Abb. 19: Länge der Suren 1-77 und *Geheimnisvolle Buchstaben* gemäß der Anordnung von ʿUṯmān

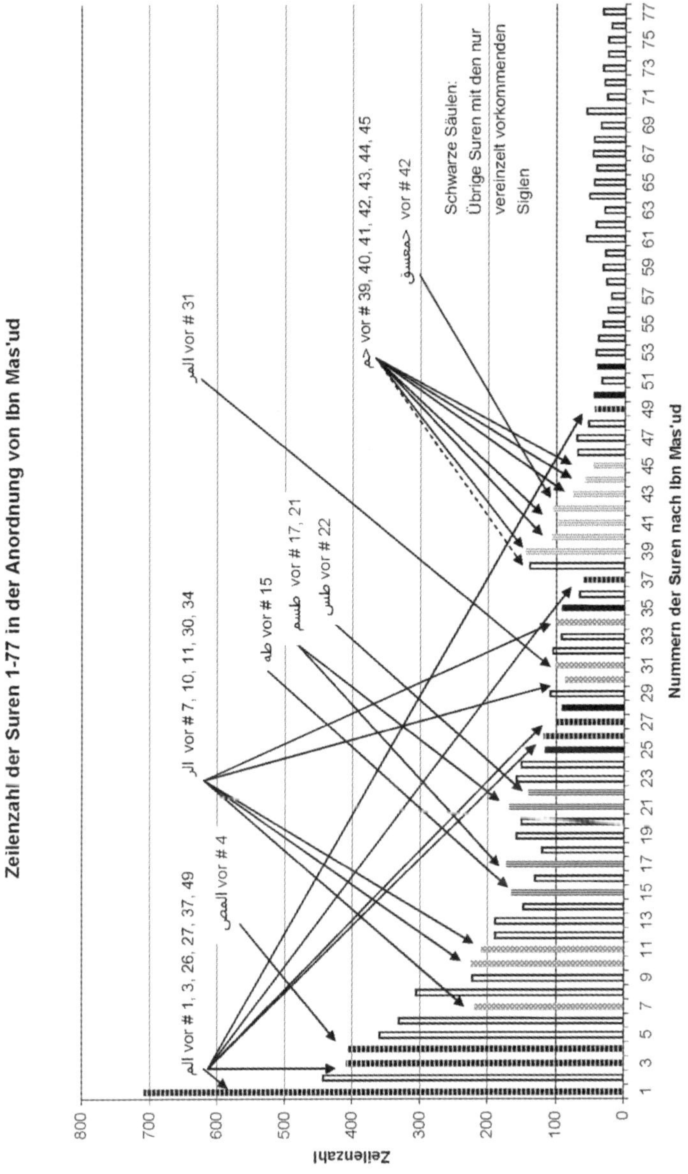

Abb. 20: Länge der Suren 1-77 und *Geheimnisvolle Buchstaben* gemäß der Anordnung von Ibn Masʿūd

Im Gegensatz dazu ist die Anordnung nach absteigender Länge nach Ibn Masʿūd sehr viel ausgeprägter und geht deutlich zu Lasten des Kriteriums der Attraktion gleicher Siglen – mit Ausnahme der ḤM-Gruppe, der „ḥāwāmīm." Dies würde bedeuten, dass die überlieferten Versionen von Ibn Masʿūd und, stärker noch, die von Ubayy, relativ später sind als die heute übliche Anordnung, weil in beiden Fällen die Attraktion zwischen Suren gleicher Siglen aufgegeben worden ist.

Im Übrigen entspricht das Motiv, das man ʿUṯmān unterstellt hat, nämlich die Unterschiede in der Rezitation zu glätten, nicht seiner Vorgehensweise. Er hat zwar eine Kommission ernannt und beauftragt, auf der Basis der Koranausgabe von Abū Bakr Abschriften anzufertigen, um diese in die vier Himmelsrichtungen des Reiches zu verbringen. Diese Lösung wäre verständlich gewesen, wenn die arabische Schrift zur Zeit ʿUṯmāns nicht schwerwiegend „defektiv" gewesen wäre; besonders im Hinblick auf die Vokale. Diese Bedingungen lassen uns vielmehr vermuten, dass die These einer Schriftbearbeitung unter ʿUṯmān mit dem Ziel der Herstellung eines Referenzdokuments, in einer späteren Zeit erfunden wurde, als die arabische Schrift schon Vokalzeichen besaß. Dies war der Fall etwa ab der Herrschaft des Omayyadenkalifen ʿAbd al-Malik (reg. 685-705 AD).

Doch selbst an dieser Stelle bleibt die Geschichte der Reform der arabischen Schrift unsicher. Fälschlich hat man dem Dichter aus Basra, Abū 'l-Aswad al-Du'alī (st. 69 AH / 688 AD) die Erfindung der Vokalzeichen zugeschrieben. In einem anderen Bericht wird der irakische Gouverneur ʿUbaydallah ibn Ziyād (st. 67 AH / 686 AD) genannt, der seinen Schreibern befohlen haben soll, ein Zeichen für den langen Vokal /a:/ als „Lesehilfe" einzuführen, nämlich das Alif als sog. *mater lectionis.* Während man zuvor in der Schrift z. B. *qāla / er sprach /* قَـلَ nicht unterscheiden konnte von *qul / sprich! /* قُل, war nun mit der Einfügung des Alifs, die Festlegung der Lesung auf *qāla / er sprach /* قَالَ möglich – freilich war die Unterscheidung beider Möglichkeiten vom Kontext bzw. dem Verständnis der jeweiligen Passage abhängig, also letztlich ein Akt der Schriftauslegung.

Zum besseren Verständnis für das Problem der sog. Lesarten *(qirā'āt)* fügen wir noch zwei Beispiele hinzu. In Sure 12 steht die Geschichte von Joseph und seinen Brüdern. Wenn es in Vers 40 heißt *antum wa-ābā'ukum / ihr und eure Väter* ist vom Kontext her klar, dass das Wort für die „Väter" nur als Plural gelesen werden kann, auch wenn die alten Manuskripte die Lesung im Singular erlauben würden: انتم و ابو كم muss also so gelesen werden, als stünde hier أَبـؤُهُم und nicht أَبُوهُم. In den heutigen Koranausgaben wird der Unterschied natürlich gemacht, man schreibt ءَابَآؤُكُم und hat durch die Einfügung eines Alifs die Lesung nach dem Sinn entschieden. Dem Sinne nach Singular *abūhum / ihr Vater* ist dagegen ابوهم in Vers 94 zu lesen.

In Sure 20 Vers 13 spricht Gott – nach den meisten Lesarten – zu Mose وأنا اخْتَرْتُكَ / *wa-ana 'ḫtartuka / Und ich habe dich erwählt.* Nun ist aber von Ḥamzah (st. 157 AH / 773 AD, neben anderen) die nicht minder kanonische Lesart überliefert وَأَنَّـا اخْتَرْنَاكَ / *wa-annā 'ḫtarnāka / und dass wir dich erwählt haben.* Wie passt es zusammen, dass es der koranische Text hier offenlässt, ob hier Gott von sich selbst im Singular oder im Plural spricht? Die Lösung finden wir in im defektiven Schriftbild der frühen Manuskripte: Wenn dort nur وانااخترنك steht, hängt die Interpretation davon ab, wie man sich die Rede Gottes über sich selbst vorstellt, als Singular وأَنَا اخْتَرْتُكَ oder als Plural وَأَنَّا اخْتَرْنَاكَ – das ursprüngliche Schriftbild lässt beide Lesungen gleichermaßen zu!

Man könnte einwenden, dass sich die genannten Lesarten inhaltlich so wenig unterscheiden, dass es sich allenfalls um geringfügige Varianten handelt. Dass es sich gelegentlich auch um elementare Unterschiede handeln kann, soll das folgende Beispiel zeigen. In Sure 47:4 (bzw. 47:5) heißt es, nach den Lesarten von

Ḥafṣ (Kufa), Abū ʿAmr (Basra), Yaʿqūb (Basra):	...وَٱلَّذِينَ قُتِلُوا۟ فِى سَبِيلِ ٱللَّهِ فَلَن يُضِلَّ أَعْمَٰلَهُمْ *... und denen, die auf dem Weg Gottes getötet werden, wird er ihre Werke nicht fehlgehen lassen.*

Dagegen lesen

Šuʿbah (Kufa), Qālūn u. Warš (Medina), Ḥamzah (Kufa), Ibn Kaṯīr (Mekka) u. a.:	...وَٱلَّذِينَ قَٰتَلُوا۟ فِى سَبِيلِ ٱللَّهِ فَلَن يُضِلَّ أَعْمَٰلَهُمْ *... und denen, die auf dem Weg Gottes gekämpft haben, wird er ihre Werke nicht fehlgehen lassen.*

Auch in diesem Fall ist der beiden Lesungen zugrunde liegende *Rasm*, der ursprüngliche Schriftzug, identisch, doch die Aussage nach den beiden Gruppen der gleichberechtigten Lese-Autoritäten (!) differiert erheblich. Wir können hieran gut erkennen, dass die Divergenz nicht auf eine mündlich überlieferte, eine *gehörte* Variante zurückgehen kann, da *qutilū* und *qātalū* phonetisch weit auseinander liegen. Vielmehr kann kein Zweifel daran bestehen, dass der Unterschied der Lesarten auf die unterschiedliche Interpretation einer schriftlichen Vorlage zurückgeht.

Der Nachfolger Ibn Ziyāds, der berühmte Gouverneur al-Ḥaǧǧāǧ, soll zur Regierungszeit des Kalifen ʿAbd al-Malik dem Naṣr ibn ʿĀṣim (st. 89 AH / 707 AD) befohlen haben, Vokalzeichen und diakritische Zeichen in den Korantext einzufügen. Ein anderer Bericht schreibt Yaḥyā ibn Yaʿmur al-Layṯī, einem berühmten Rezitator zur Zeit von al-Ḥaǧǧāǧ in Basra (st. 129 AH / 746 AD), die Einführung von Vokalpunkten zur Verdeutlichung von Flexionsendungen zu.

Blachère bemerkt hierzu, dass die Reform der arabischen Schrift ohne Gesamtplan verlief: „Unter ʿAbd al-Malik begonnen, entwickelte sie sich während mehrerer Generationen bis zu ihrer späten Vollendung gegen Ende des 3./9. Jahrhunderts. Wie weit sind wir doch entfernt davon zu glauben, dass das komplette System mit einem Schlag des Zauberstabs dem Kopf des Dichters Abū ʾl-Aswad al-Duʾalī entsprungen sein soll, wie uns manche muslimische Überlieferung glauben machen will!“[115] Die frühen Koranhandschriften lehren uns, dass die Schriftreform über die Jahrzehnte hinweg in mehreren Schritten erfolgt ist: Zunächst wurden die sogenannten diakritischen Zeichen, d.h. die „Punkte“ immer häufiger verwendet, durch die man die Konsonanten gleicher Form von einander unterschied. Aus der Geschichte des lateinischen Alphabets ist ein solcher Vorgang ebenfalls bekannt: „Um die Ungereimtheiten des lateinischen Alphabets zu beseitigen, daß die Laute *k* und *g* mit demselben Zeichen (*C*) geschrieben wurden, fügte [Spurius Carvilius] Ruga [ca. 230 v. Chr.] dem C einen Strich hinzu und machte daraus das uns bekannte *G*.“[116]

In einem nächsten Schritt kamen die Vokalzeichen hinzu. Im Gegensatz zu den diakritischen „Punkten“, die in der Farbe der Grundschrift und als kleine Striche hinzu gefügt wurden, geschah die Angabe der drei Kurzvokale durch runde rote Punkte, die über, unter bzw. auf das jeweilige Konsonantenzeichen gesetzt wurden, um so ein folgendes /a/, /i/ oder /u/ zu bezeichnen. Allerdings wurden die Vokale nicht generell, sondern nur in dem Maße angegeben, wie man damit Fehl-Lesungen ausschließen konnte. So begnügte man sich z. B., um die beiden Verbformen *qātala* und *qutila* zu unterscheiden, nur jeweils einen Vokal-

115 Blachère, *Introduction* 80-82, 90

116 Haarmann, *Universalgeschichte* 296

punkt an einer grammatisch entscheidenden Stelle zu setzen, also q^{a}tl für *qātala* bzw. qt^{i}l für *qutila*.

Noch einmal zum Problem, wie aus einem „nackten“ Text, dem sog. *Rasm* der frühesten Textzeugen (1.), ein (laut) lesbarer Text wurde:

1.	Sure 23 Vers 50, ursprünglicher *Rasm*:	وحعلٮا اٮں مرٮم												
		ـم	ـٮـ	ـر	مـ	ـں	ٮـ	ا	ـا	ـٮـ	ـلـ	ـعـ	حـ	و
2.	eindeutige Buchstaben:	ـم			مـ	ن		ا	ـا		ـلـ			و
3.	diese Zeichen sind mehrdeutig, doch nur die grau markierte Auswahl (= „Lesung“) ergibt einen Sinn:		بـ يـ نـ تـ ثـ	ـر ـز			بـ يـ نـ تـ ثـ			ـبـ ـيـ ـنـ ـتـ ـثـ		ـعـ ـغـ	حـ جـ خـ	

Das Geschriebene وحعلٮا اٮں مرٮم enthält zum einen ein Gerüst von phonetisch eindeutigen Buchstaben – was aber nur für ein Viertel der arabischen Schrift zutrifft, hier in (2.) grau markiert. Den Rest der Passage bilden dagegen mehrdeutige, zwei-, drei- oder fünfdeutige Zeichen (3.). Aus dieser Gruppe müssen, um eine sinnvolle und kontextuell stimmige Interpretation zu ermöglichen, die passenden Phoneme ausgesucht werden – auch diese sind hier grau markiert. Erst nach dieser Wahl kann die Bedeutung des *Rasms* durch die Setzung von „diakritischen“ Zeichen („Punkt-Striche“) weiter eingegrenzt werden (4., siehe unten); dies Stadium ist in folgendem Beispiel einer kufischen Handschrift (Abb. 21) erreicht:

Abb. 21: Die Diakritika sind zarte Schrägstriche, die beiden runden Punkte (im Original rot) sind Vokalzeichen (Sure 23:50)

Der nächste Schritt ist die Einfügung von Vokalzeichen durch (rote) Punkte. An obigem Beispiel sehen wir, dass die Angabe der Vokale nicht durchgängig, sondern nur an (grammatisch) wichtigen Stellen vorgenommen wird, in diesem Fall, um die Endungen von *ibna̳* und *Maryama̳* festzuhalten.

Im Laufe der Zeit wurde das System noch durch blaue, gelbe und grüne Punkte erweitert, bis schließlich jene Vokalisierungszeichen eingeführt wurden, die auch heute noch allgemein verwendet werden (5.): Ein kleines Alif für das /a/, ein kleines Yā' für das /i/ und ein kleines Wāw für das /u/, jeweils – wie schon zuvor die Punkte – über, unter oder auf dem Konsonantenzeichen. Dazu kamen die Zeichen für die Verdopplung, Verbindung, Dehnung, sowie für den glottalen Verschlusslaut (Šadda, Waṣla, Madda, Hamza). Während diese Zeichen auch in profanen Texten Verwendung finden, ist speziell in der Koranschreibung noch eine Reihe weiterer Zeichen üblich geworden, die nicht mehr der grammatischen Klärung, sondern der korrekten Rezitation des Textes dienen.

4.	*Rasm* + Diakritika:	ـم	يـ	ـر	مـ	ـن	بـ	ا	ـا	ـنـ	ـلـ	ـعـ	جـ	و
5.	+ „Vokal-zeichen“:	ـمَ	يَـ	ـرْ	مَـ	ـنَ	بْـ	ٱ	ـا	ـنَـ	ـلْـ	ـعَـ	جَـ	وَ
6.	→ heutige Drucke:	مَرْيَمَ				ٱبْنَ			وَجَعَلْنَا					

Es bleibt festzuhalten, dass es unterschiedliche Interpretationen desselben *Rasms* gegeben hat und weiterhin gibt, Unterschiede, die auch in den gedruckten Ausgaben erscheinen, etwa in der in Nordafrika verbreiteten Lesart von Warš (vgl. oben, S. 95). Den Gläubigen ist daher empfohlen, von der verbreiteten Lesart von Ḥafṣ abweichende – aber gleichberechtigte – Lesarten nicht laut, sondern flüsternd zu artikulieren, um Irritationen zu vermeiden ...

Die Erforschung der paläographischen Entwicklung im Detail steht erst am Anfang – nur wenige befassen sich mit diesen Fragen, und die Koranhandschriften, die wir besitzen, gehen nur äußerst selten weiter zurück als bis zum Anfang des zweiten Jahrhunderts der Hiǧra. Adolf Grohmann hat gemäß E. Herzfeld (zitiert in den *Ephemerides Orientales*, Leipzig: Harrassovitz, vom 28. Januar 1928) das Vorhandensein eines Koranmanuskripts aus persischen Sammlungen erwähnt, das ins Jahr 94 AH / 712 AD datiert ist, was in die Regierungszeit des Kalifen al-Walīd I. (reg. 705-715 AD) fiele, des Nachfolgers von ʿAbd al-Malik. Herzfeld gibt auch noch zwei weitere Kopien aus den Jahren 102 und 107 der Hiǧra an.[117] Wenn diese Angaben zutreffen, haben wir damit die ältesten datierten Koranmanuskripte erfasst. Sie könnten den Ḥiǧāzī-Manuskripten der Nationalbibliothek in Paris (BNF Arabe 326) entsprechen. Was die in der Großen Moschee von Sanaa 1972 gefundenen Manuskripte angeht, so sind sie immer noch schwer zu datieren, wie Graf von Bothmer selbst zugibt, einer der Spezialisten, der sie untersucht hat. Von den 12.000 aufgefundenen Fragmenten trägt nur ein einziges ein für unsere Frage viel zu spätes Datum: „Ramaḍān 357 / August 968".[118] Damit sind wir weit davon entfernt, das Problem der Datierung ältester Fragmente zu lösen.

Fassen wir zusammen: Gegenwärtig gibt es nur fragmentarisch erhaltene Spuren vom Zustand des Korans vor dem Ende des ersten Jahrhunderts der Hiǧra (oder etwas später), was uns in die Regierungszeit von al-Walīd ibn ʿAbd al-Malik (705-715 AD) führt, eine Epoche der letzten Formgebung des Korans, die

---

117 Grohmann, "The problem of dating ..." 216

118 v. Bothmer, „Neue Wege ..." 41c

dem Gouverneur des Irak al-Ḥaǧǧāǧ (st. 95 AH / 714 AD) zugeschrieben wird.

Während also die Zahl der erhaltenen Koranfragmente[119] aus dem ersten Jahrhundert der Hiǧra noch sehr klein ist, muss sich der Historiker mit indirekten Zeugnissen, die hierzu überkommen sind, zufrieden geben. Selbst da erwartet uns eine herbe Enttäuschung: Praktisch alle Werke über die *„Unterschiede der Koranexemplare / iḫtilāf al-maṣāḥif"*, die kurz vor dem Ende der Omayyaden-Dynastie in Blüte standen, sind verschwunden. Es handelte sich um vergleichende Studien zur koranischen Textform, so wie sie in den Großregionen des islamischen Reichs vor allem mündlich praktiziert wurden, in Arabien, Syrien und im Irak. Eines der ältesten, bekannten Werke über „die Korane" ist das von Ibn ʿĀmir al-Yaḥṣubī (st. 118/736), und eines der letzten Werke über „die Korane" ist das von Ibn Ašta al-Iṣbahānī (st. 360/970). Nur das *Kitāb al-Maṣāḥif* von Ibn Abī Dāwūd al-Siǧistānī (st. 316/928) ist uns erhalten geblieben. Unsere Kennnisse über diese Werke stammen gegenwärtig aus Zitaten anderer Schriftsteller, in deren Korankommentaren, Schriften zur Koranlesung *(qirāʾāt)* oder aus Abhandlungen zur Grammatik, usw.

Die Tradition hat es sogar so eingerichtet, dass zu uns nur unbedeutende Varianten durchsickern konnten. Eben dies gesteht ein Schriftsteller des 4. Jahrhunderts AH, Abū Ḥayyān, wenn er sagt, er habe nur solche Varianten zitiert, die nicht zu sehr vom ʿuṯmānischen Text abweichen.[120] Diese historiographische Angabe ist von größter Bedeutung, wenn wir sie mit den Informationen verbinden, die wir über die Verfolgung all derer erhalten haben, die auf der Verwendung nicht-kanonischer Varianten bestanden, wie etwa im Falle des Ibn Šannabūḏ (245-328 AH / 859-940 AD).

Die traditionalistische These von der ʿuṯmānischen Textsammlung ist also nichts als eine wundersame Rekonstruktion. Sie verdeckt eine Wirklichkeit, die man versucht hat, aus dem

---

119 Hierzu siehe die Aufzählung rezenter Veröffentlichungen am Ende der Bibliographie!

120 Jeffery, *Materials* 10

Gedächtnis der Leute zu tilgen. Diese lautet nämlich: Der Koran ist *vielfältig*, weil sein Text eine *Geschichte* hat und mithin eine *Entwicklung* verkörpert, mit *Varianten* im Zeitverlauf. Und diese Geschichte war nur möglich, weil die Art und Weise der Textredaktion, aus welcher der Koran entstand, unterschiedliche Wege zur Ausarbeitung, zur Gliederung, zur Stilisierung und zur Verbesserung einschlug. Kurz, sie war das Ergebnis einer historischen Bearbeitung (ob göttlicher oder menschlicher Art ist unwichtig) und nicht etwa das Ergebnis eines Diktats nach einem vorgefertigten, endgültigen und veröffentlichungsfertigen Text. In der Zeit der Prophezeiung oblag es nämlich den Schreibern, das Wort Gottes in Form zu bringen. Dieses Vorgehen versuchten spätere Generationen auszuradieren, um uns eine vereinfachte und eher beruhigende Vorstellung von der Botschaft des Korans zu übermitteln, nämlich eines Textes, der von Gott persönlich verfasst ist.

Der Mythos „ʿUṯmān“

Die wichtigste und entscheidende Lehre aus diesen Informationen über die alten, angeblich nicht-kanonischen Korantexte ist folgende: Im Wesentlichen entsprächen sie dem Text der heutigen sogenannten „ʿuṯmānischen“ offiziellen Koranausgabe. Untereinander wichen sie nur in Details ab, nicht in der Struktur, weder in ihrem Inhalt, noch in der Anzahl der Suren. So seien die Texte der Sammlungen von einem Korpus zum andern gleich, bis auf wenige Varianten. Nach den Beschreibungen, die wir von ihnen haben, scheinen sie jedoch eine Surenzahl enthalten zu haben, die in wenigen Einheiten von der offiziellen Ausgabe abwichen, je nach dem, ob man gewisse sehr kurze Suren wie die *Fātiḥa* oder die beiden letzten Suren akzeptiert oder verwirft. Der einzige andere sichtbare Unterschied – wahrscheinlich ohne wirkliche Bedeutung – ist die Reihenfolge der Suren, die von einem Korpus zum andern bisweilen stark variiert.

Nach diesen Beobachtungen sind wir sicher, dass alle nichtkanonischen Texte, die wir durch die erwähnten alten Autoren kennen, einer gleichen Generation angehören. Sie haben sich aus einer ganz bestimmten Entwicklungsphase der offenbarten Texte ergeben, welche bereits den gegenwärtigen Stand des Inhaltes und der Anzahl der Suren kannte.

Es gibt hier etwas Paradoxes, das dem Leser nicht entgehen kann: Die ältesten Korantexte, wie etwa die von Ubayy oder Ibn Masʿūd, von denen man annimmt, dass sie von den Rezensionen der ersten Kalifen, Abū Bakr und ʿUṯmān, nicht betroffen waren, gleichen fast wie zwei Wassertropfen dem ʿuṯmānischen Text, und gehören folglich alle zur gleichen „Sammlung". Diese Situation stellt uns vor eine Entscheidungsfrage: Entweder hat die endgültige Sammlung der Texte schon zu Lebzeiten des Propheten stattgefunden – dann hat es aber niemals eine ʿuṯmānische Rezension gegeben. Zweite Möglichkeit: Die Sammlung der Texte fand erst nach dem Tod des Propheten statt – dann aber nicht unter diesem oder jenem Prophetengefährten (Zayd, ʿUṯmān, ʿAlī, Abū Bakr, Ibn Masʿūd, Ubayy, usw.). Vielmehr wäre sie das Ergebnis der langsamen Entwicklung einer mündlichen Überlieferung, die sich auf Geschriebenes stützte, das Teile von Offenbarungstexten aus der Zeit des Propheten wiedergab. Letztere ist die wahrscheinlichere Annahme, wenn man die untersuchten Textstrukturen und die ältesten Spuren des Korans, die noch unterschiedlich waren, beachtet.

Im Übrigen lässt die endgültige Fassung des Korans keinen Zweifel daran, dass eine tatsächliche, systematische und gewollte Sammlung der Korantexte unter einer entschlossenen Herrschaft fehlt. Schaut man sich die Verteilung der Suren im Koran an, sieht man sehr wohl, dass sie keinem Aufbaukriterium gehorcht. Man spürt dies auch stark beim Unterschied zwischen langen und kurzen Suren: So umfasst die längste (zweite) Sure *Die Kuh* etwa 50 Seiten, die kürzeste hingegen nur eineinhalb Zeilen. Auch ist die längste Sure für sich allein ebenso lang wie die 75 letzten Suren, bei einer Gesamtzahl von 114 Koransuren. Wäre wirklich ein – wenn auch nur geringer – Wille zu systematischer Sammlung und endgültiger Formgebung des Korantextes vorhanden gewesen, dann würde der Koran nicht ein so ausgesprochenes Ungleichgewicht in einer so wichtigen Struktur wie in der der Suren aufweisen.

Im Gleichklang mit den von anonymen Schreibern zusammengestellten Texten, hat sich diese Situation am Ende eines halben Jahrhunderts so verfestigt, dass ein Musterkorpus entstand, der wohl unter dem Omayyaden-Kalifen ʿAbd al-Malik für offiziell erklärt wurde, oder unter seinem Sohn al-Walīd I., vielleicht auch erst während der Amtszeit von al-Ḥaǧǧāǧ (st. 95 AH / 714 AD) als Gouverneur.

Das Manuskript von Samarkand

Das Manuskript von Samarkand ist aus Fragmenten verschiedener Kopisten aus unterschiedlichen Zeiten zusammengesetzt. Es ist nicht vollständig, da Dutzende von Seiten fehlen, am Anfang und Ende, sowie einige in der Mitte. Die Handschrift müsste unbedingt gründlich untersucht[121] werden, wo uns doch leider alte Handschriften so sehr fehlen! Sie befindet sich zur Zeit in Taschkent / Usbekistan, nach langen Wanderungen, die sie 1485 nach Samarkand, dann 1868 nach St. Petersburg und schließlich 1917 nach Taschkent brachten. 1905 hat Zar Nikolaus II. von Dr. Pissaref etwa 50 Reproduktionen unter dem Titel „Coran coufique de Samarcand" anfertigen lassen; von ihnen sind noch einige in westlichen Bibliotheken zu finden.

Wir wollen hier einige Besonderheiten dieses Manuskripts aufzeigen, die für unser Thema bedeutsam sind.[122] Dieses Manu-

121 Die wichtigste Publikation über diese Handschrift ist von A. Jeffery (und) I. Mendelsohn: „The Orthography ..."; s. auch Ibn Warraq: „Some Additions to A. Jeffery ..."

122 Zur Identifizierung der Manuskriptseiten benutzen wir hier die Angaben ihres Inhalts nach Sure und Vers (z. B. „Sure 2:283-285"), da die Seitenzählung in den einsehbaren Reproduktionen differiert. – Eine sehr handliche Veröffentlichung der Handschrift mit gegenüber liegendem Standard-Text stammt von Muḥammad Ḥusayn al-Ḥusaynī: *Muṣḥaf Ṭāšqand al-maʿrūf*

skript zeigt in einigen Fällen Auslassungen, die man der Nachlässigkeit des Schreibers zurechnen muss. Manche von ihnen wurden durch Zusätze am Rande verbessert. Einige Varianten sind jedoch beachtenswert. Der Name „Allah" ist im Samarkander Manuskript manchmal durch das Personalpronomen *huwa / er* ersetzt, wie etwa in Vers 2:284 (Ende Zeile 8!)

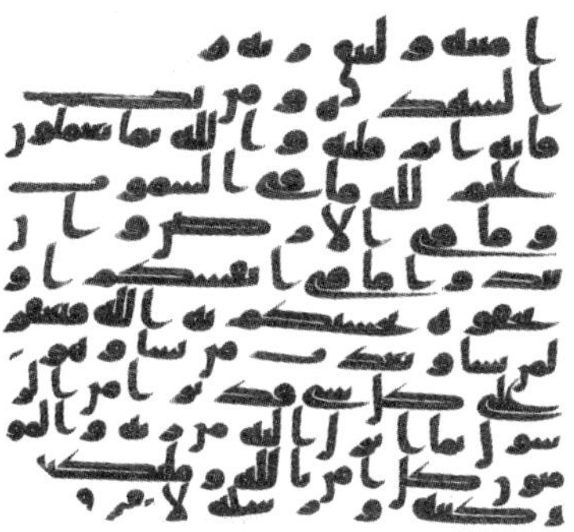

أَمَٰنَتَهُۥ وَلْيَتَّقِ ٱللَّهَ رَبَّهُۥ ۗ وَلَا تَكْتُمُوا۟
ٱلشَّهَٰدَةَ ۚ وَمَن يَكْتُمْهَا
فَإِنَّهُۥٓ ءَاثِمٌ قَلْبُهُۥ ۗ وَٱللَّهُ بِمَا تَعْمَلُونَ
عَلِيمٌ /283/ لِّلَّهِ مَا فِى ٱلسَّمَٰوَٰتِ
وَمَا فِى ٱلْأَرْضِ ۗ وَإِن
تُبْدُوا۟ مَا فِىٓ أَنفُسِكُمْ أَوْ
تُخْفُوهُ يُحَاسِبْكُم بِهِ ٱللَّهُ ۖ فَيَغْفِرُ
لِمَن يَشَآءُ وَيُعَذِّبُ مَن يَشَآءُ ۗ وَٱللَّهُ
عَلَىٰ كُلِّ شَىْءٍ قَدِيرٌ /284/ ءَامَنَ ٱلرَّ
سُولُ بِمَآ أُنزِلَ إِلَيْهِ مِن رَّبِّهِۦ وَٱلْمُؤْ
مِنُونَ ۚ كُلٌّ ءَامَنَ بِٱللَّهِ وَمَلَٰٓئِكَتِهِۦ وَكُتُبِهِۦ
وَرُسُلِهِۦ لَا نُفَرِّقُ

Abb. 22: Ms. Samarkand Sure 2:283-285

Die in der Umschrift grau markierten Passagen fehlen in der Handschrift, weil sie an diesen Stellen beschädigt ist; es handelt sich hierbei also nicht um textliche Varianten.

oder es fehlen Worte wie *wa-mā huwa min ʿindi ʾllah* in Vers 3:78 (vorletzte Zeile):

---

bi-Muṣḥaf al-ḫalīfa ʿUṯmān (rḍ). Chicago: The Open School 1428 [P.O. Box 53573, Chicago, IL 60653-0395].

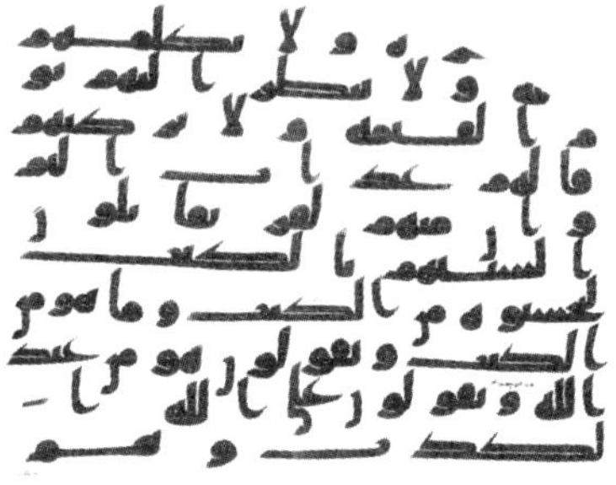

....خِرَةِ وَلَا يُكَلِّمُهُمُ
ٱللَّهُ وَلَا يَنظُرُ إِلَيْهِمْ يَوْ
مَ ٱلْقِيَـٰمَةِ وَلَا يُزَكِّيهِمْ
وَلَهُمْ عَذَابٌ أَلِيمٌ
/77/ وَإِنَّ مِنْهُمْ لَفَرِيقًا يَلْوُ‌ۥنَ
أَلْسِنَتَهُم بِٱلْكِتَـٰبِ
لِتَحْسَبُوهُ مِنَ ٱلْكِتَـٰبِ وَمَا هُوَ مِنَ
ٱلْكِتَـٰبِ وَيَقُولُونَ هُوَ مِنْ عِندِ
ٱللَّهِ وَمَا هُوَ مِنْ عِندِ ٱللَّهِ وَيَقُولُونَ عَلَى ٱللَّهِ ٱ
لْكَذِبَ وَهُمْ يَعْلَمُونَ

Abb. 23: Ms. Samarkand Sure 3:77-78

Manchmal ist die Bezeichnung für Gott *(Allah)* ganz weggelassen, wie in Vers 5:119 (Anfang 2. Zeile):

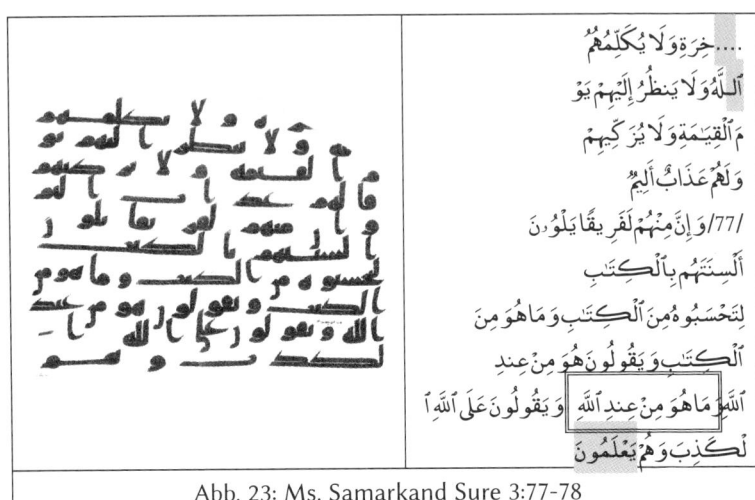

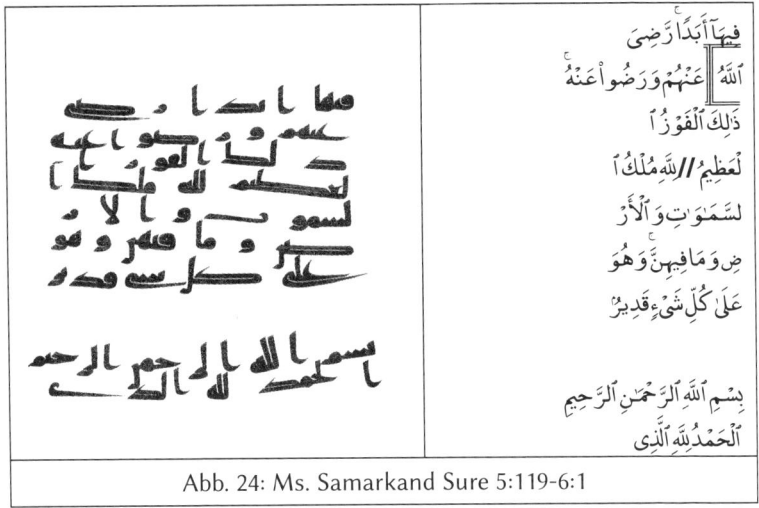

فِيهَآ أَبَدًا رَّضِىَ
ٱللَّهُ عَنْهُمْ وَرَضُوا۟ عَنْهُ
ذَٰلِكَ ٱلْفَوْزُ ٱ
لْعَظِيمُ // لِلَّهِ مُلْكُ ٱ
لسَّمَـٰوَٰتِ وَٱلْأَرْ
ضِ وَمَا فِيهِنَّ وَهُوَ
عَلَىٰ كُلِّ شَىْءٍ قَدِيرٌۢ

بِسْمِ ٱللَّهِ ٱلرَّحْمَـٰنِ ٱلرَّحِيمِ
ٱلْحَمْدُ لِلَّهِ ٱلَّذِى

Abb. 24: Ms. Samarkand Sure 5:119-6:1

In Vers 3:37 (letzte Zeile) fehlt der Ausdruck *inna Allah*, ohne das Textverständnis zu beeinträchtigen:

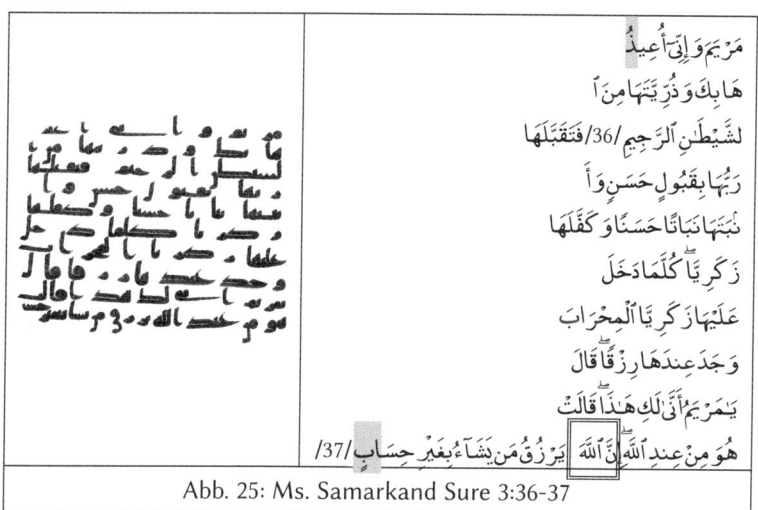

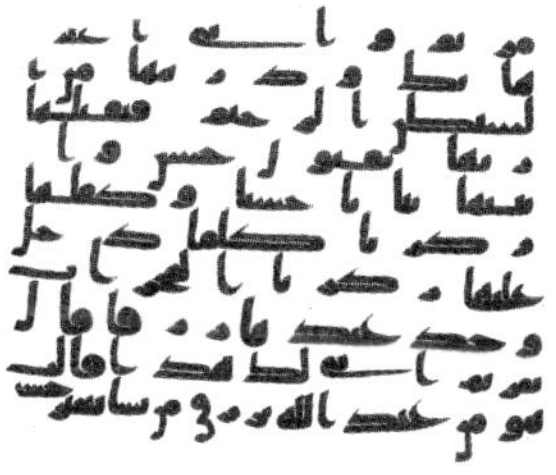

مَرْيَمَ وَإِنِّىٓ أُعِيذُ
هَا بِكَ وَذُرِّيَّتَهَا مِنَ ٱ
لشَّيْطَٰنِ ٱلرَّجِيمِ /36/ فَتَقَبَّلَهَا
رَبُّهَا بِقَبُولٍ حَسَنٍ وَأَ
نۢبَتَهَا نَبَاتًا حَسَنًا وَكَفَّلَهَا
زَكَرِيَّا ۖ كُلَّمَا دَخَلَ
عَلَيْهَا زَكَرِيَّا ٱلْمِحْرَابَ
وَجَدَ عِندَهَا رِزْقًا ۖ قَالَ
يَٰمَرْيَمُ أَنَّىٰ لَكِ هَٰذَا ۖ قَالَتْ
هُوَ مِنْ عِندِ ٱللَّهِ ۖ إِنَّ ٱللَّهَ يَرْزُقُ مَن يَشَآءُ بِغَيْرِ حِسَابٍ /37/

Abb. 25: Ms. Samarkand Sure 3:36-37

Im Übrigen gibt uns dieses Manuskript interessante Hinweise zur Entwicklung des Versbaus. Unser Manuskript gibt nicht immer – wie auch sonst die ältesten Handschriften – die einzelnen Verse an. Nur in manchen Teilen ist dies der Fall, dann sind aber häufig Gruppen von fünf oder zehn Versen markiert. Diese Unregelmäßigkeit ist sehr wahrscheinlich dadurch bedingt, dass die Handschrift aus Fragmenten verschiedener Zeiten zusammengesetzt ist. Ein schneller Vergleich mit der heutigen, offiziellen Ausgabe zeigt ein weiteres Phänomen: Wir haben drei Fälle von Versen gefunden, bei denen die heutige Ausgabe das Ende der Verse markiert – sie fügt die Konjunktion „*wa- / und*" am Beginn des nachfolgenden Verses ein – während diese Konjunktion in unserem Manuskript fehlt (Beginn 6:92 und Beginn 6:129). Aber auch den umgekehrten Fall finden wir bei Sure 3:114 und 7:26, wo die heutige Ausgabe am Versanfang kein „*wa-*" setzt, obwohl diese Konjunktion in unserem Manuskript sehr wohl Teil des Satzes ist. Es sei hier noch angemerkt, dass auch bei einigen der „sieben Lesarten" das „*wa-*" am Anfang gewisser Verse fehlt, im Gegensatz zum heutigen Standardtext. Diese Beziehung zwischen gesetztem und nicht gesetztem Verstrenner und beiordnender Konjunktion „*wa- / und*" müsste untersucht werden, das würde besser über die Entwicklung der Einteilung des Korantextes in Verse informieren. Immerhin können wir aus dem Gesagten ableiten, dass diese Texteinteilung in Verse eine Neuanpassung des Korantextes erfordert hat, um ihn besser an seine neue Rezitationsdynamik anzupassen.

Der Mythos von der Echtheit

Kann die islamische Orthodoxie weiterhin eine wortwörtliche und strukturelle Echtheit des Korans behaupten? Wie wir gesehen haben, ist es doch der Koran selbst, der eine solche Behauptung entkräftet. In dieser Hinsicht ist die Lehre des Korans ganz klar. Die göttliche Botschaft hat nicht nur eine Form, sondern sie umfasst zwei unterschiedliche Realitäten, das Original und die Kopie. Das Original wird im Koran exakt mit dem Begriff *kitāb* bezeichnet, es ist auf einer himmlischen Tafel *(lawḥ)* gesichert und bei Gott und von ihm gut verwahrt. Was die Kopie betrifft, so ist sie eine Emanation und ein Auszug aus jenem Original. Sie ist das Ergebnis einer Kette von Tradenten, von Gabriel über Mohammed, von ihm über die Schreiber oder Sekretäre, die mit der Formgebung der geoffenbarten Vorgaben betraut waren. Vor allem aber haben wir gesehen, dass der Übergang vom *kitāb* zum *qur'ān* durch Inspiration *(waḥy)* geschieht und nicht durch einfache Textwiedergabe.

Zu keiner Zeit hat der Koran eine wörtliche Übereinstimmung zwischen offenbartem Text und dessen göttlicher Quelle beansprucht. Das ist so offensichtlich, dass die beiden von der islamischen Orthodoxie ersonnenen Mythen zum Nachweis der Authentizität des Korans wenig überzeugen können. So wird nämlich behauptet, der Erzengel Gabriel habe die Angewohnheit gehabt, jedes Jahr im Ramadan den offenbarten Text zu überprüfen. Er habe ihn berichtigt und Ordnung in die offenbarten Verse des vorausgegangenen Jahres gebracht. Er habe aber auch sogenannte abrogierte – also ungültig gewordene – Verse entfernt. Kurz gesagt, dies ist eigentlich die Arbeit eines Sekretärs, die man aber einer göttlichen Autorität zuzuschreiben versucht hat, um den existierenden Koran zu legitimieren. Der zweite Mythos besteht darin, der Textübermittlung zwei nacheinander folgenden Etappen zuzuschreiben: Zuerst sei der Korantext in seiner Gänze durch die sieben Himmel herabgestiegen. Als er im untersten Himmel war, sei er dort an einem Ort mit Namen *bayt al-ʿizza / Haus der Hoheit* aufbewahrt worden, von dort habe dann Gabriel die Verse entnommen, die er regelmäßig dem Propheten mitteilte, und das während der ganzen Offenbarungszeit, also länger als zwanzig Jahre! Es ist klar, dass dieser von der islamischen Orthodoxie erfundene Mythos ebenfalls versucht, den zufälligen Charakter der offenbarten Texte zu tilgen, der in offensichtlicher Abhängigkeit von der Lebensgeschichte des Propheten und den Wechselfällen in seinem Kampf mit seinem Stamm, den Quraisch zu sehen ist.

Die Rolle der Schreiber

In Wirklichkeit stellt der wechselnde Charakter der Koranverse – in ihrem Wortlaut oder selbst in ihrer Existenz – nicht *a priori* ihre „Übereinstimmung" mit dem Original in Frage. Der geoffenbarte Text ist notwendigerweise von der Quelle, von der er inspiriert ist, unterschieden, weil Gott sich das Recht zur Abänderung, ja sogar zur Abrogation von Versen vorbehalten hat (2:106). Also ist der Korantext an die Achtung seines Geistes, nicht aber aber an die Buchstabentreue gegenüber dem Original gebunden – hierbei handelt es sich um gewohnheitsmäßige Akte des Schreibens, welches die göttlichen Worte ausgestaltet. Ohne Zweifel entspricht dies der Arbeitsweise der „himmlischen Schreiber", welche die „verehrten Blätter" (80:13-15) der himmlischen „Tafel" (85:22) in Händen halten.

Es ist so, dass wir es hierbei mit einer alten und beständigen orientalischen Praxis zu tun haben, die immer schon die Abfassung von Verträgen, Briefen, gereimten oder nicht gereimten literarischen Werken spezialisierten Schreibern anvertraut hat. Es handelt sich ja dabei nicht nur um das reine Schreiben, sondern auch um die Abfassung und literarische Gestaltung des Gedankenganges in einem bestimmten Stil und einer festgelegten Ausdrucksweise. So war auch diese Funktion des Schreibens einer Schutzgottheit zugeordnet. Bei den Mesopotamiern war es Nabū, bei den Ägyptern war es Thōt und bei den Nabatäern war es al-Kutba.[123]

Einerseits ist der Schreiber „inspiriert“ vom Autor, dessen Gedanken er wiedergibt, ja sogar „interpretiert“. Gleiches gilt für die Propheten und die Könige, deren literarische oder juristische Werke unmittelbar von der jeweiligen Schutzgottheit inspiriert sind. Die antiken Reformer wie etwa Urukagina (vor 4500 Jahren) aus der mesopotamischen Stadt Larsa, oder Hammurapi (vor 3700 Jahren) haben Gesetzessammlungen veröffentlicht, um „das Gesetz Gottes“ zu erneuern. Der Erste war inspiriert durch den Gott Ningirsu, der Zweite durch den Gott Schamasch. Hier, wie auch in Koran, heißt das Schlüsselwort „Inspiration“ *(waḥy)*, nicht etwa wortwörtliches „Diktat“. Das himmlische *kitāb* („Schrift“), das auf Tafeln festgehalten war, wurde zuerst Gabriel mitgeteilt, der es dann Mohammed durch Inspiration mitteilte, damit dieser es dann an seine Schreiber weitergebe. Diese hatten den Auftrag, es in eine literarische Form zu bringen, damit es dann als *qur'ān* der liturgischen *Rezitation* dienen konnte.

So gesehen ist auch die biblische Überlieferung nicht anders abgelaufen. Als Gott Jeremias bat, die Gesamtheit seiner Offenbarungen schriftlich festzuhalten, beauftragte dieser Prophet den Schreiber Baruch, die göttlichen Worte nach seinem Diktat aufzuzeichnen (Jeremias 36,1-4). Mitunter wird ein Prophet auch beauftragt, nicht nur ein „Gesicht“ aufzuschreiben, sondern es auch noch zu erklären: „Der Herr gab mir Antwort und sagte: ‚Schreib nieder, was du siehst, schreib es deutlich auf die Tafeln, damit man es mühelos lesen kann“ (Habakuk 2,2). Diese Form der Übertragung des göttlichen Willens mit Hilfe eines „Gesichts“ entspricht ohne Zweifel dem koranischen „Zeichen“ *(āya)*, das Gott seinem Propheten übermittelte. Bei diesem

123 Sfar, *Le Coran, la Bible, et l'Orient ancien* 274

Vorgang ist das inspirierte Wort berufen, nach normalen Gewohnheiten der Textbearbeitung zum sakralen Text der Koranrezitation zu werden. So unterscheidet sich die prophetische Vorgehensweise Mohammeds kaum von derjenigen seiner biblischen Pendants, die sich kaum mehr Sorgen um die wortgetreue Wiedergabe der inspirierten Aussagen machten. Die Treuepflicht gegenüber der Botschaft ist hier nicht auf die wörtliche Übereinstimmung mit dem Original eingeengt. Sie bezieht sich lediglich auf die Beachtung ihres Geistes.

Typische Redewendungen und Ausdrucksweisen

Das erwähnte Problem der wortgetreuen Offenbarung ist sinnlos, sobald die prophetische Sprache rhetorischen und stilistischen Normen unterworfen ist, denen sie sich anzupassen hat. John Wansbrough hat die „Schemata der Offenbarung“ untersucht, die als Modelle für den Satzbau im Koran dienten und ihm seine „unvergleichliche“ stilistische Eigenart gaben. Es sind danach jene rhetorischen Muster, welche die prophetische Rede kennzeichnen. Man kann sie leicht an Einleitungs- und Schlussformeln erkennen (s. unsere zuvor untersuchten „Einleitungen“). Diese Formeln variieren je nach Art des Textes. Wansbrough hat hierzu unter anderem die Themen „Belohnung“, „Zeichen“, „Exil“ und „Vertrag“ untersucht.[124]

Es ist klar, dass das Vorherrschen der rhetorischen Formeln – mit ihren syntaktischen Besonderheiten – ein grundlegendes Identifikationsmerkmal des besonderen und „unvergleichlichen“ Stils des Korans ist. Es ist sogar durchaus möglich, dass wir es hier mit einer Schreibschule zu tun haben, die seit Generationen diese Art von Rhetorik perfektioniert hatte. Eine Schule, die dann – ausgehend von den Offenbarungen Mohammeds – zur Sprachform des Korans beigetragen hätte, wenn nicht gar Mohammed selber als Mitglied dieser Körperschaft angehörte, mit

124 Wansbrough, *Quranic Studies* 1-12

der er während seiner Prophetentätigkeit weiterhin (oder auch nicht) zusammengearbeitet hätte.

Die Praxis der Neuformulierung

J. Wansbrough hat die Varianten des Koranberichts über den arabischen Propheten Šuʿayb in drei Suren (7:85-93; 11:84,95; 26:176-190) untersucht.[125] Er schloss daraus, dass die verschiedenartigen Fassungen des gleichen Erzählstoffs mehreren Verfassern zugeschrieben werden können. Allein schon durch ihre bloße Existenz als Dubletten erregen sie Anstoß. Ob aber die Unterschiede zwischen den einzelnen Versionen wirklich eine solche Schlussfolgerung gestatten, müsste noch entschieden werden. Da die drei Berichte streng an der gleichen Gesamtgliederung festhalten, könnte man auch auf den Gedanken kommen, dass wir es hier mit „Entwürfen" zu tun haben, die verschiedene Personen auf der Grundlage eines ersten Szenarios verfasst haben. Es handelt sich dabei ebenfalls um eine alte orientalische Tradition. Sie ist in der biblischen Überlieferung vergleichbar mit der Sintfluterzählung oder dem Zyklus von Adam und Eva, die zu dem Genre der „Haggadah" geführt haben. In gleicher Weise kann man diese biblische Tradition als „Interpretation" und „Neufassung" altorientalischer Erzählungen betrachten.[126] Diese Praxis der Interpretation trägt auch die Bezeichnung „Kabbalah" oder „Midrasch" (aus der Wurzel *dāraš / suchen*).[127] Das ursprüngliche Szenario bleibt dabei erhalten, gleichzeitig wird ihm aber eine andere Bedeutung beigegeben.

Mit den als *tafsīr* bezeichneten Korankommentaren ist die islamische Tradition nur dieser Entwicklung nachgefolgt. Selbst die als *hadīṯ* gesammelten Aussprüche des Propheten gehören zum gleichen Genre von Koraninterpretationen. Das ist der Sinn der Funktion des Korans als *taṣdīq* („Beglaubigung"), den jeder

125 Ebd. 21-26

126 Sfar, *Le Coran, la Bible et l'Orient ancien* 136-146

127 Paul, *La Bible* 142

Prophet („als Beglaubiger“ / *muṣaddiqan*) gegenüber seinem Vorgänger erfüllt: Eine Treue, die aber Unterschiede nicht ausschließt. Mit der christlichen Lehre verhält es sich ebenso, betrachtet sie doch das Neue Testament als „Erfüllung“ des Alten.

Vielleicht weist der Koran auf dieses interpretierende Genre hin, wenn er das *maṯānī*-Genre (15:87; 39:23) für sich beansprucht, welches die islamische Tradition zu Recht für die erzählenden Passagen annimmt. Der Koran hat diesem Genre die *muḥkam*-Verse (3:7) entgegengesetzt, die das „Gesetz“ bilden. Wir finden hierin die zwei biblischen Pole wieder, die „Haggadah“ und die „Halaqah“, wobei sich beide gegenseitig ergänzen.

Es ist wichtig zu wissen, dass die Erstellung des Korans diesem „haggadischen“ Phänomen gefolgt ist, und das etwa zwanzig Jahre lang, also während der Dauer der an Mohammed ergangenen Offenbarungen. Das ist der Grund dafür, dass der Koran insgesamt den Eindruck von Wiederholung und Zusammenfügung hinterlässt. Man kann aber auch durchaus annehmen, dass diese Textbearbeitung nach dem Tod des Propheten fortgesetzt wurde. In den Augen der Verfasser konnte das keine Fälschungstätigkeit (*taḥrīf*) sein, setzten sie doch nur eine Arbeitsweise fort, die sie zu Lebzeiten Mohammeds auch schon ausgeübt hatten.

al-qur'ān, ein Werk der Schreiber

Die Ausformung der Sätze gehört zum Handwerk der Schreiber und ist eine unverzichtbare Ergänzung der Offenbarung. Das Paar „Prophet und Schreiber“ ist der ursprüngliche und übliche Rahmen orientalischer Texterstellung. Jeder erfüllt seine eigene Funktion, und das Ergebnis ihrer Zusammenarbeit ist damit umso authentischer. Ist der Prophet der „Mund Gottes“, so ist der Schreiber die „Feder des Propheten“. Der Schreiber ist Meister in der Handhabung des Wortes, und wie jeder Meister ist er von Gott inspiriert. Die Gefahr, die dieser Verbindung innewohnt, ist natürlich die Fälschung, wenn nämlich der Schreiber mit seiner Quelle bricht.

So lautet denn auch der ständige Vorwurf, den sich gegenseitig verfeindete Schreibschulen machen. Die islamische Tradition gibt uns mit der von ihr überlieferten Polemik um die verschiedenen „Lesarten“ oder um die sogenannten vor-ʿuṯmānischen Textausgaben eine bemerkenswerte Vorstellung. Bei der großen Zahl von Schreibschulen musste eine Auswahl getroffen werden. Man musste sich für eine Lesart entscheiden, alle andern wurden danach für „falsch“ erklärt. Die Authentizität des Textes wird so zum Ergebnis einer politischen Absegnung, wobei diese Absegnung selbst wiederum als „inspiriert“ gilt. Eine andere Lösungsmöglichkeit: Alle Schreibschulen werden für gleichermaßen authentisch erklärt und in den Koran integriert. So erging es auch dem Koran in seiner Anfangsphase, wenn man für die Zeit des Propheten (und auch noch lange danach) die Vorstellung erlaubt, dass sich mehrere mündliche und schriftliche Quellen entwickelten.[128]

Es gibt aber auch noch ein anderes Phänomen, das Eingriffe der Schreiber erforderte: Es ist der Wandel in der politischen Haltung in Folge der Entwicklung der Kräfteverhältnisse zwischen dem Propheten und seinen Feinden aus dem Stamm der Quraisch und bei den Bibelanhängern. Dies führte insbesondere zu einer ständigen Neuinterpretation der Geschichte und Überprüfung bisheriger Verhaltensmuster. Auch fällt es schwer anzunehmen, dass die ursprünglichen Korantexte keine Beschuldigungen gegen bestimmte Feinde des Propheten enthalten hätten, die aber dann mit ihrer Bekehrung zum neuen Glauben verschwunden sind. Die Tatsache, dass der Koran Spuren von Beschuldigungen bewahrt hat, bedeutet ganz und gar nicht, dass dies auch der Beleg dafür ist, dass wir schon die Gesamtheit der ursprünglichen Beschuldigungen kennen.

128 Wansbrough, *Quranic Studies* 21

Teil 4: Mythen und Vorurteile

Es ist klar, dass die gegenwärtig herrschende Vorstellung über Wesen und Eigenheit des Korantextes sowie über seine Geschichte weitgehend von der orthodoxen islamischen Lehrmeinung geprägt ist. Es ist ihr gelungen, eine simplifizierende Sicht des Korans durchzusetzen und den wirklichen Prozess seiner Erstellung und Überlieferung zu verbergen.

Wir können mehrere Dogmen und mythische Rekonstruktionen zur Geschichte des Korantextes finden, die zu dieser Simplifikation beigetragen haben:

- Die Vorstellung von der Originalität des Korans;
- die Identität der koranischen Offenbarung mit seinem Urtext auf der himmlischen Tafel;
- die wortgetreue Offenbarung;
- die Sammlung des Korantextes durch Mohammed und/oder durch die ersten Kalifen;
- der göttliche Schutz des Textes bei der Weitergabe von Generation zu Generation;
- die absolute Vertrauenswürdigkeit der mündlichen und schriftlichen Weitergabe;
- der Mythos von der Unnachahmlichkeit der koranischen Ausdrucksweise.

Der Mythos von der Originalität

Eines der Vorurteile, welches die Meinung der islamischen Orthodoxie formt, ist die Behauptung der Originalität des Textes, der Vorstellungen und Nachrichten enthalte, die seit dem Zeitenbeginn noch nicht bekannt waren. Dieses allgemein verbreitete Vorurteil zählt zur Rechtfertigungsbestrebung, die alles betrifft, was einen Bezug zur prophetischen Sendung Mohammeds hat, wobei man sich weder um den Wortlaut, noch um den Geist des

Korans Gedanken macht. Die Sprache des Korans wird dabei als die vollkommenste im Vergleich zu den übrigen Sprachen der Menschheit und den übrigen arabischen Dialekten gesehen; und dies, obwohl die Koransprache bisweilen weit davon entfernt ist, die grundlegenden Grammatik- und Stilregeln zu beachten. Die islamische Tradition hat wohl eine gewisse Anzahl sprachlich falschen Gebrauchs aufgedeckt, aber diese Stellen werden geradezu als Schmuckstücke eines überragenden Geistes gerechtfertigt. Anleihen aus fremden Sprachen werden kaum zugegeben, weil man die Aussage des Korans, er sei in „klarer arabischer Sprache“ verfasst (16:103, 26:195), wortwörtlich nimmt. Die Annahme, der Koran enthalte fremdsprachliche Begriffe, würde im Widerspruch zur der erwähnten Koranaussage stehen, so glaubt man.

Auch hält man die Anwendung der historisch-kritischen Methode auf die religiösen Texte für unangebracht. Die eventuellen Parallelsetzungen mit der Bibel sind suspekt; nicht zu reden von möglichen Vergleichen mit juristischen und religiösen Texten des Alten Orients. Durch diese Haltung ignoriert die islamische Orthodoxie, dass sie ganz offen der Lehre des Korans zuwiderhandelt, besteht doch dieser klar und deutlich auf seiner Treue zu den Berichten der offenbarten Bücher. Im Allgemeinen werden die Bibeltexte von den Muslimen nicht beachtet. Auf diese Art und Weise ist also die Bibel unter Zensur, man findet sie nicht in den Privatwohnungen und noch weniger in den Moscheen.

Um diesen Zustand zu rechtfertigen, wird gesagt, dass die Bibel im Laufe ihrer langen Weitergabe Veränderungen erlitten habe. Die tatsächlichen Hindernisse für eine wortgetreue Weitergabe des Korantextes, die wir weiter oben schon behandelt haben, drängen uns dazu, gegenüber dem Bibeltext eine größere Nachsicht zu üben.

Das Misstrauen der islamischen Lehre gegenüber dem Bibeltext können wir nur bedauern, selbst wenn dieses Gefühl manchmal auch gegenseitig ist. Wie viele Stellen im Koran finden ihre Erklärung oder ihre ursprüngliche Inspiration in einem

Bibeltext! Nennen wir einen konkreten Fall, der kürzlich von dem Ordensbruder Lucien-Jean Bord bezüglich der Inspirationsquelle der *Fātiḥa*[129] entdeckt wurde, der ersten Sure, die den Koran als Buch „eröffnet". Bruder L. J. Bord hat die erstaunliche Nähe des Anfangstextes des Korans mit dem ersten Psalm der Bibel aufgezeigt. Hier nun dieser Psalmentext in der „Einheitsübersetzung":

„Wohl dem Mann, der nicht dem Rat der Frevler folgt, nicht auf dem Weg der Sünder geht, nicht im Kreis der Spötter sitzt, sondern Freude hat an der Weisung des Herrn, über Seine Weisung nachsinnt bei Tag und bei Nacht. Er ist wie ein Baum, der an Wasserbächen gepflanzt ist, der zur rechten Zeit seine Frucht bringt und dessen Blätter nicht welken. Alles, was er tut, wird ihm gut gelingen. Nicht so die Frevler: Sie sind wie Spreu, die der Wind verweht. Darum werden die Frevler im Gericht nicht bestehen, noch die Sünder in der Gemeinde der Gerechten. Denn der Herr kennt den Weg der Gerechten, der Weg der Frevler aber führt in den Abgrund."

Lesen wir nun die *Fātiḥa*: „Lob sei Gott, dem Herrn der Menschen in aller Welt, dem Barmherzigen und Gnädigen, Der am Tag des Gerichts regiert! Dir dienen wir, und Dich bitten wir um Hilfe. Führe uns den geraden Weg, den Weg derer, denen Du Gnade erwiesen hast, nicht derer, die dem Zorn verfallen sind und irregehen!" – Die Ähnlichkeit beider Texte in Bezug auf das Hauptthema, nämlich der Gegensatz zwischen dem Weg der Gerechten und demjenigen der Sünder, vor dem Hintergrund der Vorstellung des Letzten Gerichts, ist offensichtlich.[130]

Die Nähe zwischen den beiden Texten ist sicher nicht zufällig, denn der Koran hat dem Thema der Psalmen einen besonderen Platz eingeräumt. Zunächst ist der Begriff „Psalm" *(zabūr)* im Koran häufiger als die Bezeichnung „Thora" *(tawrāh)*, die den

129 Es wäre richtiger, *fātiḥa* mit „incipit" zu übersetzen, was nach Meinung der „Sammler" der Korantexte der genaue Sinn des Wortes ist.

130 Den interessierten Leser weisen wir auf den hervorragenden Beitrag hin, der uns dankenswerterweise von L.-J. Bord mitgeteilt wurde; siehe Bibliographie.

Haupttext bezeichnet; das Verhältnis ist achtzehn zu neun. Darüber hinaus betrachtet der Koran den Mohammed geoffenbarten Text als schon „in den Psalmen der Älteren“ vorhanden (26:196-197), was eine Anspielung auf die biblischen Schriften ist.

Wir können sogar noch eine weitere Rechtfertigung für die Intuition des Bruders L. J. Bord anführen: Das in Vers 3 und 4 des gleichen Psalms behandelte Thema, das die *Fātiḥa* inspiriert hat, wurde vom Koran nochmals aufgegriffen: „3 Er ist wie ein Baum, der an Wasserbächen gepflanzt ist, und der zur rechten Zeit seine Frucht bringt und dessen Blätter nicht welken. Alles, was er tut, wird ihm gut gelingen. 4 Nicht so die Frevler. Sie sind wie Spreu, die der Wind verweht.“ Der Koran greift dasselbe Gleichnis wieder auf: „Hast du nicht gesehen, wie Gott ein Gleichnis von einem guten Wort geprägt hat? Es ist wie ein guter Baum, dessen Wurzel fest sitzt, und dessen Krone in den Himmel ragt, und der mit der Erlaubnis seines Herrn zu jeder Zeit Früchte trägt. ... Und ein schlechtes Wort ist gleichsam wie ein schlechter Baum, der oberhalb des Erdbodens abgehauen ist und keinen festen Halt hat. Gott festigt diejenigen, die glauben, im diesseitigen Leben und im Jenseits durch die feste Aussage. Aber die Frevler führt er irre. Gott tut, was Er will“ (14:24-27). Überflüssig, hier auf die frappierende und bis ins Detail gehende Ähnlichkeit der beiden Gleichnisse einzugehen. Darüber hinaus nimmt der letzte Vers das Thema des „Irrens“ *(ḍalla)* wieder auf, das man am Ende der *Fātiḥa* findet, was die These, dass eine redaktionelle Verbindung zwischen erstem Psalm und *Fātiḥa* besteht, weiter festigt.

Aber nicht nur die biblische Literatur hat dem Koran Textelemente geliefert. Erwähnt sei hier auch die Entdeckung von Isidore Lévy[131] von der Ähnlichkeit zwischen dem Koranbericht über die Siebenschläfer[132] und der Geschichte über das Ende der Pāndavas in der vorletzten Episode des hinduistischen Epos

131 Nach der meisterhaften und umfangreichen Studie Michael Hubers zur Legende der Siebenschläfer (1910). Sie enthält Hinweise auf arabische Literatur, die dieses Thema behandelt.

132 In Sure 18 „al-Kahf / Die Höhle“, Verse 9-26

„Mahābhārata"[133]. Jean Lambert, der diese beiden Erzählungen genauer verglichen hat, zeigt ihre erstaunliche Ähnlichkeit auf.[134] Sicher ist dieser indische Erzählstoff durch Persien gewandert und hat sich dann schließlich in den Händen von arabischen Schreibern befunden.

Vom *kitāb* zum *qur'ān*

Theologisch gesehen verneint der Koran am deutlichsten den Mythos von der „wörtlichen Authentizität" des offenbarten Textes, zeigt sich doch der offenbarte Text als Derivat eines Originals, das auf einer himmlischen Tafel verwahrt wird. *Er ist also nicht der authentische Text!* Zwischen beiden Texten liegt die Arbeit der Propheten als Übermittler sowie ihrer Sekretäre, die beauftragt waren, den Text für die Menschen zugänglich zu machen. Die Menschen empfangen die im *kitāb* enthaltene göttliche Botschaft nur in der Form des *qur'ān*, als liturgische Belehrung oder Lesung. Die Authentizität des Korans liegt nicht in seiner Textgleichheit mit dem Original; sie liegt vielmehr darin, dass es sich um einen *inspirierten* Diskurs an einen *authentischen Gesandten* handelt.

Tatsächlich zeigt uns die Art des prophetischen Wirkens, dass die übermittelte Botschaft nur selten eine feierliche Verkündigung oder Verlautbarung von Grundsätzen ist, die zu Recht auf einer himmlischen Tafel Platz fände. So betreffen die übermittelten Aussagen oft besondere Angelegenheiten, wenn es sich nicht gar darum handelt, zufällige Situationen zu meistern, die den Propheten oder die Gemeinde betreffen. Kurz gesagt, die koranische Rede ist im Wesentlichen festgelegt auf Politik, Polemik und Pädagogik. Sie ist nur wenig „normativ" im Sinne von Normen oder Gesetzen, die zu beachten wären, und die auf einen Originaltext verwiesen, so wie es sich beim Mosaischen Gesetz

133 Lévy, « Le Chien des Sept Dormants » 581

134 Lambert, *Le Dieu distribué*, Kap. XIV: „Le chien de la caverne endormie et quelques autres récits, aux fondations de la sourate 18." 257-297

verhält, das auf einer Tafel verwahrt ist. Zwar ist die himmlische „wohlverwahrte Tafel“ eine Garantie für die Authentizität des Prophetenamtes und den Sinn der übermittelten Botschaft, nicht aber für ihren Wortlaut. Dieser Sachverhalt erlaubt es Gott, die orakelhaften Verse, die der Prophet schon verkündet hat, abzuändern oder zu abrogieren, ohne dabei die himmlische Tafel zu verfälschen.

Unter diesen Umständen ist es klar, dass die Mohammed geoffenbarten Worte nicht Ergebnis eines „Diktats“ der Originalworte, sondern eines komplexen Vorgangs, nämlich der „Inspiration“ *(waḥy)* sind. A. Jeffery hat das Wesen dieses Phänomens gut mit Hilfe dieser beiden wichtigen koranischen Fachausdrücken erklärt: *tanzīl* („Herabsenden“) und *waḥy*, die beide praktisch gegenseitig auswechselbar sind.[135] Der Begriff *tanzīl* ist im Alten Orient und auch in der biblischen Welt gebräuchlich. Er bezeichnet die Art der Übermittlung oder den Weg des Offenbarungsinhalts von oben nach unten. Was den Begriff *waḥy* angeht – diesen Begriff findet man auch im Äthiopischen [Geʿez] als *waḥāya* – so bedeutet er genau „angeben, Anstoß geben, drängen, anregen, inspirieren“. Die Vorstellung aber vom „Diktat“ ist weder im Koran, noch in der Bibel oder den alten Kulturen vorhanden. Im Allgemeinen handelt es sich um einen dem Propheten „offenbarten“ Geist (42:52), der diesem dann einen Diskurs „offenbart“, natürlich den besten, den man sich vorstellen kann.

In einem früheren Buch haben wir das Beispiel eines babylonischen Gedichts „Erra / Nergal“ angeführt, wo der Schreiber Kabti-ilāni-Marduk die Rolle einer prophetisch inspirierten Person spielt. Da er nachts ein Gesicht hatte, konnte er, inspiriert vom Gott Ishum, zur Ehre von Erra ein Gedicht verfassen. Ishum entspricht dem Erzengel Gabriel, weil er der inspirierende Geist ist, gesandt von seiner Schutzgottheit Erra. Kabti-ilāni-Marduk sagt uns, er habe gleich nach dem Aufwachen das Gedicht so „verfasst“, dass er „nichts weggelassen, noch auch nur eine Zeile

135 Jeffery, “The Qurʾān as scripture” 189-201

hinzugefügt habe!"[136] Wir sehen hier die Zwiefältigkeit im Schreiben eines geoffenbarten Textes: Ein Schreiber schreibt einen Text, von dem er auf dem Wege der Inspiration Kenntnis erhalten hat. Zur Rechtfertigung des göttlichen Charakters dieser „Dichtung" schreibt er das Verdienst davon seinem inspirierenden Geist zu, bis „auf das Komma" genau.

Der Koran folgte dieser Übertragungsart der Offenbarung, ohne dass man in ihm den Anspruch einer Worttreue findet. Sie gehört eher zur Apologetik als zur historischen Wahrheit. Wichtig ist: Der Text ist niemals diktiert, sondern geoffenbart, und dies über eine Kette von Mittlern, die mit dem Schreiber endet. Der übernimmt die Verfassung des Textes und seine Formgebung; diese Funktion haben die „Sekretäre" Mohammeds übernommen, die mit der Redaktion des Korans beauftragt waren.

Gewiss lässt uns die Tradition, die uns Informationen über die Schreiber gibt, glauben, dass die Schreiber nur nach dem Diktat des Propheten geschrieben hätten. Die Tradition prangert diejenigen Schreiber an, die aus Schadenfreude nach eigener Inspiration schrieben. Wenn sie starben, so wird uns berichtet, weigerte sich die Erde sie aufzunehmen. In Wirklichkeit sind dies nur erbauliche Geschichten; sie stehen – von der Tradition offensichtlich zugegeben – im Zusammenhang mit der Offenbarung gemäß dem Geist und nicht gemäß dem Buchstaben. Diese Geschichten sind wahrscheinlich wieder aufgegriffene ältere Erzählungen, die ohne Zweifel eine aktive und als normal angesehene Rolle der Schreiber beim Verfassen des Korans bestätigen. Die Schreiber hatten vor allem die Aufgabe, einen Stil zu erarbeiten, der zum orakelhaften Text passt, mit seinen Einleitungen, seinen abschließenden und lobpreisenden Wendungen. Es galt auch andere Textarten, wie Erzählungen, Gleichnisse, Gesetzesbestimmungen, Gebete, Verherrlichungen Gottes, usw. zu kennzeichnen. Es geschah nach eigenen stilistischen Normen, die man zum Teil von sektenartigen religiösen Gemeinschaften übernahm.

136 Sfar, *Le Coran, la Bible, et l'orient ancien* 51

Der Koran spielt übrigens auf dieses Milieu an, wenn er von dem Vorwurf der Ungläubigen spricht, die sagen: „Das ist nichts als ein Schwindel, den er (Mohammed) ausgeheckt hat, und bei dem ihm andere Leute geholfen haben (...) (Es sind) die Geschichten der früheren (Generationen), die er sich aufgeschrieben hat. Sie werden ihm morgens und abends diktiert" (25:4-5). Erstaunlicherweise verteidigt sich der Koran nicht gegen diese Anschuldigung der Ungläubigen, als nähme er diese zur Kenntnis, ohne aber die Schlussfolgerungen, welche die Ungläubigen daraus ziehen wollten, zu teilen. Wir wissen aus der Überlieferung, dass zum Beispiel Zayd ibn Ṯābit, ein Sekretär Mohammeds, Syrisch konnte und sicher auch Zugang zur religiösen Literatur judenchristlicher oder manichäischer Sekten hatte. Hier wurde also Mohammed vorgeworfen, er habe Sekretäre eingestellt, deren übliche Funktion es nicht nur war, Gesagtes in Geschriebenes umzusetzen, sondern auch den anvertrauten Text gemäß einer dem Schreiberberuf eigenen Technik in eine bestimmte Form zu bringen.

Was jedenfalls sehr klar aus dem Studium der koranischen Diktion hervorgeht, ist ihr stereotyper Charakter, mit Reimen und häufigen Wiederholungen, was auf eine Bestimmung zur mündlichen Verwendung verweist, nämlich zur *Rezitation / qurʾān*.

Wir stehen also zweifellos vor einem Text, der das Ergebnis einer langen Ausarbeitung ist, sowohl in Bezug auf seinen Inhalt als auch auf seine Form. Ob nun diese Arbeit von Mohammed allein, oder aber – was viel wahrscheinlicher ist – mit Hilfe von Schreibern getan wurde, ist dabei zweitrangig. Wichtig ist, dass der Korantext uns ein bemerkenswertes Beispiel für ein eigenes, literarisches Genre liefert. Wir können die Techniken, die zu seiner Fertigung führten, identifizieren und auflisten, und wir können auch deren Entwicklung während der ganzen Zeit der Offenbarung ermitteln. In einem zweiten Schritt können wir diese Techniken mit denjenigen vergleichen, die zur Zeit Mohammeds von den Schriften judenchristlicher Sekten her bekannt waren. Es wäre auch zweckdienlich, diese Untersuchungen auf die altorientalischen Kulturen auszuweiten, waren sie doch die ersten, die religiöse und literarische Rhetorik, die man auch in der arabischen Kultur findet, vervollkommnet haben.

Der Mythos von der Sammlung der Korantexte

Kommen wir nun, nach dem Mythos von der buchstabengetreuen Offenbarung, zum Mythos der Sammlung der Korantexte *(ǧamʿ)* zu einem gegliedertem Buch. Es handelt sich dabei um den zweiten Beweis der islamischen Orthodoxie, um die Vorstellung zu verbreiten, dass der Koran ein ursprünglicher Text sei, der gänzlich und authentisch von Gott stamme. Wir haben die extrem unterschiedliche Länge zwischen langen und kurzen Suren gesehen, das völlige Fehlen einer Gesamtgliederung des Buches und vor allem der Suren. Dies alles belegt unbestreitbar, dass es weder zu Lebzeiten Mohammeds noch danach den Willen gab, die vielfältigen, offenbarten Einzelheiten im Rahmen eines zusammenfassenden Ganzen, genannt *qurʾān* oder *muṣḥaf* – so wird das materiell vorliegende Koran-Buch bezeichnet –, zu harmonisieren.

Die Ganzheitlichkeit des geschriebenen Korans ist in Wahrheit mythischer Natur, und zwar in dem Sinn, dass es keine koranische „Ausarbeitung" gibt, sondern mehrere Offenbarungen ohne gegenseitigem Zusammenhang, und sie sind auch nicht dazu bestimmt „ein Buch" zu bilden. Erinnern wir uns hier nochmal an den Vorwurf gegen den Kalifen ʿUṯmān, er habe den Koran auf ein einziges Buch reduziert: „Der *qurʾān* war in Form von (mehreren) Schriften, und du hast sie reduziert auf eine einzige *(kāna ʾl-qurʾānu kutuban fa-taraktahā illā wāḥidan)*."[137] Wir erinnern uns auch an die mehr als zurückhaltende Reaktion, die Zayd ibn Ṯābit zugeschrieben wird, als man ihm den Vorschlag einer Sammlung des Korans machte. All das zeigt, wie unangemessen die Vorstellung von „einem" Koran war – auch aus der Sicht der Tradition, die hier die Polemik wiedergibt, die bei der

137 al-Ṭabarī, *Annales* I, 2952, in Wansbrough, *Quranic Studies* 51, Fn. 7

offiziellen Festlegung des Kanons der Korantexte geäußert wurde.

Wann hat die Festlegung des Textkanons stattgefunden? Bei der Frage helfen uns alte Dokumente kaum, da die ältesten Handschriften nicht vor das Ende des ersten oder den Anfang des zweiten Jahrhunderts der Hiǧra zurückgehen. Sicher wurde zur Zeit der Omayyaden der Beschluss gefasst, zwar nicht ein Buch zusammenzustellen, wohl aber eine Sammlung verschiedener Blätter *(ṣuhuf)*, die nach jeweiliger Textlänge angeordnet und nummeriert wurden. Es handelte sich also eher um ein offizielles Verzeichnis der offenbarten Texte, so wie sie bis in die damalige Generation überkommen waren. Um ein solches Unterfangen zu legitimieren, hat man es entweder dem Kalifen ʿUṯmān, mitunter auch Abū Bakr oder Mohammed selbst zugeschrieben. Aber dieses „Buch" hat niemals einen festgelegten Titel erhalten, denn der Koran hat ihm keinen zugedacht, einfach weil die Idee „eines Buches" erst nach dem Tod des Propheten geboren wurde.

Der Mythos von der vollkommenen Weitergabe

Seit seiner Offenbarung bis heute hat die Tradition stets auf der Vorstellung einer fehlerlosen Weitergabe des Korantextes bestanden. Damit wollte sie beweisen, dass der Text, den wir heute besitzen, ganz eindeutig derjenige auf der himmlischen Tafel ist, den Gott vor jeder Änderung bewahrt hat. Es genügt, sich an die Varianten zu erinnern, welche die islamische Orthodoxie selbst zugibt und unter dem Begriff der „Lesarten" *(qirāʾāt)* oder „Unterschiede" *(iḫtilāfāt)* vermerkt hat, um diese fromme Behauptung ins Nichts aufzulösen. Die Varianten haben ja schon im Rahmen der Offenbarung selbst begonnen, hat doch der Koran das Prinzip der sogenannten Abrogation *(nasḫ)* selbst aufgestellt.

Überdies war ja die arabische Schrift jener Zeit „defektiv", d. h. ohne diakritische Zeichen und Vokalisierung, bis zu einer späteren Zeit, die man zwischen dem Ende der Omayyadendynastie und dem vierten Jahrhundert der Hiğra ansiedelt. Um diesem Einwand zu entgegnen, hat man die phänomenale Gedächtnisfähigkeit der damaligen Araber geltend gemacht, mit deren Hilfe die Texte erlernt und vor jeglichen Fehlern bewahrt würden. Ibn Muğāhid (245-324 AH), eine große Autorität auf dem Gebiet, hat unwissentlich auch diesen Mythos widerlegt, als er den Grund für die Varianten im Korantext erklären wollte. In der Einleitung zu seinem „Buch der Sieben, über die Lesarten" des Korans *(Kitāb al-Sabʿa fī 'l-qirā'āt)* sagt er, dass es demjenigen, der den Koran memoriert, geschehen kann, „etwas zu vergessen; dann verliert er, was er empfangen hat, und trägt den Text vor, ohne seinen Fehler zu bemerken. Also trägt er willkürlich vor, was ihn dazu bringt, diese neue Lesart einem andern Rezitator zuzuschreiben, um sich selbst zu exkulpieren. Sollte es sich hierbei um einen vertrauenswürdigen Mann handeln, so haben die Leute ihn nachgeahmt. Passiert es ihm also, etwas zu vergessen und ohne böse Absicht einen Fehler zu begehen, so hält er daran fest und verlangt die gleiche Lesart von den Andern." – Wie wir sehen, bedeutet dieses Zeugnis für die ersten Generationen von Muslimen die endgültige Ablehnung des Mythos von der Unfehlbarkeit des Gedächtnisses der Rezitatoren, die ja den Korantext bewahren sollten.

Nicht nur die Gedächtnisleistung kann schwächeln, auch die Schreiber sind so fehlbar wie diejenigen, die aus dem Gedächtnis rezitieren. Nur wenige Koranmanuskripte sind uns ohne Abschreibfehler überkommen. Das berühmte Manuskript von Samarkand zeigt deutlich die tatsächliche Gefahr von Fehlern, die eine Abschrift nur wegen der Schreiber erleiden kann.

Erinnern wir uns hier an einen seltsamen Bericht aus der islamischen Überlieferung. Er betrifft eine zufällige Vernichtung des Korans durch Feuer zur Zeit der Offenbarung. So berichtet uns al-Ṭabarānī folgenden Ausspruch Mohammeds: „Wäre der Koran in Leder eingepackt gewesen, das Feuer hätte ihn nicht aufgezehrt / *law kāna 'l qur'ān fī ğild mā akalathu 'l-nār.*" – Ein ähnliches Ḥadīṯ von Ibn Ḥanbal sagt: „Wenn man den Koran in

Leder packt und ins Feuer wirft, so wird er nicht verbrennen." – Noch verwunderlicher ist jenes andere Ḥadīṯ von Mohammed, das von ʿIṣmat ibn Mālik überliefert wird: „Hätte man den Koran in Leder *(ihāb)* gesammelt, so hätte Allah ihn nicht mit Feuer verbrannt / *mā aḥraqahu 'llāhu bi-'l-nār*." – Was steckt hinter diesem Geheimnis der Vernichtung des Korans durch das Feuer? Wurde der Koran zu Lebzeiten Mohammeds teilweise durch Feuer vernichtet? Hat diese Vernichtung irgendeinen Bezug zur Vernichtung nicht-kanonischer Texte, die man besonders dem Kalifen ʿUṯmān zuschreibt? Wir haben heute nichts in der Hand, was uns erlauben würde, mehr als nur diese Frage zu stellen. Der Bericht sollte jedoch im Rahmen der Geschichte und der Übermittlung des Korans beachtet werden. Wie wir sehen, ist diese Übermittlung viel zerbrechlicher als das fälschlich dem Koran zugeschriebene Dogma, nach dem Gott sich verpflichtet hätte, den Koran zu bewahren (... *wa-innā lahu la-ḥāfiẓūn*, 15:9), obwohl doch die himmlische Tafel Objekt seiner göttlichen Fürsorge ist, und nicht etwa der geoffenbarte Text.

Der Mythos von der Unnachahmlichkeit

Der Koran behauptet entschieden: „Gesetzt den Fall, die Menschen und die Dschinnen tun sich zusammen, um etwas beizubringen, was diesem Koran gleich ist, so werden sie das nicht können. Auch, wenn sie sich gegenseitig helfen würden" (17:88). Nun muss man allerdings diese Behauptung der Unnachahmlichkeit des geoffenbarten Textes nicht ganz wörtlich nehmen. Eine solche Redeweise gehört nämlich zum Genre „Verherrlichung der Werke Gottes." Da Gott höher steht als seine lebenden Geschöpfe, kann nichts, was sie fähig sind zu schaffen, dem Werk ihres Schöpfers gleichkommen. So gesehen, wäre es missbräuchlich, aus dieser Behauptung der Vortrefflichkeit das Korantextes heraus ein Argument für den unnachahmlichen Charakter des Korans zu ziehen. Gleiches gilt auch, wenn Gott sagt: „... Wenn er (der Koran) von jemand anderem als Gott wäre, würden sie (die Ungläubigen) in ihm viel Widerspruch *(iḫtilāf)* finden“ (4:82). Tatsächlich aber birgt der Koran zahlreiche Widersprüche, welche die islamische Tradition hauptsächlich durch die Lehre von der Abrogation aufzulösen versucht. Ebenso steht die Korantheorie über die dunklen oder vieldeutigen Verse (*mutašābihāt,* 3:7) im Gegensatz zum behaupteten Fehlen von Widersprüchen.[138]

Grundsätzlich ist das aber noch kein Vorurteil, das gegen eine menschliche Mitwirkung an göttlich inspirierten Werken spricht. Das Prinzip der Vortrefflichkeit ließe sich in dem Fall ebenfalls auf die vorislamischen Seher *(kāhin,* pl. *kuhhān)* und Dichter *(šāʿir,* pl. *šuʿarāʾ)* anwenden. Der Status eines geoffenbarten Werkes kann folgendermaßen sein: Es könnte ein ausschließlich von Gott geschaffenes Werk sein, oder aber unter Beteiligung von Personen entstanden sein, die zur praktischen Verwirklichung berufen sind, wie etwa von Propheten oder Schreibern. Dies stellt die göttliche Natur seiner Genese nicht in Frage; die Eigenschaft der Vortrefflichkeit bleibt vollkommen erhalten. So hat Gott zum Beispiel Salomon eine Gunst erwiesen, als er Dschinnen unter dessen Befehl stellte, um seinen Palast zu bauen. Diese Dschinnen wurden unmittelbar von Gott überwacht (34:12-13) und vollbrachten auch ein Werk, dem Vortrefflichkeit, Unvergleichlichkeit usw. als Eigenschaften zukamen. Kurz gesagt: Gott bedient sich oft zusätzlicher Helfer bei der Verwirklichung seiner Werke. Das hat keine Auswirkung auf deren Vortrefflichkeit, auch nicht auf deren göttliche Eigenschaft, sind diese Werke doch Ergebnisse einer göttlichen Inspiration *(waḥy),* die ohne Unterschied für die Schaffung von Texten oder Dingen angewendet wurde. So wurde die Erstellung des Korans nacheinander himmlischen Helfern (Gabriel) und dann irdischen Helfern (Mohammed und seinen Schreibern) anvertraut, die dann alle mit göttlicher Eingebung handelten.

138 [Zum Problem der dunklen Verse, s. Luxenberg, *Die Syro-aramäische Lesart des Koran.* Zahlreiche dieser mehrdeutigen oder unverständlichen Verse erhalten durch die Lesart Luxenbergs einen klar verständlichen Sinn!]

Eine völlig andere Fragestellung betrifft die Authentizität der Inspiration *(waḥy)*. Man darf sie nicht verwechseln mit der Frage nach der wörtlichen Authentizität des Textes, der durch Offenbarung entstanden ist. Die Authentizität des *waḥy* gab während der ganzen Prophetentätigkeit Mohammeds Anlass zu intensiver Polemik. Er wurde beschuldigt, vom Unterricht bei gewissen judenchristlichen Sektierern zu profitieren. Der Koran bestätigt ausdrücklich diese Kontakte: „Wir wissen wohl, dass sie (die Ungläubigen) sagen: ‚Es lehrt ihn ein Mensch'. Die Sprache dessen, auf den sie anspielen, ist nicht Arabisch. Dies hingegen ist deutliche arabische Sprache" (16:103). „Und sie sagen: ‚Das ist nichts als Schwindel, den er ausgeheckt hat und bei dem ihm andere Leute geholfen haben' (…) Und sie sagen: ‚(Es sind) die Geschichten der früheren (Generationen), die er sich aufgeschrieben hat. Sie werden ihm morgens und abends diktiert'" (25:4-5).

Die Überlieferung, angefangen von dem Historiker und Exegeten al-Ṭabarī (st. 310 AH / 923 AD) bis hin zu vielen anderen, hat uns freimütig Einzelheiten über die Informanten Mohammeds hinterlassen. Gegen diese Angriffe konnte der Koran sich nicht verteidigen, waren sie doch offensichtlich konkreter Natur.[139] Er konnte sie auch nicht der Lüge bezichtigen. Als Argument konnte er gerade noch den Unterschied der Sprachen der sogenannten Auskunftgeber und des Propheten andeuten, doch auch das ohne große Überzeugung. Die einzig seriöse und „rituelle" Antwort lag darin, an die Allmacht und Allwissenheit Gottes zu erinnern …

Die Frage nach den „Auskunftgebern" Mohammeds konnte sich auch mit der Frage nach den christlichen Schreibern Mohammeds, die mit Abfassung und Aufbau des Korantextes befasst waren, überschneiden. Die Überlieferung hat ihre „betrüge-

139 S. die hervorragende Aufklärung dieser Frage im Artikel von Claude Gilliot, «Les „informateurs" juifs … », [sowie ergänzend deutsch Claude Gilliot, „Zur Herkunft der Gewährsmänner …"]

rische" Teilnahme bei der Endformulierung der geoffenbarten Texte zugegeben.[140] Nach unserer Meinung handelt es sich hier um Folgendes: Der ursprüngliche Sachverhalt, dass nämlich Schreiber ihre Rolle bei der Erarbeitung des Korantextes ganz selbstverständlich übernahmen, sollte jetzt durch die neue islamische Ideologie kleingeredet werden, und so hat man sie auch beim Vorliegen von „Varianten" der Fälschung verdächtigt.

Claude Gilliot hat eine bemerkenswerte Gemeinsamkeit bei dieser Gruppe der „Informanten" festgestellt: Es ist die Ausübung eines Handwerks im Bereich der Metallbearbeitung; dieses wird mit dem Fachausdruck *qayn* bezeichnet. Das Wort aber bedeutet nach seiner hebräischen, syrischen und äthiopischen Wurzel etwa „das Singen, das Anstimmen einer Totenklage *(qayn / qayna)*."[141] Muss man nun, wie es Claude Gilliot vorschlägt, das Schmiedehandwerk mit einem Initiationsritus verbinden, wie er im indo-europäischen Bereich gepflegt wurde? Nach unserer Meinung könnte der Sachverhalt einfacher sein: Die Verbindung Schmiedearbeit und Gesang ergibt sich aus der Technik selbst des Schmiedens, das mit einem gewissen Rhythmus geschieht. Der Arbeitsablauf bei der Metallbearbeitung musste von Liedern begleitet gewesen sein, vergleichbar antiker Sitten, die aber auch heute noch vorkommen. Hierbei werden gewisse handwerkliche Arbeiten von rhythmischen Arbeitsliedern begleitet. Als bemerkenswertes Beispiel dazu finden wir die arabische Musikart *mawwāl*, die ursprünglich ein begleitender Gesang im Rhythmus eines Kamels, das durch die Wüste schreitet, gewesen sein soll.

Gleiches mag für unsere Schmiede beim Singen dieser Art von Gesang *(qayn)* gelten. Dass die „Informanten" Mohammeds Schmiede gewesen seien, ist unter diesen Umständen eine sehr interessante Information, da sich das auf ihren möglichen Beitrag als Schreiber bei der Ausarbeitung des koranischen Stils, der Rhythmisierung und der formelhaften Wendungen aus-

140 Ebd. 88, §9
141 Ebd. 119, §66

wirkte; waren doch diese Meister der Metallbearbeitung normalerweise auch Meister des Reimens und des Stils.

Für unsere Aussage ist hier wichtig, dass die angefachte Polemik gegen die Schreiber (und gleichzeitigen Informanten) nur die Wahrhaftigkeit der Inspirationsquelle betrifft, nicht aber die göttliche Authentizität der Schaffung des Korantextes. Vergessen wir nicht, dass das Hauptinteresse, welches die Zeit der prophetischen Offenbarung beherrscht hat, der Beweisführung galt, dass die von Mohammed beanspruchte prophetische Sendung echt war, nicht aber, dass die göttliche Botschaft wortwörtlich authentisch sei. Erst viel später, nach dem Tod des Propheten, gab es eine Änderung der Perspektive; zu einem Zeitpunkt, als es nicht mehr notwendig war, die Echtheit der prophetischen Tätigkeit zu beweisen. Jetzt, da die Prophetentätigkeit mit dem Tod Mohammeds beendet war, wurde der geoffenbarte Text zur einzigen Quelle für die Legitimität und die theologische Referenz, sowohl für die Muslime als auch für die jeweiligen Machthaber. In seiner Eigenschaft als einzige Referenzquelle hat nunmehr der Korantext ein neue Weihe erhalten, nämlich diejenige, die bis dahin nur das himmlische Original besaß, die wohlverwahrte Tafel. So hat sich der Gegenstand der religiösen Auseinandersetzung vollkommen gewandelt, und der gerade entstandene Islam musste ein ganz und gar neues Dogma schaffen: Es ist das Dogma von der wörtlichen Authentizität des geoffenbarten Textes. Daher wurde auch der Mythos von der jährlichen Überprüfung des geoffenbarten Textes durch Mohammed, zusammen mit Gabriel, seinem inspirierenden Engel, erfunden.

Ergebnis

Am Ende dieses Überblicks hoffen wir, die Komplexität unserer Fragestellung zur Authentizität des Korantextes aufgezeigt zu haben. Was es in diesem Bereich zu wissen und zu entdecken gilt, sind nicht so sehr die Veränderungen, die den Korantext während oder nach seiner Offenbarung betroffen haben, sondern die religiöse Welt, so wie sie sich die Menschen in der Zeit der Offenbarung vorstellten. Die damalige Welt hatte ihre eigene Sicht des Göttlichen, die nicht mehr die unsrige ist. Sie hatte auch ihre eigene Vorstellung von Gott, von seinen Beziehungen zu den Menschen, auch eine eigene Vorstellung von den Propheten; heute fällt es uns schwer das nachzuvollziehen.

Vierzehn Jahrhunderte nach der koranischen Offenbarung würde der Gott des Korans, Allah, sich in der Vorstellung, die wir heute von ihm haben, nicht wiedererkennen. Wenn man den Koran liest, so ähnelt Allah dem Gott Abrahams und der Bibel. Ein lebendiger Gott, der zwar weise ist, aber auch Momente des Zorns, der Vorlieben, der Wünsche und der Bedürfnisse hat, ganz nach dem Bild orientalischer Monarchen. Kurz gesagt, ein Gott, der gewiss alle Menschen überragt, aber doch ein menschenähnliches Wesen ist.

Ebenso verhält es sich mit seinen Propheten, die man bis heute so sehr idealisiert hat, dass sie vergöttlichte Wesen geworden sind. Sogar ihre Zeitgenossen sind ihrerseits zu gleichsam göttlichen Kultobjekten geworden. Die islamische Tradition hat sie mit den „Sternen des Himmels“ verglichen...

Es ist bemerkenswert, dass die traditionalistischen Biographen Mohammeds praktisch alle Zeugnisse und Informationen über sein Leben unter vierzig Jahren – d. h. vor Beginn seiner Berufung – ausgeblendet haben. Im Bewusstsein der Muslime ist Mohammed als vollendeter Prophet geboren; seit seiner Geburt wartete er dann brav auf die Stunde seiner Sendung. Der andalusische Gelehrte Ibn Ḥazm (994-1064 AD) behauptet zum Beispiel: „Wir wissen mit Sicherheit, dass Gott seine Propheten davor bewahrt hat, Ehebruch zu begehen oder

Söhne aus einer ehebrecherischen Beziehung zu sein... Wir wissen mit Sicherheit, dass Allah sie vor Beginn ihrer Berufung gegen das immun gemacht hat, was man ihnen während ihrer Prophetenschaft vorwerfen könnte, wie etwa Diebstahl, Aggression, Hartherzigkeit, Päderastie, Unzucht, Schädigung von Personen, ihren Ehefrauen, Angehörigen sowie deren Eigentum."

Ibn Ḥazm bringt dann einen Bericht, der Ḥasan, einem Sohn des ʿAlī ibn Abī Ṭālib, zugeschrieben wird, in dem der behauptet, er habe den Propheten sagen hören: „Während meines ganzen Lebens habe ich nichts Tadelnswertes begangen, wie dies die Heiden tun, außer zweimal, aber Gott hat mich jeweils davor bewahrt ..." Dazu erzählt Mohammed, wie er sich als junger Viehhirte an zwei Abenden in Mekka eine schöne Zeit bei einer Hochzeitsfeier machen wollte. Am Ort der Feier angekommen, hinderte ihn Gott daran, dies zu tun, indem er ihn bis zum Sonnenaufgang schlafen ließ ...[142] Das ist eine der wenigen rein biographischen Angaben, die wir über die ersten vierzig Lebensjahre des Propheten besitzen! Übrigens berichtet Ibn Ḥazm, dass man zu seiner Zeit behauptete: „Das Verbot des Weins sei nicht Teil der *sunna* des Propheten gewesen, und sie (Mohammed und seine Gefährten) hätten ihn getrunken. Gott möge sie vor so etwas bewahren!"[143]

Es ist diese wahrhaft ideologische Konditionierung – begründet auf der Heiligsprechung der Person des Propheten – die am Beginn der islamischen Wahrnehmung des Korantextes steht, die in einer unwiderstehlichen Bewegung verherrlicht und ins Erhabene gesteigert wurde. So wurde ein unüberwindliches Hindernis für jegliche geschichtliche oder vergleichende Wahrnehmung des Korans errichtet. Die theologische Denkweise hat danach die historische Denkweise überlagert. Während der vierzehn Jahrhunderte, die uns von der Zeit der Offenbarung trennen, wurde mit Geduld und Methode die Geschichte neu geschrieben. Nach und nach wurden alle Spuren entfernt, welche

142 Ibn Ḥazm, *al-Fiṣal* IV, 25

143 Ebd. IV, 26

das neue Lehrgebäude stören könnten. Am meisten haben darunter die Schriften selbst gelitten.

Diese Arbeit wurde so tüchtig betrieben, dass heute praktisch überhaupt kein nicht-epigraphisches Schriftdokument aus dem ersten Jahrhundert des Islams mehr vorhanden ist, angefangen beim Koran selbst. Die frühesten Koranbelege aus dem ersten Jahrhundert sind auch für alle Zeiten verschwunden. Wie wir gesehen haben, ist auch die Biographie Mohammeds von einer echten Taktik der „verbrannten Erde“ betroffen, ob es sich nun um die Zeit seiner Prophetentätigkeit oder um sein „heidnisches“ Leben handelt. Wir erinnern nochmals daran, dass selbst die Aussagen des Propheten im ersten Jahrhundert des Islams nicht in Umlauf gebracht werden durften. Erste Folge dieser *tabula rasa* der Vergangenheit – hervorgerufen durch die politisch-religiösen Mächte – war die neue orthodoxe Ideologie, die als einzig mögliche und wahre durchgesetzt wurde. Eine Ideologie, die von keinem Beleg und keiner ernsthaften Spur mehr angegriffen werden konnte, da alle widersprechenden Spuren verschwunden waren – oder doch fast.

So steckt nun das Bewusstsein aller Muslime in der Falle: Die Ideologie hat endgültig die Oberhand über die geschichtliche Realität gewonnen, und das so sehr, dass es vollkommen nutzlos ist, irgendein Dokument aufzuzeigen oder irgendeine Argumentation vorzubringen, um die Wahrheit über den Islam wiederzuentdecken, so wie er existierte und von Mohammed gelebt wurde. Man wird sofort beschuldigt, sich gegen den Islam zu verschwören, ihm übelzuwollen, ihn herabzuwürdigen usw. Die historische Wahrheit wird der Gottlosigkeit verdächtigt, und die gezielte Lüge der religiösen Machthaber hat sich als sichere und wirksame Garantie für die Frömmigkeit der Muslime erwiesen. So werden sie von den wahren theologischen und historischen Auseinandersetzungen ferngehalten und in Unwissenheit gelassen.

Das andere Opfer dieses orthodox-ideologischen Systems ist unzweifelhaft, und paradoxerweise, der Koran selbst. Auf Anordnung des Kalifen wurden ja nicht nur die ersten Koranmanuskripte vernichtet, sondern es wurde der Koran seines Inhaltes entleert, um ihn durch einen neuen „Koran“ zu ersetzen. Diesen hat man *sunna* oder Tradition genannt, er ist in allen Teilen erfunden, aber nachträglich Mohammed zugeschrieben worden. Diese Tradition ist dazu bestimmt, den Koran zu „vervollkommnen“ oder gar zu abrogieren, auf jeden Fall aber soll sie uns die „richtige“ Erklärung liefern, verpflichtend in Geist und Wort. Jedes Herangehen an den Koran muss notwendigerweise auf dem Weg der traditionalistischen Dogmatik geschehen, wenn nicht, folgt die Exkommunikation. Die Einrichtung *sunna* ist eine echte Inquisitionsmaschine mit erschreckender Wirkung. Es gelingt ihr wirkungsvoll, den Muslimen weiszumachen, sie besäßen das Monopol auf die Wahrheit über alles Göttliche, obwohl doch Existenz und Bedeutung der *sunna* das Werk eines politischen Systems ist, das in Wahrheit die Macht an sich gerissen hat. Die Pseudoexegese des Korans ist ganz offensichtlich nur eine beeindruckende apologetische Maschine, die zu Lasten der historischen Wahrheit des Korans gewirkt hat. Auch die Sakralisierung des Korantextes – ganz entgegen dem Geist des Korans selbst – diente als ausgezeichnetes Werkzeug zur endgültigen Unterdrückung der Stimme des Korans und seiner Geschichtlichkeit. So ist die historische Textkritik des Korans um eineinhalb Jahrhunderte im Rückstand, wenn wir sie mit den Arbeiten vergleichen, welche die Bibeltexte im Lichte der Menschheitsgeschichte erhellt haben.

Was den Koran angeht, sind die heutigen Muslime ganz und gar unwissend, dasselbe gilt auch für ihre Kenntnisse über Mohammed. Was sie nur kennen, sind mythische Klischees, die an Stelle von historischen Berichten stehen. Die Heiligkeit, mit der sie den Korantext umgeben, hindert sie gleichsam physisch daran, den Text zu verstehen und zu entdecken, dass er Bedeutungen hat, deren Erkenntnis die Orthodoxie nicht genehmigt. Das hindert sie auch, zu erkennen, dass der Koran eine Geschichte hat, welche die ersten Muslime auf ihre Art umgestaltet haben, so dass wir heute daran gehindert werden, ihn besser zu verstehen.

Anhang

Die Sonnenfinsternis vom 27. Januar 632 n. Chr.

Die einzige wissenschaftliche Datierung in der Geschichte des Korans und im Leben Mohammeds

[Um die nachfolgende Studie leichter zu verstehen, sollte man Folgendes im Voraus bedenken: Zur Zeit des Propheten gab es noch keine Voraussage einer Sonnenfinsternis (Eklipse), da sie für die Menschen noch keine gesetzmäßige astronomische Erscheinung war, die man aus den Bahnen der Himmelskörper hätte errechnen können. Sie war vielmehr ein plötzlicher Fingerzeig Gottes, den es zu deuten galt.

Gut beobachten konnte man die Eklipse nur am Morgen, wenn die Sonne noch nicht zu hoch am Himmel stand, oder am Abend, wenn sie nicht mehr so hoch stand. Da noch keine geschwärzten Gläser in Gebrauch waren, wäre eine Beobachtung mit bloßem Auge bei Hochstand (oder gar Zenitstand) der Sonne gefährlich gewesen. Die Dauer der Erscheinung durfte auch nicht zu kurz sein, und der Grad der Verdunkelung musste stark sein.]

Wie wir wissen, stammen unsere Kenntnisse über das Leben Mohammeds aus dem Koran und aus verschiedenen Berichten, welche die islamische Tradition uns überliefert hat. Bis heute ist uns aber nichts überkommen, was mit Sicherheit die Wirklichkeit, die Genauigkeit und die exakte Datierung der damaligen Ereignisse bestätigen könnte. Der Koran gibt seinerseits kaum genauere Angaben über Geschehnisse dieser Zeit. Er lässt so den islamischen Chronisten freie Hand für ganz und gar zügellose Spekulationen über alles – oder fast alles –, was das Leben des Propheten betrifft.

Zum Glück gestatten uns heute die Fortschritte in den astronomischen Berechnungen, wie wir sehen werden, zu ersten Mal den wissenschaftlichen Beweis für ein Ereignis zu führen, das uns vielfach von der islamischen Tradition berichtet wird, nicht aber vom Koran selbst, nämlich „die Sonnenfinsternis zur Zeit des Propheten Allahs," wie der von der *sunna* gebrauchte Ausdruck lautet. Wichtige Ereignisse im Leben Mohammeds wurden mit dieser kosmischen Erscheinung verbunden. Über diese wissen wir jetzt weitere Einzelheiten, und so ist die Datierung mancher Koransuren umso besser zu bestimmen.

Versuchen wir zunächst aufzuzeigen, wie es uns möglich ist mit Bestimmtheit die genannte Sonnenfinsternis festzulegen. Für unsere Nachforschungen haben wir die Berechnungen und Ratschläge von Patrick Rocher, Astronom am *Institut de Mécanique Céleste du Bureau des Longitudes de Paris*, benutzt, die er uns freundlicherweise für unsere Studie zur Verfügung gestellt hat und für die wir uns hier herzlich bedanken.

Zunächst einmal gestatten uns diese Berechnungen zu sagen, dass von 19 Sonnenfinsternissen, die für die Zeit Mohammeds in Mekka und Medina festgestellt wurden, keine vollständig war, sie also eine komplette oder partiell merkliche Verfinsterung bewirkt hätte. Am 2. August 612 n. Chr., also zu einer Zeit, als Mohammed seine Predigttätigkeit in Mekka begann, gab es eine Sonnenfinsternis mit Beginn um 18 Uhr und 48 Minuten (erster Kontakt von Sonne und Mondschatten). Da aber die Sonne schon 13 Minuten später unterging, bemerkten die Mekkaner das Phänomen zweifelsohne nicht, wenn auch der Beginn der Eklipse mit bloßem Auge hätte gesehen werden können.

Auch im folgenden Jahr am 23. Juli 613 hätten die Mekkaner eine Sonnenfinsternis beobachten können, welche die bedeutendste zu Lebzeiten des Propheten war. Sie begann am Morgen um 7 Uhr 17 Minuten und endete um 9.51 Uhr. Das Maximum der Verdunkelung lag bei 93,4%. Leider war das Maximum etwa drei Stunden nach Sonnenaufgang erreicht, sodass die Beobachtung dieser Eklipse mit bloßem Auge schwierig war. Was die Verdunkelung angeht, so war diese kaum zu bemerken, denn schon 1% Leuchtkraft der Sonne entspricht der Leuchtkraft von 100.000 Monden ... Gleiches können wir von drei anderen Eklipsen von geringerer Bedeutung in Mekka sagen, die am 21. Mai 616, am 4. November 617 und am 2. September 620 stattfanden.

Nach seiner Zeit in Mekka wanderte Mohammed im Jahr 622 (genau am Freitag, dem 16. Juli) nach Medina aus; dies ist der Beginn der islamischen Zeitrechnung, sie wird danach „Hiğra-Ära" (AH) benannt, was (wie schon erwähnt) soviel heißt wie „Emigration." Die erste Sonnenfinsternis islamischer Zeit in Medina fand erst zwei Jahre später statt, nämlich am 21. Juni 624 n. Chr. Erstaunlicherweise hatte sie den gleichen Verlauf wie die erste Eklipse von 612 in Mekka. Sie begann erst knapp eine viertel Stunde vor Sonnenuntergang.

Die zweite Sonnenfinsternis in Medina geschah am 21. April 627. Sie war zeitgleich mit dem „Grabenkrieg", bei dem den Mekkanern, als Feinden des Propheten, die Belagerung Medinas misslang. Diese Sonnenfinsternis aber, die fünf Stunden nach Sonnenaufgang geschah, verdeckte nur 5,4% der Sonnenscheibe. Es bestand also nur eine geringe Chance, sie mit bloßem Auge zu beobachten.

Fünf Jahre später, also vier Monate und acht Tage vor dem Tod des Propheten, geschah die dritte und letzte Sonnenfinsternis in Medina. Sie ist zweifelsfrei die einzige, die mit bloßem Auge gut beobachtet werden konnte. Von ihr gibt es zahlreiche Berichte der islamischen Tradition. Sie geschah am Montag, dem 27. Januar 632 – das entspricht dem 28. Šawwāl des 10. Jahres der Hiğra. Die Sonnenfinsternis begann sehr früh am Morgen um 7.30 Uhr und 19,4 Sekunden. Sie erreichte eine maximale Verdunkelung von 76,6% um 8.45 Uhr und 56,6 Sekunden. Die volle Helligkeit war wieder um 10.13 Uhr und 51,8 Sekunden erreicht, also nach einem Ablauf von 2 Stunden und 43 Minuten.

Faktisch haben wir es mit zwei fast gleichartigen Eklipsen zu tun: Diejenige vom 23. Juli 613, die drei Stunden nach Sonnenaufgang begann, und mit jener vom 27. Januar 632, einundzwanzig Minuten nach Sonnenaufgang. Nun berichten uns aber die überkommenen Mitteilungen über Mohammed nur von einer einzigen Sonnenfinsternis „in der Zeit des Gesandten Allahs / fī ʿahd al-rasūl." Um welche handelt es sich? Um diejenige von 613 oder die von 632? Wie wir schon dank Patrick Rocher bemerken konnten, war die Sonnenfinsternis von 632 trotz ihrer Frühzeitigkeit (ihrer zeitlichen Nähe zum Sonnenaufgang) nicht viel leichter zu beobachten als die erste von 613. Die Regel lehrt nämlich, dass die Beobachtung von Eklipsen mit bloßem Auge nur bei Sonnenaufgang oder Sonnenuntergang möglich ist, nicht aber dazwischen. Beachtet man diese Hinweise, so ist es doch so, dass die Sonne leichter bei Wolken oder Sandstürmen zu beobachten ist, wenn der Sonnenstand näher dem Horizont ist, was bei der Sonnenfinsternis vom 27. Januar 632 der Fall war.

Wie auch immer, die islamische Traditionsliteratur, die der Hadīṯe, gibt uns eine gewisse Anzahl von Hinweisen, die bestätigen, dass es sich bei der Sonnenfinsternis, von der die Gefährten Mohammeds reden, wohl um die von uns gerade erwähnte vom 27. Januar 632 handelt. Der Vollständigkeit halber weisen wir noch auf einige gegenteilige Angaben hin: Vor allem, was al-Nasāʾī (215- 303 AH / 829-915 AD) in seiner Ḥadīṯsammlung (*Sunan al-Nisāʾī*) im Kapitel „Gebet bei Sonnenfinsternis / ṣalāt alkusūf" berichtet, wo er ʿĀʾiša sagen lässt, dass die Sonnenfinsternis während der mekkanischen Zeit Mohammeds stattgefunden habe, oder aber an einem besonders heißen Tag in Medina. Handelt es sich hierbei die Verwechslung mit kontextfremden Ereignissen? Von der Traditionsliteratur sind wir ja oft an solches gewöhnt.

Bis auf wenige Ausnahmen – wie der Hinweis auf die Temperaturen am Tag der Sonnenfinsternis, die wir gerade erwähnt haben – geben die Berichte leider kaum Genaueres über die Eklipse an, weder über das genaue Datum, noch über die Tageszeit, zu der sie stattfand. Die einzige Ausnahme ist dann doch von Bedeutung, denn sie gibt uns eine genaue Angabe der Stunde, in der sich die Eklipse ereignete. In seiner Hadīṯsammlung überliefert uns Abū Dāwūd[144] einen Bericht, den er einem Gefährten Mohammeds, Samura ibn Ǧundub, zuschreibt, wo-

144 Abū Dāwūd, *Sunan* II, 386

nach dieser in einer Freitagspredigt gesagt haben soll: „Während ich und ein junger Mann von den Anṣār (medinensischen „Helfern“) mit Pfeilen (?) schossen, hat sich die Sonne verdunkelt wie eine *tannūma* (-Frucht), und zwar in dem Moment, als sie etwa in Höhe von zwei oder drei Lanzen über dem Horizont stand. Wir sagten uns: ‚Lasst uns zur Moschee gehen, denn, bei Allah, es wird etwas zwischen dem Gesandten Gottes und seiner Gemeinde sein, wegen dem, was der Sonne zugestoßen ist.' Wir sind dorthin geeilt und da erschien auch (Mohammed). Er ist vorgetreten und hat das Gebet begonnen ...“ – Imām Muslim (st. 261 AH / 875 AD, ein bekannter Ḥadīṯkompilator) hat in seinem Werk (*Ṣaḥīḥ Muslim*), Kapitel „Buch der Sonnenfinsternis / kitāb al-kusūf“ ähnliche Berichte, die er dem selben Prophetengefährten (unter dem Namen ʿAbd al-Raḥmān ibn Samura) zuschreibt. Diesen Berichten fehlen allerdings die astronomischen Einzelheiten, die uns hierbei interessieren.

Das Zeugnis von Ibn Samura über den Sonnenstand während der Eklipse scheint mit den Berechnungen des *Bureau des Longitudes* in Paris, das während der maximalen Verfinsterung einen Stand der Sonne von 19° über dem Horizont angibt, übereinzustimmen. Das ist also die einzige Angabe von Bedeutung, die wir in der gesamten traditionellen, islamischen Literatur finden. Andere Berichte begnügen sich damit zu sagen, dass das Ereignis morgens war. So auch der Bericht von ʿĀʾiša, der Frau des Propheten, die behauptet, dass er die Sonnenfinsternis „am frühen Morgen / ġadāh“ beobachtet habe, „als er auf einem Reittier saß.“[145]

Ein großes Rätsel

Zusammenfassend gesagt: Alle wissenschaftlichen Angaben, verglichen mit denjenigen der Überlieferung, bestätigen, dass zu Lebzeiten Mohammeds nur eine einzige Sonnenfinsternis beobachtet und uns überliefert wurde. Es ist die Sonnenfinsternis

145 Muslim, *Ṣaḥīḥ* I, 618

vom Montag, dem 27. Januar 632, um 6.30 Uhr, Ortszeit von Medina.

Damit ist zum ersten Mal – mit bisher nicht erreichter Genauigkeit – ein Ereignis aus dem Leben Mohammeds wissenschaftlich hinreichend genau bewiesen. Wir können sogar die exakte Form der Eklipse in jeder Entwicklungsphase genau beschreiben, so wie Mohammed und seine Gefährten sie theoretisch mit eigenen Augen in Medina gesehen haben könnten, wenigsten zu Anfang des Phänomens. Tatsächlich vollzog sich die Verdunkelung der Sonnenscheibe entlang einer Linie von 2 Uhr nach 8 Uhr, wenn man sich zur Verdeutlichung das Zifferblatt einer Uhr vorstellt, jedoch leicht zum unteren Sonnenrand verschoben. So zeigte die Sonnensichel schräg nach unten und nach rechts, was in der antiken Astrologie als eher schlechtes Zeichen galt …

Sicher war es ein Moment großer Erregung und auch Überraschung. Diese Sonnenfinsternis vom 27. Januar 632 fand nur vier Monate und eine Woche vor dem Tod des Propheten des Islams statt. Dennoch wurde nirgendwo in der islamischen Tradition diese Sonnenfinsternis mit dem baldigen Tod des Propheten in Verbindung gebracht, obwohl sie die Gemüter in der jungen medinensischen Gemeinde so stark beeindruckt hatte.

Erstaunlich – hat doch die islamische Überlieferung eine Sonnenfinsternis ganz klar mit dem Tod Ibrāhīms, dem Sohn Mohammeds in Verbindung gebracht, der damals nach gewissen Berichten eineinhalb Jahr alt war. Bisweilen wurde die Sonnenfinsternis sogar genau auf den Todestag Ibrāhīms datiert. So gibt es zwei Überlieferungen, die einmal dem Prophetengenossen Ǧābir oder auch Sufyān oder Wakīᶜ zugeschrieben werden; sie sollen gesagt haben: „Die Sonne hat sich zur Zeit des Propheten an dem Tag verfinstert als Ibrāhīm, der Sohn des Gesandten Allahs starb. Die Leute sagten dann: ‚Die Sonne wurde wegen Ibrāhīms Tod verfinstert.'"[146] Nun starb Ibrāhīm im Kindesalter, nur kurze Zeit vor Mohammed selbst. Diese Angabe bestätigt also das späte Datum der Sonnenfinsternis. Ein weiteres

146 Muslim, *Ṣaḥīḥ* I, 623, 628 (ḥadīṯ Nr. 10 und 23)

Ereignis, das ein Ehedrama betrifft (wir werden noch darüber reden), bestätigt seinerseits die gleiche späte Datierung, also die Eklipse des Januars 632.

Wenn nun die Überlieferung die Sonnenfinsternis mit dem Tod Ibrāhīms verbunden hat, so sollte man den Berichten, welche die beiden Ereignisse auf den gleichen Tag festlegen wollen, keinen Glauben schenken.[147]

Gemäß der Überlieferung soll Mohammed nämlich nach der Sonnenfinsternis folgendes gesagt haben: „Sonne und Mond werden nicht wegen des Todes noch wegen der Geburt irgendjemandes verfinstert." Dieser Grundsatz wiederholt sich immer wieder wie ein Leitmotiv in den Berichten, welche die Aussage des Propheten bei der Eklipse angeben. Ein Gefährte des Propheten, Abū Bikra, kommentiert diesen Ausspruch mit folgenden Worten: „Und das, weil ein Sohn des Propheten, genannt Ibrāhīm, gestorben war, und die Gläubigen darüber ihre Bemerkungen gemacht hatten."[148] Wir teilen die Meinung Abū Bikras. Der Tod des kleinen Knaben war sicher noch in lebendiger Erinnerung aller bei der Sonnenfinsternis am 27. Januar 632, aber es wäre ganz abwegig, dieses Datum als dasjenige seines Todes anzunehmen.

Warum hat Mohammed so heftig jeglichen Zusammenhang zwischen beiden Ereignissen zurückgewiesen, indem er sogar in einem Ḥadīṯ[149] all denen die Hölle zuweist, die sagen, dass „Sonne und Mond sich nur verfinstern wegen des Todes eines bedeutenden Mannes" ? – Nicht etwa, weil der Prophet nicht an die Astrologie geglaubt hätte. Ganz im Gegenteil! Sonne und Mond sind im Koran wichtige, göttliche „Zeichen / āyāt." In den Ḥadīṯen lässt man Mohammed zur Eklipse sogar sagen: „Sonne und Mond sind sehr wohl zwei wichtige „Zeichen" Gottes. Mit ihrer Verfinsterung will Gott den Menschen Angst einflößen. Sie

147 Wie dies A. T. Welch in seinem Artikel MUḤAMMAD in der *Encyclopaedia of Islam* tut, wo er den 27. Juni 632 als Datum des Todes von Ibrāhīm angibt, ohne die Sonnenfinsternis zu erwähnen.

148 al-Bukhārī, *Ṣaḥīḥ*, Kitāb al-kusūf, Bāb al-ṣalāh fī kusūf al-qamar (ḥadīṯ Nr. 17)

149 Muslim, *Ṣaḥīḥ* I, 622 (ḥadīṯ Nr. 9)

verfinstern sich nicht wegen irgendjemandes Todes. Wenn ihr also die Eklipse beobachtet, dann betet und fleht zu Allah, bis er euch verzeiht."[150]

Dieser „astro-theologische" Vorfall ist jedenfalls wichtig, um zu erklären, dass in der islamischen Literatur keine einzige Anspielung auf die außerordentliche zeitliche Nähe der Sonnenfinsternis zum Tod Mohammeds gemacht wurde. Die Gefährten des Propheten, die diese Sonnenfinsternis beobachtet haben, und die sogar mit ihm bei diesem außerordentlichen und einzigartigen Ereignis gebetet hatten, konnten in der Erinnerung daran wohl kaum die Verbindung mit dem 17 Wochen späteren Tod des Propheten verdrängen. Auch konnten sie schlecht irgendeinen Zusammenhang zwischen den beiden Ereignissen erwägen, waren doch diejenigen, welche die sündige Behauptung aufstellten, dass „die Sonne sich wegen des Todes eines Sterblichen verfinstere" für das Höllenfeuer bestimmt. Innerhalb der jungen muslimischen Gemeinde warf diese Sonnenfinsternis notwendigerweise Fragen auf, vor allem deshalb, weil ja der Tod Ibrāhīms noch frisch in aller Gedächtnis war.

Aus der Sicht der Medinenser war die politische Bedeutung der Sonnenfinsternis umso offensichtlicher, als eine uralte Tradition solche Himmelserscheinungen mit dem Schicksal von Königen und dem Kriegsverlauf verbunden hatte. So behauptet eine astrologische, assyrische Weissagung: „Wenn die Sonne in Sichelform aufgeht und eine Lichtkrone wie der Mond trägt, wird der König das Land seiner Feinde erobern; das Böse wird das Land verlassen, und dem König wird es gut ergehen..."[151] Die islamisch Tradition ihrerseits verbindet die Eklipse mit dem Ende der Welt, wie dies eine Überlieferung belegt, die dem berühmten Prophetengefährten ʿAbdallah ibn Masʿūd zugeschrieben wird: „Der Gesandte Gottes befahl uns, während der Eklipse von Sonne oder Mond zu beten: ‚Wenn ihr das erlebt, flüchtet euch ins Gebet, denn sollte es die Eklipse sein, die ihr befürchtet (nämlich das Ende der Welt), dann seid ihr nicht unvorbereitet

---

150 Muslim, *Ṣaḥīḥ* I, 628 (ḥadīṯ Nr. 21)

151 F. R. Stephenson, *Historical Eclipses*, 125

überrascht worden, andernfalls habt ihr eine gute Tat getan."[152] Als weitere Interpretation wird auch vorgebracht: Die Eklipse sei durch das Erscheinen Gottes vor seinen Gestirnen verursacht, die sich aus Furcht vor Gott verfinsterten.[153]

Ein eheliches Psychodrama

Die Sonnenfinsternis des 27. Januar 632 erlaubt uns nicht nur, das Datum des Todes von Ibrāhīm, Mohammeds Sohn, näher zu bestimmen, sie gestattet uns nun auch auf gleiche Art, das größte Ehedrama zu datieren, das Mohammed in seiner zwanzigjährigen Prophetentätigkeit erlebte.

Beim Gebet, das der Prophet während der Sonnenfinsternis leitete, hatte er nämlich apokalyptische Visionen, die uns Ibn ʿAbbās, der berühmteste Traditionalist unter den Prophetengefährten, mit folgenden Worten berichtet: „Am Ende des Gebets haben die Leute gesagt: ‚Gesandter Gottes, wir haben gesehen, wie du bei deinem Gebet etwas genommen hast und dann wieder zurückgewichen bist.' Der Prophet antwortete: ‚Ich habe das Paradies gesehen, und dort habe ich ein Büschel Früchte gepflückt. Hätte ich die Früchte wirklich genommen, ihr hättet von ihnen bis ans Ende der Zeiten essen können. Danach sah ich das Höllenfeuer, in meinem ganzen Leben habe ich noch nie ein so schreckliches Schauspiel wie jenes gesehen. Und ich sah, dass die Mehrzahl der Insassen Frauen sind.' Da fragten die Leute: ‚Warum, o Gesandter Gottes?' Er antwortete: ‚Wegen ihrer Undankbarkeit (*kufr*).' Man fragte ihn: ‚Wegen ihrer Undankbarkeit gegenüber Gott?' Er antwortete: ‚Aber auch gegenüber ihrem Partner. Sie sind undankbar für das Gute, das er ihnen tut. Wenn du einer von ihnen immerfort Gutes tust, so genügt es, dass sie sich ein einziges Mal ärgert, und schon sagt sie zu dir: Noch nie habe ich von dir etwas Gutes gesehen!"[154]

---

152 al-Hayṯamī, *Maǧmaʿ al-zawād,* I, 199 f.

153 al-Hayṯamī, *Maǧmaʿ al-zawād,* I, 199 f.

154 Muslim, *Ṣaḥīḥ*, I, 626

Ibn ʿAbbās sagt hier gar nichts zur Erklärung dieses plötzlichen Ausbruchs von Frauenfeindlichkeit, welche das gesamte Frauenvolk für die Hölle bestimmt. Und das hat seinen Grund! Mohammed macht hier eine kaum verhüllte Anspielung auf seine eigenen Frauen, die gerade einen aufsehenerregenden Skandal verursacht hatten, da Mohammed im Bett seiner Frau Ḥafṣa, der Tochter des künftigen Kalifen ʿUmar, mit seiner Sklavin Māriyā, der Koptin, schlief. Als Ḥafṣa ihn entdeckte, wetterte sie gegen den Auserwählten Gottes. Der erkannte sofort sein Fehlverhalten und versprach nicht mehr mit Māriyā zu schlafen, allerdings unter der Bedingung, dass Ḥafṣa diesen Skandal nicht verbreite. Ḥafṣa konnte aber nicht schweigen, und schon waren alle Frauen des Propheten wütend. Beleidigt und verletzt durch diesen Hochverrat, beschließt Mohammed auf der Stelle, sie alle zu verstoßen und dann nur einzig noch mit Māriyā zusammenzuleben. Verhandlungen wurden geführt um einen Ausweg zu finden, der alle zufrieden stellen sollte, und so kam der Prophet zurück zu seinen Frauen, nachdem er dann einen Monat mit seiner jungen koptischen Sklavin zusammengelebt hatte.

Der Vorfall war so ernst, dass der Koran ihm die 66. Sure „Das Verbot / al-taḥrīm“ gewidmet hat. In ihr ist die Rede von einem Geheimnis, das einer Ehefrau anvertraut, aber sogleich wieder ausgeplaudert wurde. Darauf erfolgte die Drohung: „Wenn er euch (Frauen) entlässt, wird sein Herr ihm vielleicht Gattinnen zum Tausch geben, die besser sind als ihr: Frauen, die den Islam angenommen haben, die gläubig sind, demütig ergeben, bußfertig, fromm, asketisch, solche, die schon verheiratet waren oder aber noch Jungfrauen sind“ (66:5).

Mohammed hatte die Koptin Māriyā von al-Muqawqis, dem Gouverneur von Alexandrien als Geschenk erhalten, zusammen mit ihrer Schwester Sīrīn, dazu ein Maultier, und einen Esel, sowie Honig und Prunkkleider, in denen Mohammed anscheinend beerdigt wurde. Nach dem Bericht des Ibn al-Aṯīr, einem Historiker des 12. Jahrhunderts n. Chr., hat der Prophet Sīrīn dem

Ḥassān ibn Ṯābit, seinem „Hofdichter", geschenkt.[155] Ibn al-Aṯīr gibt an, dass Māriyā im Monat Ḏū 'l-Ḥiğğa, im 8. Jahr der Hiğra, Ibrāhīm geboren habe. Als er sieben Tage alt war, schnitt man ihm die Haare ab, begrub diese nach arabischer Sitte, und gab ihm einen Namen. Der gleiche Autor bemerkt, dass die Ammen sich um das Baby stritten „um Māriyā für den Propheten frei zu machen, so sehr war er an sie gebunden."[156]

Der Skandal wurde beim Tod Ibrāhīms bekannt, kurze Zeit vor der Sonnenfinsternis. Während des Eklipsengebets an diesem Montag, 27. Januar 632, war die Moschee noch voll von Spott und Vorwürfen wegen des Verhaltens des Propheten. Das bezeugt ein ʿĀʾiša zugeschriebener anderer Bericht, der Mohammed am großen Tag der Sonnenfinsternis sagen lässt: „O Gemeinde Mohammeds! Bei Gott! Niemand anderem als Gott liegt es mehr am Herzen zu verhindern, dass sein Diener (nämlich Mohammed) oder seine Konkubine (*amatuhu*, Anspielung auf Māriyā, die Koptin) sich der Unzucht (*yazniyā*) hingeben. O Gemeinde Mohammeds! Bei Gott! Wenn ihr wüsstet, was ich weiß (Anspielung auf seine Vision beim Gebet, wo er die Hölle voller Frauen gesehen hatte), hättet ihr weniger gelacht, sondern mehr geweint."[157]

Ganz offensichtlich versucht hier die Tradition – zugegeben, etwas ungeschickt – den Propheten zu exkulpieren. Wie auch immer, die Wahl des Eklipsengebets als Rahmen für diese Erklärung ist wohl nicht zufällig, denn es war offensichtlich, dass diese Affäre gleichzeitig mit der kosmischen Erscheinung der Sonnenfinsternis geschah. Es ist wahrscheinlich, dass der Tod Ibrāhīms in die Zeit dieses Ehedramas fällt. So ist auch die Herabsendung der 66. Sure, die davon berichtet, zeitgleich mit dem Ehedrama zu sehen. All das hat sich in den Tagen vor und nach der Sonnenfinsternis des 27. Januar 632 miteinander verknüpft.

155 Ibn al-Aṯīr, *Usd al-ġāba*, I, 152

156 Ibn al-Aṯīr, *Usd al-ġāba*, I, 152

157 Mālik, *al-Muwaṭṭaʾ*, *Kitāb ṣalāt al-kusūf* (ḥadīṯ Nr. 1)

Wahrscheinlich hat Mohammed in seinem Leben nie eine Sonnenfinsternis beobachtet außer derjenigen, die seinem Tod nur kurze Zeit vorausging. So kann man den psychologischen Schock ermessen, den er beim Anblick des Tagesgestirns erlebte, das, um ¾ seiner Helligkeit beraubt, am Himmel Medinas aufstieg. Hierzu ist die Traditionsliteratur sehr ausführlich. In einem Bericht, der Asmāʾ, der Schwester ʿĀʾišas, zugeschrieben wird, heißt es, dass Mohammed in Panik geraten war (*faziʿa*). Er habe statt seines eigenen Mantels ein Frauenkleid mitgenommen.[158] Ein anderer Bericht, dem Abū Mūsā, einem Gefährten Mohammeds, zugeschrieben, erzählt insbesondere, dass Mohammed bei der Sonnenfinsternis „in Panik geriet, das Ende der Welt befürchtete, sich erhob und zur Moschee ging." Am Ende des Gebets habe er erklärt, dass die Sonnenfinsternis von Gott hervorgerufen wurde „um seinen Dienern Angst einzuflößen. Wenn ihr sie wieder seht, so beginnt in aller Eile Gott anzurufen, zu ihm zu beten und ihn um Vergebung zu bitten."[159]

Hat Mohammed während dieser langen Sonnenfinsternis – sie dauerte drei lange und beängstigende Stunden – an sein eigenes Ende gedacht? Weiter oben haben wir seine apokalyptischen Vorstellungen vom Paradiese und der Hölle während seines Eklipsengebets gesehen. Diesen müsste man die Vision von den „Grabesqualen" hinzufügen, die diejenigen Toten erwartet, die den Engeln falsche Antworten geben, wenn letztere sie über die Identität des wahren Propheten befragen. ʿĀʾiša soll sogar gesagt haben, dass der Prophet seit dieser Sonnenfinsternis Gott nicht nur gebeten habe, ihn vor den Höllenqualen zu schützen, sondern hinfort auch vor den „Grabesqualen".[160]

Im Lichte aller dieser Zeugnisse scheint es, dass Mohammed durch die Sonnenfinsternis tief erschüttert war, und dass sein

158 Muslim, *Ṣaḥīḥ*, I, 625 (ḥadīṯ Nr. 14)
159 Muslim, *Ṣaḥīḥ*, I, 628 (ḥadīṯ Nr. 24)
160 Muslim, *Ṣaḥīḥ*, I, 621 (ḥadīṯ Nr. 8)

wiederholtes Abstreiten eines Zusammenhangs zwischen Eklipse und dem Tod von Menschen so etwas wie exorzistische Formeln gegen seinen eigenen Tod waren, nach dem erst jüngst geschehenen Tod seines einzigen Sohnes. Nur so ist das nachfolgende Verhalten des Propheten zu erklären, dass er wenige Tage nach der Sonnenfinsternis den überraschenden Entschluss fasste, seine erste Wallfahrt nach Mekka zu unternehmen, nachdem er sich im September 622 in Medina niedergelassen hatte.

Für ihn war es nunmehr klar: Die beobachtete astronomische Erscheinung am frühen Morgen des Montags, 27. Januar 632, war ein echtes „Zeichen Gottes", dessen Sinn ihm nicht entgehen konnte. Mohammed kam am 3. März in Mekka an. Die Wallfahrtsriten führte er vom 8. bis zum 10. März durch, danach kehrte er sofort nach Medina zurück. Kaum drei Monate später erfüllte Gott Sein Himmelszeichen: Der Prophet stirbt friedlich in den Armen seiner Lieblingsfrau ʿĀʾiša.[161]

---

161 Es ist klar, dass die Araber des Ḥiǧāz zur Zeit Mohammeds weiterhin an Sternzeichen glaubten, hatte doch das Studium der Astronomie 22 Jahrhunderte zuvor im benachbarten Mesopotamien begonnen. Der Prophet (*nabī*) Mohammed hat während der Sonnenfinsternis als wirklicher Wahrsager gehandelt, besonders im Verlauf seines „Gebets", um das böse Schicksal abzuwenden, das sich auf dem Antlitz der Sonne ankündigte. Mohammed hatte apokalyptische Visionen, als er sich in einem ekstatischen Zustand befand, „wo er weinte und auf den Boden blies, als er sich in Prosternationshaltung befand" (Ibn Ḥanbal, *Musnad*, II, 159). Da hat der Prophet auch seine Visionen offenbart: „Das Paradies wurde mir gezeigt; wenn ich gewollt hätte, hätte ich einige Zweige seiner Bäume nehmen können. Anschließend wurde mir die Hölle gezeigt, ich habe auf sie geblasen um sie zu löschen, aus Angst, dass sie euch erreicht"(Ibid.). Andere Berichte bemerken, dass Mohammed bei diesem beschwörenden Gebet „zurückwich, und dass die Leute, die sich in Reihen hinter ihm befanden, bis zum hinteren Teil des Saals zurückwichen. Dann ist er wieder nach vorne gegangen, und die Leute haben das Gleiche getan."(Muslim, *Ṣaḥīḥ*, *Kitāb al-kusūf*, Bāb 3, ḥadīṯ Nr. 10). Es ist klar: das beschriebene Geschehen ist nichts anderes als eine wahrsagerische Zeremonie, welche die Tradition zu einem rituellen Gebet verharmlosen wollte. Die Gesten des Vor- und Zurückschreitens gehören gar zu einem Sonnenkult, der für Carrhae in Nord-Syrien bezeugt ist. Dieser Kult war mit wahrsagerischen Riten verbunden, bei denen eine Statue des bärtigen Apoll Orakel verkündete. Auf

Mit der Geburt seines Sohnes Ibrāhīm hatte Mohammed nicht mehr gerechnet, waren doch die männlichen Kinder, die ihm seine erste Frau Ḫadīǧa geboren hatte, alle gestorben. Diese Tatsache machte die berühmte Koranaussage möglich: „Mohammed ist nicht der Vater von einem eurer Männer. Er ist vielmehr der Gesandte Gottes und das Siegel der Propheten …" (33:40). Ganz offensichtlich ist die Geburt Ibrāhīms ein Dementi dieser Koranaussage. Die Tradition wusste zunächst nicht, wie dieser Widerspruch zu lösen war. Auch der Koranexeget al-Rāzī (st. 606 AH / 1210 AD) hat sich die Frage gestellt: „Der Koran sagt: ‚Mohammed ist nicht Vater von einem eurer Männer', und doch war er der Vater von al-Ṭāhir (al-Ṭayyib), al-Qāsim und Ibrāhīm." Die Antwort ist natürlich, dass wirklich keiner dieser Knaben das Mannesalter erreicht hat …

Manche haben sogar damit gerechnet, dass dieser letzte Sohn die Nachfolge Mohammeds als Prophet (*nabī*) angetreten hätte, [143] wenn er denn überlebt hätte. Das behauptet al-Bayḍāwī (st. 685 AH / 1286 AD) in seinem Kommentar des erwähnten Koranverses (33:40): „Wie der Prophet (Gott segne ihn) beim Tod Ibrāhīms sagte: ‚Hätte er überlebt, er wäre ein Prophet (*nabī*) geworden'"[162] – ein weiterer Hinweis darauf, dass das Ende des Prophetentums mit Mohammed nur ein Mythos ist, den die islamische Orthodoxie erfunden hat. Zu Lebzeiten Mohammeds stand diese Idee gewiss noch nicht auf der Tagesordnung.

Schließlich hat die islamische Tradition stets behauptet, dass der Erzengel Gabriel in jedem Fastenmonat Ramaḍān, mit Mohammed zusammen eine „Arbeitssitzung" abhielt, um die Offenbarungen des vorangegangenen Jahres zu überprüfen und zu ordnen. Nur im Sterbejahr des Propheten fanden zwei Sitzungen statt. Warum diese beiden Sitzungen statt der gewohnten einmaligen Sitzung pro Jahr? Die Tradition hat die Frage nie aufgeworfen. Die Antwort ist indes offenkundig: Der letzte Ramaḍān zu Lebzeiten Mohammeds fiel nicht mit dem Ende der Offenba-

---

Befragung hin bedeutete das Vorwärtsschreiten „ja" und das Rückwärtsschreiten „nein". (Bouché-Leclerq, *Histoire*, III, 403 f.)

162 al-Bayḍāwī, *Anwār al-tanzīl*, II, 130

rungen zusammen. Wichtige Ereignisse – wie das Ehedrama und mehr noch die Abschiedswallfahrt – haben noch nach der alljährlichen Zusammenkunft mit Gabriel entscheidende Offenbarungen hervorgerufen. Eine zweite und letztendliche „Arbeitssitzung“ war also notwendig. Die Tradition hat dazu nie angegeben, in welchem Monat die zweite, außerordentliche Sitzung stattgefunden hat. Sicher hatte man Angst, sich noch mehr bei dieser Diskussion um einen Kalender festzulegen, der kaum mit dem Mythos einer „Sammlung“ und „Ordnung“ der Korantexte harmonierte, die während der angeblichen jährlichen Treffen Mohammeds mit Gabriel stattfanden.

Bibliographie

ʿAbd al-Bāqī, Muḥammad Fuʾād, *al-Muʿğam al-mufahras li-alfāẓ al-Qurʾān al-Karīm.* Bayrūt, ²1991.

Abū Dāwūd Sulaymān al-Siğistānī, *Sunan.* I-VI, Bayrūt: Dār al-Risāla al-ʿĀlamiyya 1430/2009.

Altmann, Alexander, „Saadia's theory of revelation: its origin and background" in E. I. J. Rosenthal (ed.): *Saadya Studies*, Manchester 1943, 4-25.

Augapfel, Julius, „Das *kitāb* im Qurān" in *WZKM* 29 (1915) 384-393.

Barr, James, *The Semantics of Biblical Language.* Oxford 1961.

Barr, James, *Comparative Philology and the Text of the Old Testament.* Oxford 1968.

al-Bayḍāwī, ʿAbd Allah b. ʿUmar, *Anwār al-tanzīl wa-asrār al-taʾwīl.* Hg. von Heinrich Leberecht Fleischer, *Beidhawii Commentarius in Coranum ex codd. parisiensibus.* 2 Bde., Leipzig 1846-48.

Bell, Richard, *Introduction to the Qurʾān.* Completed, revised and enlarged by W. M. Watt, Edinburgh 1970.

Birkeland, Harris, *Altarabische Pausalformen.* Oslo 1940.

Blachère, Régis, *Introduction au Coran.* Paris 1959.

Blachère, Régis (Übers.), *Le Coran.* Paris 1980.

Blau, Joshua A., *Grammar of Christian Arabic, based mainly on South Palestinian texts from the first millenium.* CSCO Subsidia 27-9. Louvain 1966-67.

Blau, Joshua A., "Some problems of the formation of the Old Semitic languages in the light of Arabic dialects" in *Proceedings of the International Conference of Semitic Studies.* Jerusalem 1965.

Bloch, Alfred, *Vers und Sprache im Altarabischen.* Basel 1946 (Acta Tropica Supplementum 5).

Bord, Lucien-Jean, « Quand je suis sorti du sein de l'obscurité ... je t'ai vu. La poésie sacrée dans le Proche-Orient ancien. » in *Conférence*, printemps 1999, 332-370.

Bord, Lucien-Jean, « Semblances, ressemblances et dissemblances : Le psaume premier et la Fâtiḥa » in *Cedrus libani* no 53, 27-33.

v. Bothmer, Hans-Caspar Graf, „Frühislamische Koran-Illuminationen. Meisterwerke aus dem Handschriftenfund der Großen Moschee in Sanaa/Jemen“ in *Kunst und Antiquitäten* 1986, Heft 1, 22-33.

v. Bothmer, Hans-Caspar Graf; Karl-Heinz Ohlig; Gerd-Rüdiger Puin, „Neue Wege der Koranforschung“ in *Magazin Forschung.* Saarbrücken, Universität des Saarlandes 1/1999, 33-46.

Bouché-Leclercq, Auguste, *Histoire de la divination dans l'antiquité.* I-IV. Paris 1879-1882.

Bovon, François, *Révélations et Écritures.* Paris 1993.

Bräunlich, Erich, „Versuch einer literargeschichtlichen Betrachtungsweise altarabischer Poesien“ in *Der Islam* 24 (1937) 201-269.

Briquel-Chatonnet, Françoise, « Cahiers et signatures dans les manuscrits de la Bibliothèque Nationale de France » in Philippe Hoffmann (éd.), *Recherches de Codicologie comparée. La composition du Codex au Moyen Âge en Orient et en Occident.* Paris 1988, 153-169.

Brockett, Adrien, “The value of the Ḥafṣ and Warsh transmissions for the textual history of the Qurʾān” in Andrew Rippin (ed.), *Approaches to the History of the Interpretation of the Qur'ān.* Oxford 1988, 31-45.

al-Buḫārī siehe Houdas/Marçais.

Burton, John, *The Collection of the Qur'ān.* Cambridge 1977.

Carra de Vaux, Bernhard, art. BASMALA in *EI*², I/1116-7.

Caskel, Werner, “Ayyām al-ʿArab: Studien zur altarabischen Epik” in *Islamica* 3 Suppl. 1931, 1-99.

Caspar, Robert, « Textes de la tradition musulmane concernant la Taḥrīf (falsification) des Écritures » in *Islamochristiana* 6/1980, 61-104.

Chapira, Bernard, « Légendes bibliques attribuées à Kaʿb al-Aḥbār » in *REJ* 69 (1919) 86-107 ; 70 (1920) 37-43.

Corriente, Federico, "On the functional yield of some synthetic devices in Arabic and Semitic morphology" in *JQR* 62 (1971) 20-50.

Crone, Patricia (and) Martin Hinds, *God's Caliph.* Cambridge 1986.

Culley, Robert C., *Oral Formulaic Language in the Biblical Psalms.* Toronto 1967.

Daube, David, "Rabbinic methods of interpretation and Hellenistic rhetoric" in *HUCA* 22 (1949) 239-264.

Déroche, François, *The Abbasid Tradition. Qur'ans of the 8th to 10th Centuries.* The Nasser D. Khalili Collection of Islamic Art, vol. 1. London, Oxford 1992.

Déroche, François, « Les Écritures coraniques anciennes : Bilan et Perspectives » in *Revue des Études Islamiques* 48 (1980) 207-224.

Déroche, François, *Les Manuscrits du Coran.* T. I : *Aux origines de la calligraphie coranique*, Paris 1983 ; t. II : *Du Maghreb à l'Insulinde*, Paris 1985.

Déroche, François, « Les Manuscrits du Coran en Caractères Hijâzî. Position du problème et Éléments préliminaires pour une enquête » in *Quinterni* 1. Lesa 1996 (Fondazione Ferni Noja Noseda, Studi Arabi Islamici).

Déroche, François, « Les premiers manuscrits » in *Le Monde de la Bible* (Le Coran et la Bible aux sources de l'Islam) 115 (Nov.-Déc. 1998) 32-37.

Déroche, François (und) Francis Richard (Hg.), *Scribes et Manuscrits du Moyen-Orient.* Paris 1997.

Didier, Hugues, « L'Original : Une vaine passion "Renaissance" » in Hugues Didier et al., *Les Enjeux de la Traduction. L'expèrience des missions chrétiennes.* Actes des sessions 1995 et 1996 de l'AFOM et du CREDIC. Paris o. J, 147-168.

EI² = *Encyclopaedia of Islam*, Second Edition. Leiden 1960-2004.

Eickelman, Dale F., "Musaylima. An Approach to the social anthropology of seventh century Arabia" in *JESHO* 10 (1967) 17-52.

Elbogen, Ismar, *Der jüdische Gottesdienst in seiner geschichtlichen Entwicklung*. Frankfurt 1931.

Ess, Josef van, Theologie und Gesellschaft im 2. und 3. Jahrhundert Hidschrah. Eine Geschichte des religiösen Denkens im frühen Islam. I-IV. Berlin/New York 19971-1997.

« Épître de Abd al-Masîh al-Kindi » in Pasteur Georges Tartar, *Dialogue Islamo-Chrétien sous le Calife al-Ma'mûn (813-834). Les épîtres d'al-Hashimî et d'al-Kindî*. Paris 1985, 113-283.

Fahd, Toufic, *La Divination arabe. Études religieuses, sociologiques et folkloriques sur le milieu natif de l'Islam*. Thèse Strasbourg 1966 ; Paris : Sindbad 1987.

Fahd, Toufic, « De l'Oracle à la Prophétie en Arabie » in Jean-Georges Heintz (éd.), *Oracles et prophéties dans l'Antiquité*. Actes du Colloque de Strasbourg, 15-17 juin 1995. Paris 1997.

Fahd, Toufic, *Le Panthéon de l'Arabie centrale à la veille de l'Hégire*. Paris 1968.

Fahd, Toufic, « La visite de Mahomet aux Enfers ; entre la Descente d'Inanna/Ishtar dans le Monde inférieur et l'Enfer de Dante » in Toufic Fahd, *Études d'Histoire et de Civilisation Islamiques*, t. II. Istanbul : Les Éditions Isis 1977, 225-250.

Fahd, Toufic, Art. NUBUWWA in *EI*².

Fischer, Wolfdietrich, „Silbenstruktur und Vokalismus im Arabischen" in *ZDMG* 117 (1967) 30-77.

Fück, Johann, *ʿArabiya. Recherches sur l'histoire de la langue at du style arabe*. Trad. C. Denizeau. Paris 1955.

Galliner, Siegfried, *Saadia al-Fayyūmīs arabische Psalmenübersetzung und Commentar (Psalm 73-89)*. Berlin 1903.

GdQ = *Geschichte des Qorāns*. Bd. I: Theodor Nöldeke (und) Friedrich Schwally, *Über den Ursprung des Qor'ans*. Leipzig 1909; Bd. II: *Die Sammlung des Qorāns, mit einem literarhistorischen Anhang über die muhammedanischen Quellen und die neuere christliche Forschung*. Leipzig 1919; Bd. III: Gotthelf Bergsträßer (und) Otto Pretzl, *Die Geschichte des Qorantexts*. Leipzig 1938. – [Verkleinerter Nachdruck in 1 Bd.: Theodor Nöldeke, *Geschichte des Qorans*. Hildesheim: Olms 1981].

Gerhardssohn, Birger, *Memory and Manuscript: Oral Tradition and Written Transmission in Rabbinic Judaism and Early Christianity.* Copenhagen 1964.

Gertner, M., "Terms of scriptural interpretation: A study in Hebrew semantics" in *BSOAS* 1962, 1-27.

Gibert, Pierre, *Comment la Bible fut écrite.* Paris 1995.

Gil, Moshe, "The Medinan opposition to the Prophet" in *JSAI* 10 (1987) 65-96.

Gilliot, Claude, *Exégèse, langue et théologie en Islam. L'exegèse coranique de Ṭabarī (m. 311/923).* Paris 1990.

Gilliot, Claude, « Les „informateurs" juifs et chrétiens de Muḥammad. Reprise d'un problème traité par Aloys Sprenger et Theodor Nöldeke » in *JSAI* 22 (1998) 84-126.

Gilliot, Claude, „Zur Herkunft der Gewährsmänner des Propheten" in Ohlig, Karl-Heinz (und) Gerd-R. Puin (Hg.): *Die dunklen Anfänge.* Neue Forschungen zur Entstehung und frühen Geschichte des Islam. Berlin: Schiler ³2007 (INÂRAH Bd. 1), S. 148-178.

Goldziher, Ignaz, „Der ḫaṭīb bei den alten Arabern" in *WZKM* 6 (1892) 97-102.

Grami, Amel, *Qaḍiyat al-ridda fī 'l-fikr al-islāmī* (La question de l'apostasie dans la pensée musulmane). Thèse soutenue en 1993 à la Faculté des Lettres de la Manouba, Tunis.

Grami, Amel, *Ḥurriyat al-muʿtaqad fī 'l-islām.* Casablanca: Le Fennec 1997.

Grohmann, Adolf, "The problem of dating early Qur'āns" in *Der Islam* 32 (1958) 213-231. – [Nachdruck in Ibn Warraq (Hg.), *What the Koran Really Says, language, text and commentary.* Amherst: Prometheus 2002, 713-738].

Grohmann, Adolf, "II. Arabische Papyruskunde" in *Handbuch der Orientalistik*, 1. Abt., Erg. Bd. II, 1. Halbband. Leiden/Köln: Brill 1966.

Gruendler, Beatrice, *The Development of the Arabic Scripts: from the Nabatean Era to the First Islamic Century According to Dated Texts.* Atlanta 1993. – Hierzu siehe Rezension von F. Scagliarini in *Orientalia* (Roma) 63 (1994) 294-297.

Haarmann, Harald, *Universalgeschichte der Schrift*. Frankfurt/M.: Campus 1990 (Lizenzausgabe für Zweitausendeins).
Haldar, Alfred, *Association of Cult Prophets Among the Ancient Semites*. Uppsala 1945.
al-Hayṯamī, ʿAlī b. Sulaymān, *Maǧmaʿ al-zawāʾid wa-manbaʿ al-fawāʾid*. al-Qāhira: Maktabat al-Qudsī 1994.
Heinrichs, Wolfhart, *Arabische Dichtung und griechische Poetik*. Beyrouth 1969.
Heintz, Jean-Georges, « Alliance humaine – Alliance divine: documents d'époque babylonienne ancienne et Bible hébraïque. Une esquisse » in *Biblische Notizen* (München) 86 (1997) 66-76, 3 Tafeln.
Heintz, Jean-Georges (Hg.), *Oracles et prophéties dans l'Antiquité*. Actes du Colloque de Strasbourg, 15-17 juin 1995. Paris 1997.
Heintz, Jean-Georges (et) Lison Millot, *Le livre prophétique d'Osée,*
Texto-Bibliographie du XXème siècle. Wiesbaden 1999.
Hibatallah b. Salāma b. Naṣr, *Kitāb al-Nāsiḫ wa-'l-mansūḫ*. al-Qāhira 1960.
Hirschberg, Joachim Wilhelm, *Jüdische und christliche Lehren im vor- und frühislamischen Arabien*. Krakau 1939.
Houdas/Marçais = *El-Bokhari, Les traditions islamiques traduites de l'arabe avec notes et index*, par O. Houdas et W. Marçais. I-IV. Paris 1906-1914, Nachdruck 1977.
Huber, Michael, *Die Wanderlegende von den Siebenschläfern. Eine literargeschichtliche Untersuchung*. Leipzig 1910.
Ibn Abī Dāwūd, *Kitāb al-Maṣāḥif*. Hg. von Arthur Jeffery. al-Qāhira: Maṭb. al-Raḥmāniyya 1355 h. / 1936 m.
Ibn al-Aṯīr, ʿAlī b. Muḥammad, *Usd al-ġāba fī maʿrifat al-ṣaḥāba*. I-VIII, Bayrūt: Dār al-Kutub al-ʿIlmiyya 1415/1994.
Ibn Ḥazm, ʿAlī b. Aḥmad, *al-Fiṣal fī 'l-milal wa'l-ahwāʾ wa-'l-niḥal*.
I-IV. (Krit. Edition von) ʿAbd al-Raḥmān Ḫalīfa. al-Qāhira 1347 AH.
Ibn Muǧāhid, Aḥmad b. Mūsà, *Kitāb al-Sabʿa fī 'l-qirāʾāt*. Hg. von Šawqī Ḍayf. al-Qāhira 1972.

Ibn Saʿd, Muḥammad, Kātib al-Wāqidī, *Kitāb al-Ṭabaqāt al-kabīr / Biographien Muhammeds, seiner Gefährten ...*, herausgegeben von E. Mittwoch, E. Sachau u. a., 9 Bde. Leiden: Brill 1917-1940.

Ibn Warraq (Hg.), *The Origins of the Koran. Classical essays on Islam's Holy Book.* Amherst: Prometheus 1998.

Ibn Warraq, *Pourquoi je ne suis pas Musulman.* Lausanne 1999.

Ibn Warraq, "Some Additions to A. Jeffery and I. Mendelsohn, and some pages from the Samarqand Qur'ān Codex" in Gross, Markus (und) Karl-Heinz Ohlig (Hg.): *Vom Koran zum Islam.* Schriften zur frühen Islamgeschichte und zum Koran. Berlin: Schiler 2009 (INÂRAH Bd. 4), S. 582-605.

Ifrah, Georges, *Histoire universelle des chiffres.* Lorsque les nombres racontent les hommes. Paris : Seghers/CNRS 1981. – [Dt. Übersetzung Alexander von Plasen, *Universalgeschichte der Zahlen..* Frankfurt/Main: Campus 1993 / Lizenzausgabe für Zweitausendeins; ISBN 978-3-86150-704-8].

Jeffery, Arthur, *Materials for the History of the Qur'ān. The Old Codices.* Leiden: Brill 1937.

Jeffery, Arthur, "The Qur'ān as scripture" in *Muslim World* 40 (1950) 41-55, 106-134, 185-206, 257-275.

Jeffery, Arthur (and) Isaac Mendelsohn, "The Orthography of the Samarqand Qur'ān Codex" in *JAOS* 62 (1942) 175-195. – [Nachdruck in Ibn Warraq (Hg.), *Which Koran? Variants, manuscripts, linguistics.* Amherst: Prometheus 2011, 367-404].

Johnson, A. R., "Mashal" in Noth, M. (and) D. W. Thomas (Hg.), *Wisdom in Israel and in the ancient Near East. VT Suppl.* 3 (1960) 162-169.

Kandil, Lamya, "Die Schwüre in den mekkanischen Suren" in Stefan Wild (Hg.), *The Qur'ān as Text.* Leiden 1996, 41-57.

Kelber, Werner, *Tradition orale et Écriture.* Paris 1991.

Koch, Klaus, *The Growth of the Biblical Tradition.* London 1969.

Künstlinger, David, „Sabʿ min al-mathānī (XV, 87)" in *OLZ* (1937) 596-598.

La Bible. Écrits intertestamentaires, siehe Philonenko/Dupont-Sommer

Lambert, Jean, *Le Dieu distribué : une anthropologie comparée des monothéismes.* Préf. P. Geoltrain. Paris 1995.

Lecker, Michael, "Zayd b. Thābit, 'a Jew with two sidelocks': Judaism and Literacy in Pro-Islamic Medina (Yathrib)" in *Journal of Near Eastern Studies* 56 (1977) 259-273.

Levy, Isidor, « Le Chien des Sept Dormants » in *Annuaire de l'Institut de Philologie et d'Histoire Orientales, Mélanges Bidez.* T. II. Bruxelles 1934, 679-584.

Loewe, Raphael, "The 'plain' meaning of scripture in early Jewish exegesis" in *Papers of the Institute of Jewish Studies.* Jerusalem 1965, 140-185.

Lüling, Günter, *Über den Ur-Qoran. Ansätze zur Rekonstruktion der vorislamisch-christlichen Strophenlieder im Koran.* Erlangen 1974, ²1993, ³2004.

Luxenberg, Christoph, *Die syro-aramäische Lesart des Koran.* Ein Beitrag zur Entschlüsselung der Koransprache. Berlin: Das Arabische Buch 2000. – [Eine erweiterte Übersetzung ins Englische ist *The Syro-Aramaic Reading of the Koran. A Contribution to the Decoding of the Language of the Koran.* Berlin: Schiler 2007].

Luxenberg, Christoph, „Die syrische Liturgie und die geheimnisvollen Buchstaben im Koran" in Gross, Markus (und) Karl-Heinz Ohlig (Hg.): *Schlaglichter.* Die beiden ersten islamischen Jahrhunderte. Berlin: Schiler 2008 (INÂRAH Bd. 3), S. 411-456.

Margoliouth, David Samuel, „The origins of Arabic poetry" in *JRAS* (1925) 417-449.

Maṣāḥif Ṣanʿāʾ. 19 March – 19 May 1985. Kuwait: Dar al-Athar al-Islamiyyah / Kuwait National Museum 1985 / Maṣāḥif Ṣanʿāʾ, Jumādà 'l-ākhirah - Shaʿbān 1405 h. (Kātālūj maʿraḍ maṣāḥif Ṣanʿāniyyah). al-Kuwayt: Dār al-Āthār al-Islāmiyya 1405 / 1985.

Mehren, August Ferdinand von, *Die Rhetorik der Araber.* Kopenhagen-Wien 1853.

Mingana, Alphonse, „Syriac influence on the style of the Kurʾan" in *Bulletin of the John Rylands Library* 11 (1927) 77-98. –

[Nachdruck in Ibn Warraq (Hg.), *What the Koran Really Says. Language, text and commentary.* Amherst : Prometheus 2002, 171-192].

Mondrain, Brigitte, "Les signatures des cahiers dans les manuscrits grecs" in Philippe Hoffmann (Hg.), *Recherches de codicologie comparée. La composition du codex au Moyen Âge en Orient et en Occident.* Paris 1998, 21-48.

Monnot, Guy, « Le corpus coranique » in Michel Tardieu (Hg.), *La Formation des canons scriptuaires.* Paris 1993, 61-73.

Monroe, James T., "Oral composition in pre-Islamic poetry" in *Journal of Arabic Literature* 3 (1972) 1-53.

Muilenburg, James, "Study in Hebrew rhetoric: repetition and style" in *VT Suppl.* (1953) 97-111.

Müller, Friedrun R., *Untersuchungen zur Reimprosa im Koran.* Bonn 1969.

Müller, David Heinrich, *Die Propheten in ihrer ursprünglichen Form: die Grundgesetze der ursemitischen Poesie, erschlossen und nachgewiesen in Bibel, Keilinschriften und Koran.* Wien 1896.

Muslim b. al-Ḥağğāğ al-Naysābūrī, *Ṣaḥīḥ Muslim.* Istanbul: Dār Saḥnūn 1992.

al-Nadīm, Muḥammad b. Isḥāq, *Kitāb al-Fihrist.* Beyrouth 1988.

Nöldeke, Theodor, *Geschichte des Qorans.* Göttingen 1860. – Siehe *GdQ*

Obermann, Julian, "Islamic origins: A Study in background and foundation" in *The Arab Heritage.* Princeton 1944, 58-120.

Ory, Solange, « Un nouveau type de *muṣḥaf.* Inventaire des Corans en rouleaux de provenance damascaine, conservés à Istanbul » in *Revue des Études Islamiques* (1965) 87-149.

Paret, Rudi, *Der Koran.* Bd. I: *Übersetzung.* Bd. II: *Kommentar und Konkordanz.* Stuttgart: Kohlhammer ²1980 – [Nachdrucke im Iran]

Paul, André, *La Bible.* Paris 1998.

Pedersen, Johannes, "The Islamic preacher: wāʿiẓ, muḏakkir, qāṣṣ" in *Goldziher Memoria I.* Budapest 1948, 226-251.

Penrice, John, *Dictionary and Glossary of the Kor-an.* London 1873, New York 1969, 1971, Lahore 1975, London 1976, Delhi 1987, 1990.

Philonenko/Dupont-Sommer (Hg.), *La Bible. Écrits intertestamentaires.* Édition sous la direction de Marc Philonenko avec la collaboration de André Dupont-Sommer. Paris, Bibliothèque de la Pléiade, 1987 – [Zur deutschen Übersetzung der Essener-Schriften siehe André Dupont-Sommer, *Die essenischen Schriften vom Toten Meer.* Übers. von Walter W. Müller. Tübingen: Mohr 1960].

de Prémare, Alfred-Louis, « L'histoire du Coran comme document écrit » in *Le Monde de la Bible. Le Coran et la Bible aux sources de l'Islam,* 115 (Nov., Déc. 1998), 25-31.

de Prémare, Alfred-Louis, « Les éléphants de Qādisiyya » in *Arabica* 45 (1998) 261-269.

de Prémare, Alfred-Louis (Hg.), *Les premières écritures islamiques.* Aix-en-Provence 1990/4 (= No 58 de la *Revue du Monde Musulman et de la Méditerranée*).

de Prémare, Alfred-Louis, « Prophétisme et adultère. D'un texte à l'autre » in de Prémare, Alfred-Louis (Hg.), *Les premières écritures islamiques.* Aix-en-Provence 1990/4 (= No 58 de la *Revue du Monde Musulman et de la Méditerranée*), 101-135.

Puin, Gerd-Rüdiger, "Observations on early Qur'ān manuscripts in Ṣanʿāʾ" in Stefan Wild (Hg.), *The Qur'ān as Text.* Leiden 1996, 107-111.

Puin, Gerd-Rüdiger, "Die Utopie einer kritischen Koranedition" in Markus Gross / Karl-Heinz Ohlig (Hg.): *Schlaglichter. Die beiden ersten islamischen Jahrhunderte.* Berlin: Schiler 2008 (INÂRAH Bd. 3), 516-571.

al-Qaṭṭān, Mannāʿ, *Fī ʿulūm al-Qurʾān.* al-Qāhira 1997.

al-Qaysī, Abū Muḥammad, *Kitāb al-Kašf ʿan wuǧūh al-qirāʾāt al-sabʿ.* I-II. (Krit. Ed. von) M. Ramaḍān. Dimašq 1974.

Qur'anic Studies on the Eve of the 21st Century. A Symposium June 1998. Hg. von Nasr Abu Zayd. Leiden: ISIM 1998.

Rabin, Chaim M., *Ancient West-Arabian.* London 1951

Rabin, Chaim M., *Qumran Studies.* Oxford 1957.

al-Rāšid, ʿAbd al-ʿAzīz Saʿd, *Kitābāt islāmiyya min Makka al-Mukarrama.* al-Riyāḍ 1416/1955.
Rossi, Pierre, *La Cité d'Isis. Histoire vraie des Arabes.* Paris 1976
Sa'adja b. Jûsuf al-Fajjūmī, *Kitâb al-Amânât wa-'l-Iʿtiqâdât.* Hg. von Samuel Landauer. Leiden 1880.
Schapiro, Israel, *Die haggadischen Elemente im erzählenden Teil des Korans.* Leipzig 1907.
Schmucker, Werner, "Coranica, »Siglen«, Surenanfänge und anderes" in *Orientierungen. Zeitschrift zur Kultur Asiens.* Bonn: Seminar für Orientalische Sprachen 2(1995) 90-127.
Schwarzbaum, H, "The Jewish and Moslem versions of some theodicy legends" in *Fabula* 3 (1959-60) 119-169.
Seeligmann, Isac Leo, "Voraussetzungen der Midraschexegese" in *VT Suppl.* 1 (1953) 150-181.
Sfar, Mondher, *Le Coran, la Bible et l'Orient ancien.* Paris ²1998.
Sidersky, David, *Les origines des légendes musulmanes dans le Coran.* Paris 1933.
Sister, Moses, „Metaphern und Vergleiche im Koran" in *MSOS* 34 (1931) 104-154.
Speyer, Heinrich, *Die biblischen Erzählungen im Qor'ān.* Gräfenhainichen: Schulze ³1931 – [Nachdr. Hildesheim: Olms 1961].
Spitaler, Anton, *Die Verszählung des Koran nach islamischer Überlieferung.* München: Bayerische Akademie der Wissenschaften 1935 (Sitzungsberichte, Phil.-hist. Abt., Jg. 1935, Heft 11).
Stephenson, F. Richard, *Historical Eclipses and Earth's Rotation.* Cambridge Univ. Pr. 1997.
Steinschneider, Moritz, *Polemische und apologetische Literatur in arabischer Sprache.* Leipzig 1877.
Stetter, Eckart, *Topoi und Schemata im* ḥadīth. Tübingen 1965.
Strack, Hermann, *Introduction to the Talmud and Midrash.* Philadelphia 1945.
al-Suyūṭī, Ǧalāl al-Dīn ʿAbd al-Raḥmān, *al-Itqān fī ʿulūm al-Qur'ān.* I-IV. (Krit. Ed. von) Saʿīd al-Mandūb. Bayrūt 1996.

al-Suyūṭī, Ǧalāl al-Dīn ʿAbd al-Raḥmān, *Tartīb suwar al-Qur'ān* (= Tanāsuq al-durar fī tanāsub al-suwar), taḥqīq al-Sayyid al-Ǧumaylī. Bayrūt: Dār wa-Maktabat al-Hilāl 1986.

Ullmann, Manfred, *Untersuchungen zur Ragazpoesie.* Wiesbaden 1966.

Vermes, Geza, *Scripture and Tradition in Judaism.* Leiden 1961.

Veyne, Paul, *Comment on écrit l'histoire.* Paris 1971.

Vollers, Karl, „Arabisch und Semitisch: Gedanken über eine Revision der semitischen Lautgesetze" in *ZA* 9 (1894) 165-217.

Vollers, Karl, *Volkssprache und Schriftsprache im alten Arabien: Philologische Untersuchungen zur klassischen arabischen Sprache, mit besonderer Berücksichtigung der Reime und der Sprache des Qorâns, mit sieben Wörterverzeichnissen.* Strassburg 1906 – [Nachdruck Amsterdam: APA-Oriental Press 1981].

VT = *Vetus Testamentum.*

VT Suppl. = *Supplements to Vetus Testamentum.*

Wansbrough, John Edward, *Quranic Studies. Sources and methods of scriptural interpretation.* Oxford 1977 – [Erweiterter Nachdruck: Wansbrough, John Edward, *Quranic Studies. Sources and methods of scriptural interpretation.* Foreword, translations, and expanded notes by Andrew Rippin. Amherst: Prometheus 2004].

Wansbrough, John Edward, *The Sectarian Milieu. Content and Composition of Islamic Salvation History.* Oxford 1978.

Welch, Alford T., Art. al-ḲUR'ĀN in *EI*[2].

Wellhausen, Julius, *Reste arabischen Heidentums.* Berlin 1927.

Westermann, Claus, *Grundformen prophetischer Rede.* München 1968.

Wieder, Naphtali, *The Judean Scrolls and Karaïsm.* London 1962.

Yousif, Ephrem-Isa, *Les philosophes et les traducteurs syriaques. D'Athènes à Baghdad.* Paris 1997.

Zunz, Leopold, *Die gottesdienstlichen Vortäge der Juden, historisch entwickelt.* Frankfurt [2]1892.

Zwettler, Michael, *The Oral Tradition of Classical Arabic Poetry.* Columbus/Ohio 1978.

Cairo Ḥusayniyya Altıkulaç 2009 (Kūfī)
Al-Muṣḥaf al-Sharif. Attributed to ʿUthmān bin ʿAffān (The copy at the al-Mashhad al-Ḥusaynī in Cairo). Prepared for publication and Introduction by Dr. Tayyar Altıkulaç, Foreword by Halit Eren. İstanbul: IRCICA Research Centre for Islamic History, Art and Culture 1430 / 2009.

İstanbul TIEM Altıkulaç 2007 (Kūfī)
Al-Muṣḥaf al-Sharīf. Hz. Osman'a Nisbet Edilen Mushaf-i Şerîf (Türk ve İslâm Eserleri Müzesi Nüshası). Yayına Hazırlayan Dr. Tayyar Altıkulaç. Cilt 1, 2. İstanbul: İslâm Araştırmaları Merkezi (İSAM) 1428/2007.

İstanbul Topkapı Altıkulaç 2007 (Kūfī)
Al-Muṣḥaf al-Sharif. Attributed to ʿUthmān bin ʿAffān (The copy at the Topkapı Palace Museum). Prepared for publication by Dr. Tayyar Altıkulaç. Preface by Prof. Dr. Ekmeleddin İhsanoğlu. İstanbul: IRCICA Research Centre for Islamic History, Art and Culture 1428 / 2007.

London BL Or. 2165 Déroche 2001 (Ḥijāzī)
Sources de la transmission manuscrite du texte Qoranique. I. Les manuscrits de style ḥiǧāzī. Éd. par François Déroche et Sergio Noja Noseda. Volume 2, tome I. *Le manuscrit Or. 2165 (f. 1 à 61) de la British Library.* Lesa 2001.

Paris BN Arabe 328 (a) Déroche 1998 (Ḥijāzī)
Sources de la transmission manuscrite du texte Qoranique. I. Les manuscrits de style ḥiǧāzī. Éd. par François Déroche et Sergio Noja Noseda. Volume 1. *Le manuscrit arabe 328 (a) de la Bibliothèque nationale de France.* Lesa 1998.

Paris.-Petrop. Déroche 2009 (Ḥijāzī)
La transmission écrite du Coran dans les débuts de l'islam. *Le codex Parisino-petropolitanus,* par François Déroche. Leiden: Brill 2009 (Texts and Studies on the Qurʾān, vol. 3), ISBN 978-90 04 17272-2.

Samarkand Pissaref 1905 (Kūfī)
Coran Coufique de Samarcand, écrit d'après la tradition de la propre main du troisième calife Osman (644-656) qui se trouve dans la bibliothèque impériale publique de St. Petersbourg. Edition faite avec l'autorisation de l'Institut Archéologique de St. Pétersbourg, par S. Pissaref (fac-simile). St. Pétersbourg 1905.

Ṣanʿāʾ DAM 01-27.1 Puin 2008-2016 (Ḥiǧāzī)
Puin, Elisabeth: "Ein früher Koranpalimpsest aus Ṣanʿāʾ (DAM 01-27.1)" in Markus Gross / Karl-Heinz Ohlig (Hg.):
(I.) *Schlaglichter* ... Berlin: Schiler 2008 (INÂRAH Bd. 3), 461-493;
(II.) *Vom Koran zum Islam* ... Berlin: Schiler 2009 (INÂRAH Bd. 4), 523-581;
(III.) *Die Entstehung einer Weltreligion I* ... Berlin: Schiler 2010 (INÂRAH Bd. 5), 233-305;
(IV.) *Die Entstehung einer Weltreligion II* ... Berlin: Schiler 2012 (INÂRAH Bd. 6), 311-402;
(V.) *Die Entstehung einer Weltreligion III* ... Berlin: Schiler 2014 (INÂRAH Bd. 7), 477-617;
(VI.) in Vorbereitung.

Ṣanʿāʾ MaktSharq Altıkulaç "Muṣhaf ʿAlī" 2012 (Kūfī)
Al-Muṣḥaf al-Sharīf, al-mansūb ilà ʿAlī b. Abī Ṭālib, nuskhat Ṣanʿā´ / Hz. Ali'ye Nisbet Edilen MUSHAF-I ŞERÎF (San'â Nüshası). Yayına Hazırlayan Dr. Tayyar Altıkulaç. İstanbul: IRCICA 1432/2011.

St Petersburg E 20 Rezvan 2004 (Ḥijāzī)
The Qur'ān of ʿUthmān (St Petersburg, Katta-Langar, Bukhara, Tashkent), ed. by Efim Rezvan. Vol. I. St. Petersburg: Russian Academy of Sciences / Centre for Oriental Studies 2004.

Tübingen Ma VI 165 Altıkulaç 2016 (Kūfī)
Al-Muṣḥaf al-Sharīf (nuskhat Tūbinghin) / Mushaf-ı Şerîf (Tübingen Nüshası). Yayına Hazırlayan Dr. Tayyar Altıkulaç. İstanbul: IRCICA 1437/2016.

Darüber hinaus sind einige Bibliotheken dazu übergegangen, ihre Handschriftenbestände in zum Teil hervorragender Auflösung zu digitalisieren und der Forschung zur Verfügung zu stellen.

Eine Auswahl von weiterführender Literatur

Abu Zaid, Nasr Hamid: *Gottes Menschenwort.* Für ein humanistisches Verständndis des Koran. Ausgewählt, übersetzt und mit einer Einleitung von Thomas Hildebrandt. Freiburg usw.: Herder 2008, ISBN 978-3-451-29972-8.

Abu Zaid, Nasr Hamid mit Hilal Sezgin: *Der Koran und die Zukunft des Islam.* Die Basis einer Weltreligion. Freiburg usw.: Herder 2011, ISBN 978-3-451-29274-3.

Cook, Michael: *Der Koran. Eine kurze Einführung.* Aus dem Englischen übersetzt von Matthias Jendis. Mit 21 Abbildungen und 1 Karte. Stuttgart: Reclam 2002, 199 S., ISBN 3-15-018232-8 (Universal-Bibliothek Nr. 18232).

Goetze, Andreas: *Religion fällt nicht vom Himmel.* Die ersten Jahrhunderte des Islams. Darmstadt: WBG 2011, ISBN 978-3-534-24180-4.

Körner, Felix SJ (Hg.): *Alter Text – neuer Kontext.* Koranhermeneutik in der Türkei heute. Ausgewählte Texte, übersetzt und kommentiert. Freiburg usw.: Herder 2006, ISBN 978-3-451-23114-8.

Nagel, Tilman: *Der Koran: Einführung,* Texte, Erläuterungen. München: Beck ^{4}2002, 371 S., ISBN 978-3406438868.

Pohlmann, Karl-Friedrich: *Die Entstehung des Korans.* Neue Erkenntnisse aus Sicht der historisch-kritischen Bibelwissenschaft. 3., komplett überarbeitete und erweiterte Auflage. Darmstadt: Wissensch. Buchgesellschaft 2015, ISBN 978-3-534-26717-0.

Watt, W. Montgomery: Bell's *Introduction to the Qurʾān,* completely revised and enlarged. Edinburgh: University Pr. 2011 (pb. reprint of 1970 edition), ISBN 978-0-7486-0597-2.

Wild, Stefan (Hg.): *Self-Referentiality in the Qur'ān.* Wiesbaden: Harrassowitz 2006, 169 S., ISBN 978-3-447-05383-9.
Zirker, Hans: *Der Koran. Zugänge und Lesarten.* 2. vollst. neu bearb. und erweit. Auflage, Darmstadt: Wissensch. Buchgesellschaft 2012, ISBN 978-3-650-24987-6.

Eher populäre Darstellungen

Köster, Barbara: *Der missverstandene Koran.* Warum der Islam neu begründet werden muss. Berlin: Schiler [2]2015, ISBN 978-3-89930-312-4.
Pressburg, Norbert G.: *Good Bye Mohammed.* Das neue Bild des Islam. Norderstedt: Books on Demand [3]2012, ISBN 978-3-8448-5372-8.

Mehdi Mozaffari

Islamism - A New Totalitarianism

ISBN 978-3-89930-113-7 (eBook ISBN 978-3-89930-169-4)

This book is the first attempt to provide a global view on the phenomenon of Islamism from its beginning in Medina under the Prophet Muhammad to its new forms with the 'Caliphate' of Abu Bakr al-Baghdadi and the 'Imamate' of Ayatollah Khamenei. It demonstrates that all Islamists: Shia, Sunni, Salafi or Jihadi are aiming the same goal: The conquest of the world and the restauration of the Islamist World Empire by all means. Is this only a utopia? Not in Islamist optic. Islamists consider the fall of the Soviet Empire and the unprecedented crisis in Europe, due to the massive Muslim immigration, as the crepuscular of the collapse of the existing world order. The reader finds in this book an elaborated discussion on strength and weakness of Islamist world project.

Mehdi Mozaffari is Professor Emeritus, Department of Political Science, Aarhus University, Denmark, and former head of the Centre for Studies in Islamism and Radicalization (CIR). He is the author of a number of books and scholarly articles on international politics, Islam and globalization.

Inârah - Schriften zur frühen Islamgeschichte und zum Koran

Band 1 Die dunklen Anfänge
Neue Forschungen zur Entstehung des Islam — ISBN 978-3-89930-128-1

Band 2 Der frühe Islam
Eine historisch-kritische Rekonstruktion — ISBN 978-3-89930-090-1

Band 3 Schlaglichter
Die beiden ersten islamischen Jahrhunderte — ISBN 978-3-89930-224-0

Band 4 Vom Koran zum Islam
Schriften zur frühen Islamgeschichte — ISBN 978-3-89930-269-1

Band 5 Die Entstehung einer Weltreligion I
Von der koranischen Bewegung zum Frühislam — ISBN 978-3-89930-318-6

Band 6 Die Entstehung einer Weltreligion II
Von der koranischen Bewegung zum Frühislam — ISBN 978-3-89930-345-2

Band 7 Die Entstehung einer Weltreligion III
Die heilige Stadt Mekka – eine literarische Fiktion — ISBN 978-3-89930-418-3

Band 8 Die Entstehung einer Weltreligion IV
Mohammed – Geschichte oder Mythos? — ISBN 978-3-89930-100-7